U0736699

资治通鉴

帝王的镜子

雷家骥———— 编撰

九州出版社

JIUZHOUPRESS

图书在版编目（CIP）数据

资治通鉴：帝王的镜子 / 雷家骥著. -- 北京：九州出版社，2018.7

ISBN 978-7-5108-7386-7

Ⅰ. ①资… Ⅱ. ①雷… Ⅲ. ①中国历史－古代史－编年体②《资治通鉴》－研究 Ⅳ. ①K204.3

中国版本图书馆CIP数据核字(2018)第165211号

资治通鉴：帝王的镜子

作　　者	雷家骥
责任编辑	张艳玲
出版发行	九州出版社
地　　址	北京市西城区阜外大街甲 35 号 (100037)
发行电话	(010)68992190/3/5/6
网　　址	www.jiuzhoupress.com
电子信箱	jiuzhou@jiuzhoupress.com
印　　刷	三河市兴博印务有限公司
开　　本	787 毫米 ×1092 毫米　32 开
印　　张	10
字　　数	200 千字
版　　次	2018 年 9 月第 1 版
印　　次	2018 年 9 月第 1 次印刷
书　　号	ISBN 978-7-5108-7386-7
定　　价	55.00 元

★版权所有　侵权必究★

用经典滋养灵魂

龚鹏程

每个民族都有它自己的经典。经，指其所载之内容足以做为后世的纲维；典，谓其可为典范。因此它常被视为一切知识、价值观、世界观的依据或来源。早期只典守在神巫和大僚手上，后来则成为该民族累世传习、讽诵不辍的基本典籍。或称核心典籍，甚至是"圣书"。

佛经、圣经、古兰经等都是如此，中国也不例外。文化总体上的经典是六经：《诗》、《书》、《礼》、《乐》、《易》、《春秋》。依此而发展出来的各个学门或学派，另有其专业上的经典，如墨家有其《墨经》。老子后学也将其书视为经，战国时便开始有人替它作传、作解。兵家则有其《武经七书》。算家亦有《周髀算经》等所谓《算经十书》。流衍所及，竟至喝酒有《酒经》，饮茶有《茶经》，下棋有《弈经》，相鹤相马相牛亦皆有经。此类支流稗末，固然不能与六经相比肩，但它各自代表了在它那一个领域中的核心知识地位，却是很显然的。

我国历代教育和社会文化，就是以六经为基础来发展的。直到清末废科举、立学堂以后才产生剧变。但当时新设的学堂虽仿洋制，却仍保留了读经课程，以示根本未隳。辛亥革命后，蔡元培担任教育总长才开始废除读经。接着，他主持北京大学时出现的"新文化运动"更进一步发起对传统文化的攻击。趋势竟由废弃文言，提倡白话文学，一直走到深入的反传统中去。论调越来越激烈，行动越来越鲁莽。

台湾的教育、政治发展和社会文化意识，其实也一直以延续五四精神自居，以自由、民主、科学为号召。故其反传统气氛，及其体现于教育结构中者，与当时大陆不过程度略异而已，仅是社会中还遗存着若干传统社会的礼俗及观念罢了。后来，台湾朝野才惕然憬醒，开始提倡"文化复兴运动"，在学校课程中增加了经典的内容。但不叫读经，乃是摘选《四书》为《中国文化基本教材》，以为补充。另成立文化复兴委员会，开始做经典的白话注释，向社会推广。

文化复兴运动之功过，诚乎难言，此处也不必细说，总之是虽调整了西化的方向及反传统的势能，但对社会普遍民众的文化意识，还没能起到警醒的作用；了解传统、阅读经典，也还没成为风气或行动。

二十世纪七十年代后期，高信疆、柯元馨夫妇接掌了当时台湾第一大报中国时报的副刊与出版社编务，针对这个现象，遂策划了《中国历代经典宝库》这一大套书。精选影响国人最为深远的典籍，包括了六经及诸子、文艺各领域的经典，遍邀名家为之疏解，并附录原文以供参照，一时朝野震动，风气丕变。

其所以震动社会，原因一是典籍选得精切。不蔓不枝，能体现传统文化的基本匡廓。二是体例确实。经典篇幅广狭不一、深浅悬隔，如《资治通鉴》那么庞大，《尚书》那么深奥，它们跟小说戏曲是截然不同的。如何在一套书里，用类似的体例来处理，很可以看出编辑人的功力。三是作者群涵盖了几乎全台湾的学术菁英，群策群力，全面动员。这也是过去所没有的。四，编审严格。大部丛书，作者庞杂，集稿统稿就十分重要，否则便会出现良莠不齐之现象。这套书虽广征名家撰作，但在审定正讹、统一文字风格方面，确乎花了极大气力。再加上撰稿人都把这套书当成是写给自己子弟看的传家宝，写得特别矜慎，成绩当然非其他的书所能比。五，当时高信疆夫妇利用报社传播之便，将出版与报纸媒体做了最好、最彻底的结合，使得这套书成了家喻户晓、众所翘盼的文化甘霖，人人都想一沾法雨。六，当时出版采用豪华的小牛皮烫金装帧，精美大方，辅以雕花木柜。虽所费不赀，却是经济刚刚腾飞时一个中产家庭最好的文化陈设，书香家庭的想象，由此开始落实。许多家庭乃因买进这套书，而仿佛种下了诗礼传家的根。

高先生综理编务，辅佐实际的是周安托兄。两君都是诗人，且侠情肝胆照人。中华文化复起、国魂再振、民气方舒，则是他们的理想，因此编这套书，似乎就是一场织梦之旅，号称传承经典，实则意拟宏开未来。

我很幸运，也曾参与到这一场歌唱青春的行列中，去贡献微末。先是与林明峪共同参与黄庆萱老师改写《西游记》的工作，继而再协助安托统稿，推敲是非、斟酌文辞。对整套书说不上有什么助益，自己倒是收获良多。

书成之后，好评如潮，数十年来一再改版翻印，直到现在。经典常读常新，当时对经典的现代解读目前也仍未过时，依旧在散光发热，滋养民族新一代的灵魂。只不过光阴毕竟可畏，安托与信疆俱已逝去，来不及看到他们播下的种子继续发芽生长了。

当年参与这套书的人很多，我仅是其中一员小将。聊述战场，回思天宝，所见不过如此，其实说不清楚它的实况。但这个小侧写，或许有助于今日阅读这套书的大陆青年理解该书的价值与出版经纬，是为序。

帝王必看之书

雷家骥

　　本书的结构和某些意义，在此作一番陈述，让读者有进一步的了解。

　　首先是本书划分为三大部分：上编介述《资治通鉴》主要编修者司马光、刘攽、刘恕和范祖禹的生平及其志业，简叙《资治通鉴》编修的缘起、意义、结构与实际工作的概况。

　　下编则是选择《资治通鉴》所述的内容，依照原书周、秦、汉、魏诸纪的次序，作扼要的介述和讨论。每一专题即成一节，原则上分就司马光的选择观点、叙述方式、评论意见等，加以介述。《资治通鉴》是编年体的巨著，把人事系于年月，体裁较为散漫，情实较为隐约，这是我改编成类似"纪事本末体"形式的原因，我所选择的每一题目，大体上都是中国历史上重大的课题，而且多为司马光"臣光曰"所评论过。我所以这样子作命题选择，是因为一来可以由此让读者了解古代历史演变的大趋势，等于读了一本简扼的通史；二来则是让读者了解司马光对这些重大问题的识见及其评论角度、思想意识。当然，对此二者，笔者有时也会加入自己的看法，希望读者由此对这些大事和司马光的学识为人，有更清晰深入的认识。

最后部分则是结语。笔者在此交代了一些在前面两部分不便介述的事情，也将前两部分的某些问题作一综合解释，协助读者对《资治通鉴》全书作综合了解。希望读者对中国历史文化和《资治通鉴》相关问题的理解略有帮助，更希望读者从而引发研读国史与《资治通鉴》原典的兴趣。

目　录

上编　《资治通鉴》及其修撰者

上编 《资治通鉴》及其修撰者

第一章　司马光小传

一、司马光的家世与青壮年时代

司马光（1019—1086），字君实，宋真宗天禧三年生，宋陕州夏县涑水乡（在今山西省夏县西）人，他的远祖司马孚，是发动兵变诛除曹爽的司马懿之弟。晋武帝（懿之孙）篡位称帝，封这位叔祖为安平王，对他最加尊礼。降至他的裔孙征东大将军司马阳，因葬于夏县涑水乡，其子孙遂定居于此。

司马光高祖以下，都因五代衰乱而不做官。降至祖父司马炫，始举进士，官至耀州富平县（今陕西省富平县东北）知县。父亲司马池，历任御史、知州等官，后至尚书吏部郎中充天章阁待制（相当于吏部的司长兼天章阁的皇帝侍从）。他家累世以气节见称于乡里，父亲更以清直仁厚及文学行谊见著，号称一时名臣。母亲姓聂氏。

司马光儿童时代即凛然如成人，性格早熟。七岁那年，闻讲《左氏春秋》，极爱此书，回家为家人讲述，即已了解其大义；自是手不释书，以至于不知饥渴寒暑。年仅十五岁，书籍无所不通，文词醇深，有西汉文章的风格。

小时候，他与一群小朋友游戏，其中一人攀上瓮顶，失足跌落盛有水的瓮缸之中。众儿惊惶逃去，司马光镇静地捡起石头，击破瓮缸，于是瓮内之水迸发而出，救了那人性命。这件事迹，后来被汴京与西京（洛阳）之间的画家们画以为图。其后，司马池由于做官，依法得荫任（因先世勋绩而铨叙任官的方式）一子为官，司马光依次应该得到此机会，但他推让再三，让给了堂兄，然后自己受补为极低的斋郎（祭祀时执事之吏，为入仕之资）。

宋仁宗宝元元年（1038），司马光才二十岁，举进士甲科而升迁为奉礼郎（文教系统的低级散官）。司马池时任杭州知州，所以司马光推辞升官，要求出为签书苏州判官事（助理判官），以便就近侍奉父亲。获朝廷批准后，未上任而母亲逝世；母亲丧服未除，父亲也相继逝世。及至为双亲服丧期满，才出仕做官，不久累升至国子直讲，后又除史馆检讨、集贤校理等职，开始接触修撰历史的工作。

其父的好友庞籍，向以知人称著，见司马光而奇之。及至庞籍升为枢密使，遂一直提拔司马光；当庞籍外调时，也辟用司马光为通判（高级行政助理官）。司马光感激庞籍的知遇之恩，尽力为他工作，甚至他死后，司马光升堂拜其妻如母，抚其子如兄弟。当时的人都非常称赞他们两人。

仁宗末，累升为起居舍人、同知谏院（皇帝侍从兼谏官）。

早在至和三年（即嘉祐元年，1056），仁宗皇帝生病，皇帝无子，所以天下寒心而不敢为言，只有谏官范镇（司马光修《资治通鉴》重要助手范祖禹的叔祖）首先发议，司马光（时为并州通判）闻而继之，上疏请求仁宗选择贤良的宗室子弟为皇太子，如果将来仁宗生了儿子，皇太子再换也不迟。司马光为此呈递了三份奏章，又写了一封信鼓励范镇，大意说，这种大事不言则已，言既一出，岂可再收回，希望范镇以死争之。于是范镇鼓吹益力，终被罢职。司马光在五年以后（嘉祐六年），自己已经成为谏官，遂再度上疏提出这个问题："臣从前为并州通判时所上三份奏章，愿陛下能果断而力行！"

仁宗一向寡言沉默，闻言沉思，良久而说："是不是要选宗室为皇太子的事呀？这是忠臣之言，只是人不敢提罢了！"

"臣建议此事，自谓必死，想不到陛下开诚接纳。"司马光道。

"这有何害，古今都有这种事情啊！"仁宗说，并因而命令司马光把建议通知中书（宰相办公机关）。

"不可，"司马光解释说，"陛下应该自己把此意晓谕给宰相才是啊！"

过了一个月（嘉祐六年九月），司马光又上疏面奏："臣那天进说，陛下欣然无难，私意以为马上实行了。如今寂无所闻，这一定是有小人说陛下春秋鼎盛，子孙会有千亿之多，何必立即做此不祥之事。小人没有远见，他们只是为了等陛下千秋之后，仓促之间，援立他们平常所亲善的人罢了。唐朝自文宗以后，立嗣都出于左右之意，拥立者甚至有自称'定策国老'，呼天子为'门生天子'的人，此祸岂可胜言呢？"

仁宗大感悟而说："送到中书去！"

司马光到中书，看到宰相韩琦等，说："诸位相公若不马上议论决定下来，改天夜半，禁中送出纸条说以某人为皇太子，则天下谁也不敢违抗了。"

韩琦等连连称是，说："敢不尽力！"月余之后，就选定赵宗实，明年立之为皇太子，赐名曙，即是后来的英宗皇帝。这是司马光做官后，首次参与重大而敏感的政治问题。此事之后，仁宗对他颇为器重，不久任命他判检院（主持人民向君主投诉的机关）、权判国子监，除知制诰（圣旨撰稿人）。司马光坚辞八九次，不肯受任视事，仁宗拗不过他，改任为天章阁待制兼侍讲，赐予三品服饰，仍然主理谏院。自此司马光遂兼为天子侍臣兼讲臣，可以与皇帝经常直接接触与建议。

嘉祐八年（1063），皇帝派他主持该年的考试。同年，仁宗崩逝，太子曙继立。

英宗即位后照例升迁有关官员。宦官任守忠也在升迁名单之内。司马光甚表反对，上言争论。他尤其反对升迁任守忠，他说："守忠是大奸人。陛下为皇太子，并非出于守忠之意。这人沮坏大策，离间百端，幸好先帝不加听信。及至陛下即位后，他又依违摇摆，交构两宫，真是国之大贼，人之巨蠹，乞请将他斩于都市，以谢天下！"英宗于是将守忠外放，天下称快。

稍后，英宗升迁王广渊。司马光亦极言广渊奸邪，不可接近，说："广渊在仁宗之世，私自结交于陛下，岂是忠臣的行为呢？希望贬黜，以厉天下的风气。"

英宗治平元年（1064）诏令将陕西二十万民兵，刺字改编为"义勇"军（宋朝当兵须刺字），故民情惊惶。司马光上疏极论其害，分析说："仁宗中期征集陕西人民为乡弓手，稍后将他们刺字为'保捷指挥'（保捷是番号，指挥是军队建制单位），变成正规军。但人民蒙受损害，军队也终不能用，遇敌首先败北，常常造成全军崩溃。县官知道他们坐食无用，将之淘汰遣散，以复员为农。然而他们游惰惯了，不能返回农田，强者遂成为强盗，弱者辗转死去，父老们至今涕流伤心。现在的'义勇'，与此有什么不同？"奏章六上，均不采纳，要求罢官，也不获准。

期间，司马光曾以此道理质询宰相韩琦。韩琦说："兵贵先声夺人，西夏正桀骜不服，突闻增兵二十万，岂不震慑收敛？"

"所谓'兵贵先声'，其实没有实质，只能欺敌于一日罢了。如今我虽增兵，实不可用，不过十日，西夏将会知道详情，到时他们还有什么可怕的呢？"司马光追着质问道。

"君只是害怕'保捷'军的历史重演罢了，"韩琦解释，"如今已经降下敕旨，与民约定，永远不将他们充军戍边啦！"

"朝廷曾经失信于民，人民实未敢相信此事，即使是我也不能不加以怀疑！"司马光坚持说。

"有我在此，"韩琦有信心地说，"君何必担忧！"

司马光不同意，"相公长在此地当然无问题，异日他人当位，因相公所建立的现成之兵而用之，命令他们运粮、戍边，不过是反掌之间的事罢了。"

韩琦闻言沉默，但也不改变主意。后来不出十年，效果几乎与司马光的预测一样。司马光的国防构想，一向是主张不征兵、不生事、维持现状的，所以连韩琦仅打算假装增兵来吓阻西夏的战略构想，他也力表反对。当然，这也与他一向不欺人、守信用的性格有关。

宋朝知识分子重名分、好议论之风，蔚成时尚，朝廷常常下诏戒群臣朋党。明道二年仅是其中的一次，原因是范仲淹、余靖、尹洙、欧阳修等名臣越职言事，故为宰相吕夷简所贬。司马光参与敏感的政治辩论，四十五岁以前最显著的一次，就是建议仁宗选择宗室为太子之事，由于范镇因此而罢官，所以宰相大臣谁也不敢率先为言。司马光当面建议仁宗，仁宗大概感于他的诚意，所以不加贬黜。司马光敢言，宰相韩琦等就是透过他，选定英宗为皇位继承人的。英宗即位后，司马光也以继承问题为理由，斥责宦官任守忠为"大奸""大贼""巨蠹"，使守忠不但不能升官，而且改为外放。是则在时代风气影响下，加上他的性格使然，司马光也会很容易卷入党争的旋涡之中。

司马光精通历史，了解汉、唐以来，皇位继承是严重的政治问题，轻则造成横议党争，重则导致兵变国亡。所以在英宗即位初期，他就上言疏导皇帝，援引汉代君主不追尊本生父亲之例，希望英宗引以为戒。因为他预料英宗追尊生父之事，日后可能会发生，会引起重大纠纷。

果然，英宗即位后第二年（治平二年，1065），震动北宋政坛的"濮议"终于发生。司马光时年四十七岁。此年，执政建言濮安懿王（英宗本生父）德盛位隆，应该特加尊礼。天子下诏召集太常礼院及两制官（在宫内及在中书撰写圣旨的机要官）讨论其事。执政欧阳修等主张不应该抹杀英宗与生父的父子关系，司马光见无人敢反对，独奋笔立议说："过继给人做儿子（英宗过继给仁宗），不应再顾其私亲。今日要崇奉濮安懿王，理应一准先朝封赠期亲尊属的惯例，赠以高官大爵，极其尊荣就够了。"议案写成，将手稿留作存档，另誊一份上进。

当时，中外议论汹汹，御史吕诲、范纯仁等六人意见同于司马光，皆上言力争，而相继降黜。司马光上疏挽救遭否决，遂要求与他们一同贬降。此案争论一年多，朝廷最后决定，尊称濮王为亲，表示与天子有父子关系。

治平四年正月，英宗崩逝，神宗继位，首将司马光由龙图阁直学士、右谏议大夫，擢升为翰林学士；稍后，王安石也升迁为翰林学士。翰林学士必须极富文学，随时代皇帝写公文，故司马光力加推辞，神宗不许。

神宗面召司马光而开导他，说："古之君子，或学而不文，或文而不学，只有董仲舒、扬雄兼而有之。卿有文学，为何推辞？"

司马光答："臣不能写四六文（骈文）。"

"模仿两汉制诏的方式（散文方式）也可以呀！"天子说。

"本朝的惯例不可以这样做。"司马光道。

神宗又问："卿能主持进士考试，选取成绩优秀的人，却说不能写四六，究竟是何原因？"

司马光不答而趋出。天子派遣内臣至阁门（龙图阁乃收藏宋太宗遗物的诸阁之一，设有学士、直学士等编制），强迫他接受任命状。司马光拜而不受，内臣催他入内谢皇恩，说："圣上正坐着等你哩！"

司马光入至廷中，内臣将任命状塞进他怀中，司马光不得已乃接受。

早在英宗崩逝前一年（治平三年，1066），司马光四十八岁那年，英宗想研读古代历史，以帮助施政策划之用，遂命令他在崇文院设立史局修撰历史，准许他自选助手及运用各馆阁图书。神宗每开经筵，也常令他进讲历史。治平四年十月九日，司马光第一次进读所撰的历史，神宗遂面赐御序，命名为《资治通鉴》，并令继续修史的事业，寻任他为翰林侍读学士。

某日，司马光上疏论修心之要旨有三，此即：仁、明、武三字。又说"治国之要也有三，即官人（慎选官吏）、信赏（有赏必行）与必罚（有罪必罚）"。而且说："臣从前为谏官，即以此六言献给仁宗，后来又献给英宗，现在献给陛下。平生力学所得，尽在于此了。"所以神宗一度任他权知审官院。

稍后，百官依照惯例给皇帝上尊号，刚好轮到司马光撰写答辞。他先上疏禀告神宗说："先帝曾亲行祭天之礼，不接受群臣的尊号，天下莫不称颂他。从前汉文帝时，单于（匈奴元首的官称）自称天地所生、日月所置、匈奴大单于，没有听说文帝也取大名以和他比高下。希望陛下追念先帝的本意，不要接受尊号。"

神宗大悦，手诏回答："不是卿，则朕不能听到这种言论。卿可善为答词，使中外晓然知道朕的至诚，不是欺众邀名的人。"于是终身不再接受尊号。

二、新、旧党两巨擘——王安石与司马光

熙宁元年（1068）秋七月，执政因河朔（黄河以北）大地震后，灾情颇重，国用不足，建议今年祭天大典后，不要依例赏赐两府（中书与枢密，一主文，一主武，均是执政机关，合称两府），遂将此议送至学士院取旨（拟撰圣旨）。

司马光认为赏赐两府，不过花费两万而已，这些小数目节省下来，不足以救灾；应该改为两省（中书、门下两省）的文臣，宗室、刺史以上的武臣，均将赏赐减为半额。

当时司马光和学士王珪、王安石，共同入宫面圣取旨。司马光说："救灾节用，应从贵近之臣开始推行，至于两府官员，不妨由他们随意推辞，不必下诏取消。"

王安石却道："唐朝宰相常衮，曾经推辞赐馔。当时议论以为

常衮既然自知不能，就该当辞位而不当辞禄。而且国用不足，不是当今的急务。"

"常衮推辞赏赐，比那些既要禄赐又要权位的人贤多了。国用不足，真是当今的急务。"司马光反驳。

"非也，非也！"王安石再驳，"国用不足的原因，是因为未得善于理财的人。"

"善理财的人，不过是会刮敛民财的人罢了，"司马光针锋相对地说，"民穷而为盗，绝非国家之福！"

"不对，"王安石说，"善理财的人，赋税不增加，而上用充足。"

"天下哪有此理！"司马光似已气愤，"天地所生的资源有限，不在于民则在于官，譬如下雨，夏天多下雨而成灾，则秋天必然干旱。不增赋税而上用充足，不过是设法夺取人民的利益而已，害处更甚于加税；这是桑弘羊（汉朝理财专家）欺骗汉武帝的话，太史公（司马迁）写了下来，用以表示武帝的不明罢了！到了武帝末年，盗贼蜂起，几乎酿出大乱，如果武帝不悔悟，昭帝（武帝子）不变法，则汉朝几乎灭亡。"

两人各引经据典，在御前争执不休。王珪这时进言说："救灾节用，应自贵近之臣开始，司马光说的话对呀。但是赏赐所费无几，不赐则恐伤国体，王安石的说法也对呀，只好请明主来裁定了。"

神宗闻言，也只好指示说："朕意与司马光相同，但是不妨以不批准（取消两府赏赐）为辞而答复他们。"

那天刚好轮到王安石撰写圣旨，他就引用常衮做例子来责备两府。两府接旨，也就不敢再推辞了。

司马光与王安石的财政构想不同，前者是资源有限论者，后者则认为财政困窘是理财不善的结果，需要加以改革。财政困乏是北宋极严重的问题，以前的君臣大都躲避正面解决此烫手问题。马、王二人之争，可以说就是大多数的保守派与少数的改革派之政策争执。后来，司马光成为前一派的领袖，王安石则已经是后一派的领袖。北宋著名的新、旧党争，即以此二人为巨擘。

司马光与王安石是一对好朋友，又同在翰林院做事，私交甚笃。这时，朝廷准备为英宗修史，任命司马光兼史馆修撰。

神宗青年有为，了解建国以来，因循苟安的风气，已经使国家的财经、政治、国防产生了极大危机，当思大加改革。王安石的思想政见，极为神宗所欣赏，于是在熙宁二年（1069）二月，正式提拔王安石为执政（参知政事），准备大事革新；并在同月创置"制置三司条例"，开始推动著名的变法。

宋朝宰执原本不过问财经，政府最高财经机关是"三司使"。王安石特创条例司，是先把财经权力收回来，由宰执透过此机关控制全国财经状况。至是，王安石全力推行青苗、助役、水利、均输等政策措施，设立四十余员提举官（相当于督办），分行全国以推动新法。司马光所推荐的谏官吕海，上疏批评王安石十大过失，在同年六月首先因反对新法而外放，稍后司马光的朋友范纯仁等也因此外放。

司马光也曾上疏给神宗，力陈新法的利害关系，但天子决心甚坚。某日，他在迩英阁进读《资治通鉴》，读至汉朝萧何、曹参之事，司马光解释说："曹参不改变萧何制定之法，得守成之道，所以汉惠帝与吕太后时代，天下晏然，经济繁荣发展。"

"汉朝守着萧何之法而不变，可以吗？"帝问。

"何独汉朝，"司马光答，"假使三代（夏、商、周）之君，常守禹、汤、文、武之法，至今仍然可以存用啊！周武王克商时，仍然恢复商朝之政，率由旧章，是则虽周朝也用商政啊。《书经》说'无作聪明乱旧章'。汉武帝用张汤的建议，纷更汉高祖之法，于是盗贼半天下。元帝改革宣帝之政，而汉朝就开始衰落。由此言之，祖宗之法，不可改变啊！"

数日后，轮到吕惠卿（王安石的重要干部）进讲，也讲到先王之法有变有不变的问题，神宗将司马光的看法转告，吕惠卿认为司马光用意在讥讽朝廷与他。过了数日，神宗又将惠卿之意转告司马光。司马光力辟惠卿之论，要求在旁的公卿侍从评论是非，惠卿遂与他冲突起来。神宗劝解说："大家互相讨论是非罢了，何必这样呢！"

熙宁三年一月，元老宰相韩琦上疏批评青苗法之害，神宗动摇，想废除此法，于是王安石称疾求去。司马光代神宗写答诏给王安石，内有"士大夫沸腾，黎民骚动"之语。安石大怒，马上抗章自辩，神宗竟为之亲撰谢辞，命令吕惠卿前去，把天子心意向他晓谕明白。支持王安石的好友韩绛，力劝神宗慰留王安石。于是王安石入宫面谢，极力分析反对派的言论，指责他们朋比的情状，申述"天变不足畏，祖宗不足法，人言不足恤"，以反驳反对派的批评，坚定皇帝的信心。神宗以为是，王安石这才重新视事。

王安石就是这种人，他才学横溢，极善辩论，而又意志坚强，人家称他为"拗相公"。唐宋时代宰相才能称相公，而他在这年年底就晋升为正宰相（同中书门下平章事）。

司马光与王安石私谊极厚，当王安石称疾求去时，他以朋友责善之义的态度，写了一封信去批评安石。这封信大略如此：

二月二十七日，翰林学士兼侍读学士、右谏议大夫司马光，惶恐再拜　介甫（安石字）参政谏议（安石以左谏议大夫本官参知政事）阁下：光居常无事，不敢涉两府之门，以是久不得通名于将命者。春暖，伏惟机政余裕，台候万福！

孔子曰："益者三友，损者三友。"光不才，不足以辱　介甫为友。然自接待以来，十有余年，屡尝同僚，亦不可谓之无一日之雅也。虽愧多闻，至于直谅，不敢不勉。若乃便佞（pián nìng），则固不敢为也。孔子曰："君子和而不同，小人同而不和。"君子之道，出处语默，安可同也！然此志则皆欲立身立道，辅世养民，此其所以和也。

向不与　介甫议论朝廷事，数相违，未知　介甫之察不察？

26

然于光向慕之心，未始变移也。窃见　介甫独负天下大名三十余年，才高而学富，难进而易退。远近之士，识与不识，咸谓　介甫不起则已，起则太平可立致，生民咸被其泽矣！天子用此起介甫于不可起之中，引参大政，岂非欲望众人之所望于　介甫邪？

今　介甫从政始期年，而士大夫在朝廷及自四方来者，莫不非议　介甫如出一口，下至闾阎细民，小吏走卒，亦窃窃怨叹，人人归咎于　介甫。不知　介甫亦尝闻其言，而知其故乎？光窃意　门下之士，方日誉盛德而赞功业，未始有一人能以此　闻达于左右者也。非　门下之士皆曰："彼方得君而专政，无为触之以取祸，不若坐而待之，不过二三年间，彼将自败。"

若是者，不惟不忠于　介甫，亦不忠于朝廷。若　介甫果信此志，推而行之及二三年，则朝廷之患已深矣，安可救乎！如光则不然，忝备交游之末，不敢苟避谴怒，不为　介甫一一陈之：

今天下之人恶　介甫之甚者，其诋毁无所不至。光独知其不然。　介甫固大贤，其失在于用心太过，自信太厚而已。

何以言之？自古圣贤所以治国者，不过使百官各称其职……轻租税、薄赋敛……　介甫以为此皆庸儒之常谈……于是财利不以委三司而自治之，更立制置三司条例司，聚文章之士及晓财利之人，使之讲利……此其所以为害已甚矣。又置提举、勾当、常平、广惠仓使者四十余人，使行新法于四方……其中亦有轻佻狂躁之人，陵轹（lì）州县，骚扰百姓……故谤议沸腾，怨嗟盈路。迹其本原，咸以此也……孔子曰："君子求诸己。"　介甫亦当自思所以致其然者，不可专罪天下之人也！

夫侵官，乱政也，介甫更以为治术而先施之。贷息钱，鄙事也，介甫更以为王政而力行之。徭役，自古皆从民出，介甫更欲敛民钱、雇市佣而使之。此三者，常人皆知其不可，而介甫独以为可……此光所谓用心太过者也。

……介甫素刚直，每议事于人主前，如与朋友争辩于私室，不少降辞气，视斧钺鼎镬无如也。及宾客僚属谒见论事，则惟希意迎合；曲从如流者，亲而礼之；或所见小异，微言新令之不便者，介甫辄艴（fú）然加怒，或诟骂以辱之，或言于上而逐之，不待其辞之毕也。明主宽容如此，而介甫拒谏乃尔，无乃不足于恕乎！……此光所谓自信太厚者也。

光昔从介甫游，于诸书无不观，而特好孟子与老子之言……孟子曰："仁义而已，何必曰利。"……今介甫为政，首制置条例，大讲财利之事……（老子）又曰："我无为而民自化，我好静而民自正，我无事而民自富，我无欲而民自朴。"……今介甫为政，尽变更祖宗旧法……此岂老氏之志乎？何介甫总角（古代未成年男女都收发结之，称为总角）读书，白头秉政，乃尽弃其所学而从今世浅丈夫之谋乎！……自古立功立事，未有专欲违众而能有济者也……今介甫独信数人之言，而弃先圣之道，违天下人之心，将以致治，不亦难乎？

近者藩镇大臣（指使相韩琦）有言散青苗钱不便者，天子出其议以示执政，而介甫遽悻悻然不乐，引疾卧家。光被旨为批答……直叙其事，以义责 介甫，意欲 介甫早出视事，更新令之不便于民者，以福天下……窃闻 介甫不相识察，颇督过之，上书自辩，至使天子自为手诏以逊谢，又使吕学士（指惠卿）再三谕意，然后乃出视事。出视事，诚是也；然当速改前令之非者，以慰安士民，报天子之盛德。今则不然，更加忿怒，行之愈急……观 介甫之意，必欲力战天下之人，与之一决胜负，不复顾义理之是非，生民之忧乐，国家之安危。光窃为 介甫不取也。

近蒙圣恩过听，欲使之副贰枢府（指枢密副使）。光窃惟居高位者，不可以无功；受大恩者，不可以不报。故辄敢申明去岁之论，进当今之急务，乞罢制置三司条例司，及追还诸路提举、常平、广惠仓使者。主上以 介甫为心，未肯俯从。光窃念主上亲重 介甫……惟 介甫之一言， 介甫何忍必遂己意而不恤乎？夫人谁无过…… 介甫诚能进一言于主上，请罢条例司、追还常平使者，则国家太平之业均复其旧，而 介甫改过从善之美，愈光大于前日矣！于 介甫何所亏丧而固不言哉？

光所言正逆 介甫之意，明知其不合也。然光与 介甫趣向虽殊，大归则同。 介甫方欲得位以行其道，泽天下之民。光方欲辞位以行其志，救天下之民，此所谓和而不同者也，故敢一陈其志，以自达于 介甫，以终益友之义。其舍之、取之，则在 介甫矣。

…… 介甫其受而听之与罪而绝之，或诟詈而辱之与言于上而逐之，无不可者，光俟命而已。不宣。光惶恐再拜。

司马光写这封长函，苦口婆心，叮咛周至，从各角度去规劝王安石废除新政。写信前若干日，神宗任命司马光为枢密副使，此亦执政之职。司马光以政见与王安石不同，坚持先废除新法，否则不与安石同在两府执政，于是六次递上"辞枢密副使劄子"。神宗派人开导他："枢密院主管国防军事，官各有职守，不应以他事作为辞让的理由。"

司马光辩道："臣未接受任命，则仍然是天子侍从，于事无不可言。"

稍后王安石复出视事，韩琦的建议被否决，于是司马光终于不接受任命，反而要求外调。神宗无奈，只好收回敕告（任命状）。延至九月，司马终于外调成功，以端明学士职，带着史局出知永兴军（治今西安）。

此期间，王安石读了他的长函，遂写了一封极精彩的短函回复，此即《答司马谏议书》，扼要地反驳司马光的批评，否认他所指责的侵官、生事、征利、拒谏各事。表示两人"游处相好之日久，而议事每不合"的原因，是因为两人"所操之术多异故也"。他不愿强迫司马光接受他的政治观点，但指出改革必定招怨，他早已知道，认为商朝贤君盘庚迁都改革，不但招致朝廷士大夫的怨愤，连人民也愈加怨愤。他说"人习于苟且非一日，士大夫多以不恤国事、同俗自媚于众为善"，他只是鼎力帮助主上改革罢了。

因此，王安石否认自己有过失，乃至说："如君实责我以在位久，未能助上大有为，以膏泽斯民，则某（安石自称）知罪矣！如曰当一切不事事，守前所为而已，则非某之所敢知。"

王安石这封短函并不批评司马光本人，但就事论事，暗示司马光的保守、因循、苟且、偷安的观念不对。

司马光得阅复函，又写了一短函奉复，重申观感，表明社会确已因新政造成动乱不安。不过，司马光第一封信结尾，原意王安石或者会辱骂他，与他绝交，或者排斥迫害他，所以在这二函称谢说："意谓纵未弃绝，其取诟辱必矣！不谓 介甫更赐之晦笔，存慰温厚；虽有肯信用其言，亦不辱而绝之，足见君子宽大之德，过人远甚也！"

事实上，司马光政见、学养与王安石均不同，一是安于现状的实践派，一是改革维新的理想派；一是史学大家，一是经学高才。北宋中期的政局，实由此二人肩负下来。王安石个性虽然执拗，却仍是谦谦君子，对反对他的司马光、韩琦、欧阳修、范纯仁等，顶多道不同不相为谋，把他们外放做官而已，绝不至于加以政治迫害。后来司马光当政，对王安石以下人物也抱持如此态度。马、王之政争，确是国史上极少见的君子之争。

司马光外放做官，于是专心修撰《资治通鉴》，非极必要，不再上疏评论新政之事。但他与王安石仍然私交甚笃，也常与王安石诗文酬唱。不过即使是诗文酬唱，两人的观点与人生见解，仍是相左。例如王安石曾写了两首《明妃曲》，表达他对王昭君和番一事的见解及人生观，司马光读后，就和了他一曲，与他大唱反调。

王安石第一首《明妃曲》是这样写的：

明妃初出汉宫时，泪湿春风鬓脚垂。

低回顾影无颜色，尚得君王不自持。

归来却怪丹青手，入眼平生几曾有？

意态由来画不成，当时枉杀毛延寿。

一去心知更不归，可怜着尽汉宫衣。

寄声欲问塞南事，只有年年鸿雁飞！

家人万里传消息，好在毡城莫相忆。

君不见，咫尺长门闭阿娇，人生失意无南北！

毛延寿，汉宫画师，为宫女画像呈君主阅览，传王昭君因
不肯贿赂，故为延寿丑画其貌，汉帝因而不识昭君；毡城，指
匈奴居地；阿娇，失宠于汉武帝的皇后。

第二首是：

明妃初嫁与胡儿，毡车百辆皆胡姬。

含情欲说独无处，传与琵琶心自知。

黄金杆拨春风手，弹看飞鸿劝胡酒。

汉宫侍女暗垂泪，沙上行人却回首。

汉恩自浅胡自深，人生乐在相知心。

可怜青冢已芜没，尚有哀弦留至今！

杆拨，指弹琵琶的工具；春风手，是指弹琵琶的手势。

司马光读后，或者认为王安石的论调太超脱，或者认为他不大近情理，于是写了一首《和王介甫明妃曲》以见志，他说：

胡雏上马唱胡歌，锦车已驾折囊驼；

明妃挥泪辞汉主，汉主伤心知奈何！

宫门铜环双兽面，回首何时复来见？

自嗟不若住巫山，布袖蒿簪嫁乡县。

万里寒沙草木稀，居延塞外使人归。

旧来相识更无物，只有云边秋雁飞。

愁坐泠泠调四弦，曲终掩面向胡天。

侍儿不解汉家语，指下哀声犹可传。

传遍胡人到中土，万一他年流乐府。

妾身生死知不归，妾意终期寤人主。

目前美丑良易知，咫尺掖庭犹可欺；

君不见，白头萧太傅，被谗仰药更无疑！

过了"居延塞"即入匈奴境；萧太傅，汉太子太傅萧望之，虽为君主的师傅，因被义兄谗毁，故仰药自杀以表其忠。

由此可见，王安石有洒脱的人生观，有独来独往、不畏不恤的追求自我的精神，而司马光则是敦厚殷忧，忠君爱国，强调生灵文化、民族情感的君子。宜乎前者力行改革而义无反顾，而后者则力尊旧章以安民生。任何人若要评论此二先贤及其政见，均须自此入手体会才成。

司马光外放后，辗转由知永兴军，至改任知许州（治今河南省许昌市）、判西京御史台（在洛阳），至此，居于洛阳修史凡十五年，官职虽改而不调离洛阳。元丰五年（1082），他已高龄六十四岁，忽得语涩病。司马光自疑已经中风，于是预先写好遗表（献上皇帝的遗书），大略详述八年前（熙宁七年）所上的六项问题，批评青苗、免役、市易、边事、保甲、水利六项军国措施，请求加以撤销。他写这道遗表时，感慨万分，亲笔撰述，并缄封好置于卧内，等弥留时交与所善的范纯仁、范祖禹，请他们代为呈上。结果，此病并无大害，事情也就不了了之。

三、白首执政与著作

神宗元丰七年（1084），王安石早已去位外调，朝中由王珪与蔡确领导，新政仍在推行，而司马光已高龄六十六岁。这年，《资治通鉴》全部完成，于是在十一月，由司马光领衔，重要助手刘攽、刘恕、范祖禹及司马光之子司马康副署，联名进上该书，并拜表说：

臣光曰：先奉

敕编集历代君臣事迹，又奉

圣旨赐名《资治通鉴》，今已了毕者。

伏念臣性识愚鲁，学术荒疏……独于前史，粗尝尽心……臣常不自揆，欲删削冗长，举撮机要，专取关国家盛衰，系生民休戚，善可为法，恶可为戒者，为编年一书……

伏遇

英宗皇帝……思历览古事，用恢张大猷，爰

召下臣，俾之编集。臣夙昔所愿，一朝获伸，踊跃奉承，惟惧不称……不幸书未进御，先帝遗弃群臣。

陛下绍膺大统，钦承先志，宠以冠《序》，锡之嘉名，每开经筵，常令进读……会差知永兴军，以衰疾不任治剧，乞就冗官。陛下俯从所欲……前后六任，仍听以书局自随……臣既无他事，得以研精极虑，穷竭所有；日力不足，继之以夜……上起战国，下终五代，凡一千三百六十二年，修成二百九十四卷；又略举事目……以备检寻，为《目录》三十卷；又参考群书，评其同异……为《考异》三十卷；合三百五十四卷。

……重念臣违离阙庭，十有五年……今骸骨癯（qú）瘁，目视昏近，齿牙无几，神识衰耗，目前所为，旋踵遗忘，臣之精力，尽于此书。伏望陛下……时赐有览；鉴前世之兴衰，考当今之得失，嘉善矜恶，取是舍非，足以懋稽古之盛德，跻无前之至治，俾四海群生，咸蒙其福，则臣虽委骨九泉，志愿永毕矣！

谨奉表陈进以

闻。臣光诚惶诚惧，顿首，顿首，谨言。

元丰七年十一月进呈。

司马光的大志向在救济生民、兴隆国家，这道奏章亦一再表明。他撰述《资治通鉴》这部大书，十九年下来，已经使青春磨蚀，健康日差，这是他又过了整整两年，即以衰病逝世的原因。神宗大为感动，任他为资政殿学士，此号学士，通常是执政所带的职衔，表示神宗有意重用他。同时，神宗颁下奖谕诏书：

敕司马光：修《资治通鉴》成事。

史学之废久矣……卿博学多闻，贯穿今古……成一家之书，褒贬去取，有所依据。省阅以还，良深嘉叹！……故兹奖谕，想宜知悉。

冬寒，卿比（近来之意）平安好。遗书（即留书，致送一封信之意），指（旨趣、心意之意）不多及。十五日。

第二年，衰老的司马光尚安好，反而三十八岁壮年的神宗皇帝，却在三月崩逝了。九岁大的哲宗皇帝继位，由太皇太后高氏（英宗妻，神宗母，哲宗祖母）临朝听政。哲宗是神宗第六子，前一个月神宗才立他为皇太子，准备召还外放的吕公著和司马光做他的师傅，因此，太皇太后乃下诏征两人回京辅政，两人都是保守派的领袖。

军人看见司马光回京入宫，皆以手加额称庆："这是司马相公啊！"数千百姓遮道欢呼："相公不要再回洛阳，留在中央做天子的宰相，救活我们百姓！"原来司马光当初批评新政，所预测的结果后来多能应验，于是天下传诵，以为是真宰相，虽田父野老皆私下称他为"司马相公"，连妇人孺子也知道"司马相公"就是司马君实。苏轼当时由登州（治今山东省蓬莱市）奉召回京，据他所说，缘道有人相聚号呼："请转告司马相公不要离开朝廷，请他善自珍重以活我们！"

事实上，当时不少保守人士引颈盼望改革（废新政），有些人则狐疑观望。若干官员为了缓和起见，进言说："做人儿子，三年无改于父之道是应该的。"于是稍稍取消了一些过分的措施，略举数事以塞人言。

司马光慨然争之："先帝之法，其善者，虽百世不可变更。像王安石、吕惠卿等所策划，是天下的祸害，而不是先帝的本意之政施，当如救焚拯溺一样，立即改革犹恐不及。何况这是太皇太后以母亲的身份去改革儿子之非，又不是儿子去改变父亲之道哩！"议论乃决定下来。五月，太皇太后晋拜司马光为执政（门下侍郎）；七月，吕公著也拜执政（尚书左丞），开始废除新政的措施。

司马光执政，首重起用人才。他认为治乱之机在于用人，邪正一分，则消长之势自定，所以每论事必以人物为先，起用了不少反对新政的人，也贬降了拥护新政的官员。然后，才逐步取消新政，保甲、保马、市易等，依次取缔或改革，又将财经系统大加整顿，权归户部（财政部）。

翌年，（哲宗元祐元年，1086）春正月，司马光病发，日益严重，朝廷待他优礼有加，他更为感激，为之长叹说："四患未除，我死不瞑目呀！"于是力疾上疏，亟论免役法之害，要求取消，诏令即日依言实行。他又论列对西夏的大战略，主张和平共处；废除置将法及提举司；开十科考选人才。虽然有些官员反对，但他持论极坚，朝廷亦一一采用。

闰二月，司马光又晋拜为左仆射兼门下侍郎首相之官，这时病况稍有起色，想赴朝办公。诏令要他免去朝觐，允许他乘肩舆（以肩抬起而行的轿子），每隔三天一入都堂（宰相办公厅）或门下省、尚书省（他的本兼两官都是此二省官）。司马光不敢当，说："不见君主，怎么可以视事？"诏旨只好命他肩舆入觐，特许不拜。司马光却惶恐入觐，再拜始止，并又要求把青苗法废除了。

王安石以司空官（一品的三公官）寓居江宁府（今南京），知道司马光与吕公著这两位好友，同心合力，一一要尽革新法，不由为之感叹，遂在四月薨逝，享寿六十八岁。

司马光感激朝廷知遇，遂决志以身殉国，昼夜不舍地亲理庶务。宾客见他羸弱，举诸葛亮食少事繁以致操累而死的事，作为

38

警告。司马光答道："死生是命啊！"于是更加努力。数月之后，大病又发，病重到没有知觉，呓语谆谆然犹讲国家大事，延至九月初一薨逝；比王安石晚了五个月，同样享寿六十八岁。两人同年生死，真似出于上天的故意安排。

太皇太后与哲宗二圣亲临其丧，哭之甚哀，为之罢朝会，追赠太师、温国公，谥号"文正"，诏令内臣护灵归葬于夏县，哲宗赐以"忠精粹德"之碑额。京师居民闻丧，亦罢市往吊，如哭自己的亲戚；岭南也有父老相率俱祭。京都画家画其遗像，刻印贩卖，都中与四方的人家，大多家置一幅，饮食前必先祭祀，据说有些画家即因此致富。

司马光孝友忠信，恭俭正直，居处有法，动作有礼，淡然于物质享受。他的学问无所不通，但最不喜佛学及道家。他曾有豪语说："我没有过人之处，但平生所为，未尝有不可对人言的事罢了！"家在洛阳有田三顷，丧妻时已变卖，当作葬费，从此恶衣菲食以终其身。

其妻张氏，是礼部尚书（相当于教育部部长）张存之女，比他先死，追封为温国夫人。儿子三人，司马唐与司马童都早死，司马康及其二子植与桓，在他死时皆已任官；司马光修撰《资治通鉴》时，司马康担任校阅文字之职。

翰林学士苏轼（东坡），与司马光交游二十年，故熟知司马光的平生，于是为他撰写"行状"（死者的生平行谊）；后来元朝修《宋史》，其中《司马光传》的文字，十之八九抄自此行状。

根据行状所载，司马光的著作计有：

1.《文集》八十卷

2.《资治通鉴》三百二十四卷（应包括《通鉴目录》三十卷在内）

3.《资治通鉴考异》三十卷

4.《历年图》七卷

5.《通历》八十卷

6.《稽古录》二十卷

7.《本朝百官公卿表》六卷

8.《翰林词草》三卷

9.《注古文孝经》一卷

10.《易说》三卷

11.《注系辞》二卷

12.《注老子道德论》二卷

13.《集注太元经》八卷

14.《大学中庸义》一卷

15.《集注扬子》十三卷

16.《文中子传》一卷

17.《河外谘目》三卷

18.《书仪》八卷

19.《家范》四卷

20.《读诗话》一卷

21.《游山行记》十二记

22.《医问七篇》

由此二十二种著作目录，可见司马光学问广博，经、史、子、集均有心得，连他所最不喜欢的老子学说，也曾用功研读过。与那种厌恶其言，则不读其书的人，实在不能相比。只是，司马光于史学用功最大，浸淫最久，成绩最显著，所以被后世之人公认为史学家罢了。

第二章 《资治通鉴》同修者略传

一、刘攽

　　刘攽，字贡父，临江新喻（今江西省新余市）人。他与兄刘敞（字原父）、敞子刘奉世三人，以文名擅于北宋中期，世称"三刘"。仁宗庆历（1041—1048）年间，刘敞、刘攽两兄弟同登进士科；刘敞更是廷试第一名，只因编排官王尧臣是其内兄，为了避嫌疑，遂改为第二名。

　　刘敞无书不观，而长于《春秋》史学，与欧阳修甚有交情，在中央做官也颇顺利。只是因为议论常与众人不同，加上在神宗熙宁元年（1068）才五十岁就死了，所以没有做到宰执的机会。

　　刘攽情况则与兄颇不同，他在中进士后，历任地方官凡二十年，然后才因欧阳修等人的推荐，调京试任馆职（在史馆等馆阁任职），但他与御史中丞（监察机关副长官）王陶素有凤憾，于是遭受排挤，长期以高阶担任馆阁校勘之职。

　　神宗熙宁中，刘攽迁为判尚书考功、同知太常礼院。这时王安石推行新政，改革学校贡举法，推行学校教育从严考试，并在毕业生中提拔人才的政策。刘攽却反对说："本朝选士之制，已经实行了百年，历代将相名卿皆由此而生，若说旧制没有得到人才，岂不是诬赖吗？希望因循旧贯，不要轻易讨论更改法令。如果士子能在家自修而足以成德，又何待学官设计课程以督导他们呢？"

宋朝经筵讲读，为了提高君主的尊严，已经废除了前代教授讲座的方式，讲师必须站立讲读，而皇帝则坐着来听课。王安石在经筵，要求神宗让讲师坐着讲，以表示尊师重道。刘攽又反对说："侍臣在御前讲谕不可以有讲座，避席立语，乃是古今的常礼。君主赐座，是表示人主的遵德乐道；若君主不赐座则自请，意义可就不同了。"礼官们也同意刘攽的意见，于是以后人君听课，讲臣就没有讲座，一直站立到下课为止。如果讲臣年老体弱，这真是一件苦差事。

刘攽曾与同僚争詈，又颇反对新政及新党人物，更曾直接写信给王安石，争论新法的不便。安石大怒，追论其前后过失，将他外放为泰州（今江苏省泰州市）通判，辗转升迁为曹州（今山东省曹县西北）知州（州长）。

曹州是盗贼出没的地区，严刑重法也不能遏止。刘攽说："民不畏死，奈何以死惧之？"于是采取宽平的措施治理，盗贼竟也渐渐减少了。

其后又多次调职，曾充京东转运使（相当于省级的财政长官），调职后由吴居厚接替遗缺，居厚能奉行新党的法令，使京东财政收入增加。于是刘攽被追诉在任内废弛事务，降为衡州（今湖南省衡阳市）盐仓的监仓官员。

哲宗初期，刘攽复升为襄州（今湖北省襄阳市）知州，不久调入为秘书少监，但他称疾求去，朝廷遂命他为知蔡州（今河南省汝南县）。然而，苏轼等四人上言，力称刘攽博学强记，善于文章，治理政事可比美于古代的良吏，具有多方面的才干，能固执于正道，应该优加赏赐，让他留在京师。因此，刘攽到达蔡州数日之后，就被召拜中书舍人（中书省机要官）。回京不久，竟因病不起，享寿六十七岁。

刘攽为人疏隽（jùn），不注重仪容，性喜谐谑而富幽默感，因此屡次招怨。他曾著书一百卷，尤长于史学，所撰《东汉刊误》一书，更是为人所推崇。因此，司马光修撰《资治通鉴》时，特请他专门主撰汉代部分。他的侄子刘奉世也是一位汉史专家。

二、刘恕

司马光修撰《资治通鉴》，最得力的助手就是刘恕。

刘恕字道原，筠州（今江西省高安市）人，生于宋仁宗明道元年（1032），卒于神宗元丰元年（1078）九月，享年四十七岁；死后六年又三个月，《资治通鉴》才全部完成。由于他对《资治通鉴》出力最大，所以司马光等同僚不但在进上该书时，奏章之末仍然署上"同修·秘书丞刘恕"之名衔，并且请求皇帝特赐其长子义仲为官。

刘恕博极群书，聪明强记，为人刚直耿介，重义气，急言诺，颇有侠义之风，此与家庭环境有关。

其父刘涣，与欧阳修同年中进士，是好朋友，出仕为县官。由于处理政事常与上级意见不同，又不甘奉承屈膝，于是辞官而去，在庐山筑室隐居，种蔬而食，淡泊明志，游心物外，享有甚大的名气。欧阳修推崇他的风节，作《庐山高》一首诗，充满仰慕倾倒之意。

刘涣嗜好读书，藏书极丰，刘恕死后两年，才以八十余岁去世。由于刘涣身教而藏书丰富，自小就颖悟聪明、过目不忘的刘恕就有大好读书机会，俨然一个神童。八岁时，家中宴客，客中有人说："孔子没有兄弟。"刘恕应声而言："《论语》提及孔子'以其兄之子妻之'一句，怎能说孔子无兄弟？"举座遂惊异。

十三岁时，想参加制举考试，谒见宰相名学者晏殊，与晏殊反复辩论政事，晏殊竟被难倒，不能对答。稍后晏殊又请刘恕至府，请他讲《春秋》，自己亲率官属来听讲。自是之后，声名鹊起，但他恃才傲物，议论批评，不避权贵，所以诸公虽然称赞他，内心却不是真的喜欢他。

仁宗皇祐元年（1049），刘恕当时十八岁，参加进士科考试。当年知贡举（典试长）是侍讲赵槩（gài），司马光则任贡院点检试卷官。仁宗下诏在士子中征选能讲解经义的人，由典试官员特别奏上。应征的人仅有数十人，赵槩遂问以《春秋》《礼记》大义，二十条题目之中，有一人答案最精详，也有创见，主试官大为惊异，擢为第一名。乃至发榜，揭去糊名，其人就是刘恕。司马光非常欣慕及器重他，两人遂结识。同时，刘恕的进士科目考试，成绩也列为高等，但廷试时却不中格，于是发下国子监试讲经义，成绩仍是第一，仁宗遂赐他及第。

中进士后，朝廷调派他做巨鹿县（今河北省平乡县）主簿（主理公文的佐官），任满迁为晋州和川县（今山西省安泽县东北）县令，他都能以大魄力绳豪猾、抚鳏寡，使地方肃然。那些自认是能吏的官员，对他甚为佩服，自叹不及。

英宗治平三年（1066），司马光奉诏编修《资治通鉴》，并得随意选择馆阁英才来相助。光报告说："馆阁文学之士诚然很多，至于专精史学，臣所得而知的人，只有和川令刘恕一人而已！"英宗答道："好！"于是司马光退而奏召刘恕来相助。

由于刘恕博学强记，正史之外，连小说杂记也无所不览，数千年之事了如指掌，所以司马光凡遇错综复杂的史事，皆交给刘恕研究整理。他研学之时，家人呼叫开饭也不理，至饭羹冷了也不顾；夜间则卧思古今，有时通宵不眠，因此司马光对他最有信心。

司马光和欧阳修两人，当时号通史学，贯穿古今，但是对于刘恕，两人也常自叹不如，多方向他请教。事实上，光、修二人年龄都比刘恕大，他也对司马光敬执门生之礼，最了解司马光的志趣，竭力助光修史。所以司马光曾说："我之得到道原，就像盲人互相依赖一样。"

刘恕与王安石是邻县同乡（安石为临川县人），两人也有旧交情，对经学均有造诣，也都是过目不忘的人。但是王安石与他每次相见，必与他开玩笑，笑他耽于史而不穷于经。刘恕对安石的经学则持反对态度，后来王安石当宰相，所著《三经新义》被列为考试必读之书，天下士子莫不嗜读。刘恕则力诋安石之学，士子凡有谈到《三经新义》，刘恕必怒形于色，连说："此人口说妖言，面带妖气！"确实，刘恕个性刚毅，一丝一毫也不让人，连司马光这种正人也惮他三分。

神宗熙宁二年（1069），王安石参政，策划改革变法，邀请他参与为"制置三司条例司"立法，当时吕诲、范纯仁、司马光等，纷纷反对新政，刘恕也站在反对的立场，不但以不善于财政为理由，推辞不参与策划，而且当着众人面严厉批评王安石。王安石当时权震天下，人不敢忤，而且也是一个恃才傲物、极善辩论之人，于是愈听愈不高兴。刘恕则愈讲愈快乐，愤愤然欲与王安石一较高下。王安石脸色如铁，道原则意气自若。在座众人或侧目而视，或掩耳起避，爱之者都为他寒心，而刘恕抗言直斥，曾不以为意。不过事后，刘恕自己也感到内心不安。刚好第二年，司马光要求外放获准，带着史局知永兴军，他也趁机以父老告辞，请求调任为南康军酒税监官，因为其父隐居的庐山之阳，是属于南康军的管辖区。

由于《资治通鉴》才开始修撰四年多，所以刘恕虽在南康军任职，但仍遥隶史局，以通信方式保持联络。

熙宁四年，司马光分司西京（洛阳）御史台，刘恕请准往见，在史局逗留数月而归。刘恕家贫，没有锦衣美食，然而一毫也不妄取于人。当他南归时已是初冬十月，没有寒衣。司马光赠送旧貂褥及一二衣袜给他。他坚决不要，强迫他收下，行至颍州（今安徽省阜阳县），他还是派人全部送还给司马光。不过他对师友也抱这种态度，似乎是过分狷介了。

熙宁九年（1076），刘恕因母亲去世，悲哀愤郁，遂中风疾，右半身不能运动。这时他为史局工作也满十年，《资治通鉴》也打好了基础。但他与司马光对《资治通鉴》的断限问题有不同看法，他认为司马光执意从三家分晋作为开始，写到宋太祖陈桥兵变前为止，事实上不能算是完全的通史。所以，他有两个计划要做，准备补救《资治通鉴》的不足：一是要写从西周共和元年（前841）开始，至周威烈王二十二年止，共四百三十八年的历史，以下接《资治通鉴》威烈王二十三年（前403）的开始；另一是要写从宋太祖开国至宋英宗五朝的历史，以上接《资治通鉴》的结束。刘恕称前一计划为《资治通鉴》前纪，后一计划为后纪，认为如此才能使《资治通鉴》成为一部贯穿古今的通史。

在中风瘫痪以后，他仍然努力苦学，精神好一些时则修书，病亟则停止，而且常常口述，命令长子刘羲仲笔录下来。由于看不到藏在京城的国史实录，遂放弃第二个计划，专心完成第一个计划，为数十卷的前纪就是在这种情况下完成的。为了避嫌司马光的《资治通鉴》，他将前纪改名为《资治通鉴外纪》，留言希望司马光将来能删削此书，与《通鉴》全书为一体。

《资治通鉴外纪》在刘恕卧病六百天之内完成，书成后不久，即撒手西归。卧病期间，他同时进行另一部著作——四十二卷的《十国纪年》，专述唐亡后五代十国之事。病重之时，为了赶快完成此书，故仍汲汲借取他人之书来研究；弥留之际，乃口授义仲写信给司马光，拜托司马光代为写埋铭（埋在棺圹内的碑铭）及《十国纪年》之序。司马光依言为序，其书尚未杀青，由刘义仲继续加以完成。至于将《外纪》与《资治通鉴》合成为一之事，由于书进上后不久，司马光即奉诏入朝辅政，并迅即病死，所以他也无法成全朋友的愿望了。

刘恕精深史学，对于《资治通鉴》全书的构想司马光多加采用，尤其三国至隋朝与五代十国两大段，皆由刘恕完成初稿。他平生狷介，尤好抨击人家，不过也曾检讨自己，自认有二十失与十八弊，倒也不失为性情中人。

三、范祖禹

范祖禹出身四川著姓望族，是成都华阳人，仁宗康定二年（1041）出生。诞生前，其母梦见一金甲伟丈夫进入寝室，对她说："我就是汉朝将军邓禹！"所以就命名此儿为"祖禹"，后字"梦得"，亦字淳甫。淳甫一字，是因司马光写给他的帖而命名，可见两人关系之深。

祖禹之父名百之，叔祖就是首先上言请仁宗选择宗室子为皇太子的名谏官范镇。镇与百之同中仁宗宝元元年（1038）进士，名为叔侄，实如兄弟。百之官至太常博士，在祖禹十三岁时，夫妇相继去世，诸子皆由范镇抚养。范镇家教严正，视祖禹如己子。祖禹不好博闻强记，但读书用功，他们范家确是书香世代的家庭，祖禹尤其因为早孤，自感身世，故每逢佳节宴会，都黯然躲开，闭门读书。

范镇非常器重祖禹，曾对人称赞他说："这孩子是天下之士呀！"又对子弟说："三郎是你们的榜样，你们应该向他学习。"祖禹是百之的第三子，故称为三郎。范镇与祖禹感情极佳，范家子弟虽都友爱，但很少像这两祖孙那么投契。祖禹一生治学、处世、为人，固然深受范镇影响，但范镇对此侄孙也无话不谈，引为知己，甚至哲宗即位，太皇太后高氏想升迁范镇为执政，范镇亦写信征求祖禹的意见。祖禹认为不应接受，他就决定不再出山了。范镇与司马光的感情，比亲兄弟还好，这是范祖禹追随司马光的原因。祖禹比范镇年轻三十二岁，比司马光年轻二十三岁，司马光在祖禹未中进士之前已认识他。

嘉祐八年（1063），仁宗崩逝，英宗继位，范祖禹则以二十三岁年龄，在此年考中进士甲科，授任为校书郎，出为资州龙水县（今四川省资中县）知县。中举后，他曾写了一篇《进论》，求教于司马光。光极赏识祖禹，但却对此文不表态度。祖禹疑惑，屡次询问，司马光才说："你的文章不是不好，但念世人绝少能考中甲科，你既考中，而又写此文章急于求进，我总觉得你有点贪心。我不高兴，不是为了你写《进论》，而是不喜欢你有贪心罢了！"于是祖禹焚掉《进论》，决定不参加贤良科的考试。

祖禹一生，受司马光影响启发最大，因此一言，遂看破功名利禄，甘心追随他在洛阳修撰《资治通鉴》，不求闻达，十五年如一日。这十五年日夕共同生活，司马光的人格与治学，对他启发更大；而司马光一方面视他为事业上的助手，一方面也视他为子弟门生，公、私两事，多与祖禹商量而后行。司马光的书信公文，皆出于祖禹之手，连《进〈资治通鉴〉表》也由祖禹代撰。

洛阳是旧党云集的地区，朝中反对新政的名流学者，或主动或被动，都聚居于此，故道德文章极盛。元老如富弼，名臣如司马光、吕公著，学者大师如邵雍及二程子（程颢、程颐），皆济济一处。范祖禹与他们往还，受到极大影响。尤其司马光如其师父，吕公著是其岳父，二程子与他游学，影响最大。

祖禹为司马光所推荐，以同修名义参与修撰《资治通鉴》。史局人员原来多有本职，他们外调时势必不能再入局编修。例如刘攽在局仅五年（治平三年至熙宁四年），刘恕在局也不过四年多，遥隶史局的时间较长，而且也早死。范祖禹从熙宁三年六月入局，至修完全书为止，共有十五年之久；更因在洛阳追随司马光，几乎无日不参与修史。那时他已三十多岁，学识日深，除了负责唐朝的初稿外，可以说是全书实际参与的第一号助手。书成进上时，他已经是四十四岁的中年人。司马光为了他的贡献，推荐他升迁为秘书省校字。其间，王安石之弟王安国，因为与他友善，告诉他说安石很爱重他，要他往谒其兄。祖禹深受洛阳风气的影响，拒绝与安石往来。反而在富弼死后，不顾众人的反对，将此退休于洛阳的保守派元老之密疏，呈上给神宗皇帝。富弼拜托他呈奏的密疏内容，是亟论王安石误国及新法之害、言辞愤切的遗书。可以说，范祖禹的政治态度，也是极端反对新政的。

四十五岁那年，宋哲宗即位，太皇太后高氏临朝掌政，起用大批保守派官员，司马光与吕公著更由洛阳召回执政。他们的政策，是要废除新政，恢复仁宗以前的旧法，《宋史》上称为"元祐更化"，与王安石的"祖宗不足法"的变法维新完全相反。需知道，王安石以前，韩琦、范仲淹、欧阳修等元老，曾认识到国家已到非变法不可的地步，皆先后提倡过变法。王安石的变法，照说他们除了反对过度改革之外，不应该加以全部反对。安石以五十一岁中年而蒙重托，可能是导致这些"老成人"不悦的原因，事实上，保守派经常上言，要求罢黜倡行新政的年轻新进，复用"老成人"掌政。这些元老在朝力量甚大，也有道德文章，不少新进能干之人受其影响，而拒绝与王安石同流，范祖禹与刘恕就是典型之例，如此一来，王安石势须提拔较激进的新人，此举也就更受保守派的攻击。可以说，这是政治的恶性循环，后来终于爆发党祸，导致亡国。

范祖禹政见偏于保守派，但立朝大体还算中立。太皇太后升他为右正言当谏官，他以岳父吕公著执政，避嫌力辞，于是改调为著作佐郎、修《神宗实录》检讨，稍后又升为著作郎，兼哲宗皇帝侍讲，在史馆与经筵中工作。当时，宰相蔡确以罪贬窜，祖禹就曾警告保守派说："自仁宗皇帝即位（1023）以来，不窜逐大臣的惯例已有六十多年的历史，现在一旦行之，四方视听会大为震动。蔡确已经罢相，朝廷多非其党，偶然有人提出偏见异议，如果就将他们视为新党，一定要把他们排挤贬出，我恐怕刑罚失去中正，使人情产生不安啊！"从他的说话，就可了解新党日后大举报复的原因所在，范祖禹不愧是精通历史的学者。

范祖禹在史馆及经筵工作，有显著的成就。

首先，他当初撰写《资治通鉴》唐朝部分时，意见颇与司马光不同，所以他撷取有唐一代历史，考得失，辨善恶，撰成十二卷书，取名为《唐鉴》，献上朝廷，希望有助于致治。这部书优劣并存，但名气甚大，所以人皆称其为"唐鉴公"，其子为"唐鉴儿"。宋高宗后来对讲臣说："读《资治通鉴》知司马光有宰相度量，读《唐鉴》知范祖禹有台谏手段。"

范祖禹是一位极称职的讲官，每进讲前一晚，必定端正衣冠，就像在御前一样；然后命令子弟侍坐，将内容先演讲一遍。讲时态度温和，引经据典，摘引时事，语调琅琅然，使听者兴起。所以苏轼曾说："范淳甫讲说，是当今经筵讲官第一。言简而当，无一冗字，无一长语，义理明白而成文灿然，真得讲师三昧！"

当讲官时，祖禹上自三皇五帝，下至宋神宗，编集了不少帝王学问及宋代历帝讲读的故事，作为讲授之用。元祐六年（1091），将此书整理完成，取名《帝学》，献给哲宗阅读。《唐鉴》与《帝学》二书，都是讲课用书，重点在解释政治盛衰，并把"复祖宗（指宋太祖、太宗以下各帝）之法"的精神，辨别人物奸邪、正直的意义，发挥出来。也可以说，他想把哲宗教育成保守派理想中的君主。他撰写的另一本书——《仁皇训典》，专述仁宗政治，要求哲宗学习，目的与前二书相同。稍后，范祖禹升迁为翰林学士，这是文人最羡慕的职位，而范氏更因三世居此职，益为士林所荣慕。但这也是范祖禹政治生涯的巅峰。

保守派因太皇太后支持，推行政策的态度颇与王安石相似，均是自以天下为己任，丝毫不顾忌反对者的反应；排斥新党的激烈，也不比王安石逊色，指斥新党分子为奸人则似更为过之。新党人物自是怀恨在心。保守派群臣协助太皇太后治国，不把年已长成的哲宗放在心上。又经常教训他东，教训他西。年已十七八、皇后也娶了的哲宗，心里充满挫折感，对祖母宰执的一番盛意，转变成为怨恨，造成新党回朝的契机。

保守派共同的目标在推翻新党，恢复旧政。他们之间也派系分别，互相攻击，对新政及恢复旧政的看法亦甚分歧。范祖禹的两位好友程颐与苏轼，一为洛党领袖，一为蜀党巨子，就是互相猛烈攻击的人。祖禹也曾因为有大臣希望调和新、旧两政，故坚决表示意见说:"祖禹以为朝廷既察王安石之法为非,就该当恢复祖宗的旧法。如果在两法之间撮长补短,两用而兼存,则纪纲必然败坏!"他与司马光一样,都是主张坚决尽废新法之人。

元祐八年(1093)九月,太皇太后崩逝,哲宗亲政,政局遂转变。第二年,绍圣元年,新党重要人物章惇、曾布、蔡京等人纷纷回朝当政,哲宗改元为"绍圣",就是决意要继承父亲神宗的遗志。章惇等也决意要复行王安石的新政。于是旧党重要人物吕大防、范纯仁、苏轼等,先后遭到罢免及贬黜。

同年七月,更大的噩运又告来临,御史黄履、周秩等,上言批评已死、未死的旧党领袖司马光等人,哲宗下诏如言加以议处,绍圣四年二月,三省(尚书、门下、中书)联言要求再追论,于是司马光、吕公著以下一再贬黜。徽宗(哲宗弟)以后更建立"元祐党籍",令全国官厅树立司马光以下姓名,称为"元祐奸党碑";对党籍中人及其子孙,加以迫害禁锢。

当太皇太后崩逝后不久,政情不稳,范祖禹即上奏请哲宗辨是非、拒邪说,奉承先后的遗志以斥逐新政;寻又当面批评新党为害,指责王安石、吕惠卿等人误国。稍后哲宗欲拜章惇为相,他又力言章惇不可用。是则范祖禹之遭到新党迫害,也绝非纯粹因为修撰《神宗实录》而起,其政治立场的鲜明与激烈,实为主因。

祖禹见建议不被采纳,遂请求外调,以龙阁学士身份知陕州(今河南省三门峡市陕州区)。这时,蔡卞等人批评《神宗实录》不客观,要求重修。实录的主要撰述者范祖禹、赵彦若、黄庭坚三人，因此坐罪。

《神宗实录》是记载神宗一朝的历史，在元祐元年二月六日开始修撰，最初的主持人是宰相蔡确。月余，蔡确被旧党贬窜，遂改由宰相司马光主持。光首荐范祖禹为检讨官，至六年三月完成，几乎都赖祖禹实际推动。实录完成后，范祖禹与赵彦若又奉诏继续编修神宗皇帝正史，至八年三月完成。修撰期间，因政见不同而产生争执的情况已经出现。至此，蔡卞等人批评实录"用意增损，多失事实"，要求重修。于是新党群臣交章议论，多谓《神宗实录》用心不良，是旧党用以掩覆先帝（神宗）功业，诋诬王安石新政之书。因而追论其罪，在绍圣元年（1094）十二月，降授为武安军节度使，移送永州（今湖南省永州市零陵区）安置。两年之后，又追论祖禹诽谤之罪，责授昭州别驾（州佐），移送贺州（今广西壮族自治区贺州）安置。翌年闰二月，再移送宾州（广西壮族自治区宾阳县）安置。

元符元年（1098）七月，三省再追论祖禹等人"诬罔圣德，阴蓄邪谋"，诏旨将祖禹移送化州（广东省化州市）安置，勒令永不录用他们的儿子为官。祖禹这年五十八岁，于同年十月二十日死于贬所，结束了四年的流放生涯。

哲宗亲政初期，范祖禹公开表示态度，儿子范冲及其一些好友，先后劝他不可过分言论激切。祖禹曾慨然回答："我离开四川时人称为范秀才，如今大不了再为布衣，有何不可！"后来的贬谪，实与此有关。不过，死于贬所，这倒是他所始料未及的。

第三章 《资治通鉴》的编集

一、编集的背景与缘起

从孔子作《春秋》以来，史学撰作多为私人所撰，而且富有批评精神。司马迁开创了人物系统的纪传体通史，提出了"通古今之变"的意义。批评与通变，遂成为史学的两大精神。但是，不是每一个历史学家都有能力去通变，或者有高识去批评的，这是史学著作逐渐以断代史为正，以堆砌史料为常，使史学没落的原因。唐朝以后，由官方集体修史，史学就每况愈下了。

宋朝是史学复兴的时代，欧阳修的《新唐书》与《新五代史》，就代表了批评精神、通变能力、私家撰述风气的复兴。司马光的《资治通鉴》，就是承接此风而成的。不仅如此，《资治通鉴》还代表了中国史学最古老体裁——编年体的复兴，也代表了"帝王学"的进步。

原来宋朝国策重文轻武，宋初一边整编书籍，一边发扬文教，特别重视教育帝王治国平天下的参考书籍，于是宋太祖时代，修编了《太平御览》《太平广记》《文苑英华》等大部头类书，以培养帝王的识见与文才。宋真宗时代所修编的《册府元龟》，帮助帝王鉴戒古今、裨益治道的意义更大；这是一部集史实大成、分门别类的大参考书，是真宗诏令编修君臣事迹，用以垂为法典的大著。

根据司马光所呈《进〈资治通鉴〉表》，说明《资治通鉴》的编集缘起，就是英宗想发扬文明之治，历览古事以助统治，于是才诏令编集此书。神宗认为此书论次序历代君臣事迹，有益于作为统治的借鉴，于是赐名为《资治通鉴》。也就是说，英宗与神宗，一方面视此书为历史，一方面也视此书为统治备忘录，是做帝王必具的学问。

《新五代史》《旧五代史》都是通史，把梁、唐、晋、汉、周五代贯穿来撰述，与一般的断代正史，专记一代兴衰不同。在此以前，只有司马迁的《史记》与梁武帝的《通志》两书，才有魄力做此尝试；也唯有通史体，才更能发挥"通古今之变"的功用。司马光对此认识清楚，他初期的构想，就是要修如此一部通史，命名为《通志》，与梁武帝之书同名。后因神宗赐名，才定名为《资治通鉴》。不论称为《通志》也好，称为《资治通鉴》也好，目的都在突出"通古今之变"的"通"字，这是宋朝复兴通史体的大构想与大成绩。

《太平御览》与《册府元龟》等帝王学书，体裁都仿自类书而来，把事情割裂分散。《资治通鉴》却不同，它是把历代史迹，依照年、月、日编集而成，是一部庞大的编年体巨著。编年体沉寂已久，除了官方像日记一样的记注、实录仍在采用外，正式的史著已很少运用。而且，从前的编年史著，像《春秋》《左传》《汉纪》等书，均以一朝一国为主，不是通史体的编年史。《资治通鉴》则不同，它编集周、秦、汉、魏、晋、宋、齐、梁、陈、隋、唐、后梁、后唐、后晋、后汉、后周共十六代，一千三百六十二年之间的变化，实为中国第一部通史方式的编年体大著。单就史学史角度来看，就曾激起甚大回响，并由此衍生出另一种体裁——纪事本末体。

由此而观，司马光编修《资治通鉴》，不论从史学发展、史学精神与意义等各方面看，都有非常伟大的成就，有承先启后及中兴史学之功。宋神宗在《奖谕司马光修〈资治通鉴〉成诏书》中，就慨叹"史学之废久矣"，并对此书的成就表示"良深嘉叹"。

二、编集精神与结构

早在仁宗皇祐年间（1049—1054），刘恕进士中举，与司马光认识后，就常与司马光论学往还。嘉祐（1056—1063）中，司马光曾对刘恕说："《春秋》之后，至今千余年，从《史记》到《五代史》，凡一千五百卷，学者历年不能读完其篇第，终生也无暇了解其大略。我想从周威烈王命韩、赵、魏为诸侯开始，下至五代，遵循左丘明编年之体，模仿荀悦［东汉颍川郡（今河南省禹县）人，十二岁能说《春秋》，个性沉静，好著述，为汉献帝的侍从官。

所撰《汉纪》三十卷，甚获好评，是依《左传》体而完成的名著。]《汉纪》简要的笔法，网罗众说，以成一家之言。你看怎样？"

刘恕回答："司马迁以良史之才，叙述黄帝至秦汉的兴亡治乱。班固以下，世各名家。李延寿总合八朝而撰成《南史》《北史》，但言辞卑弱，义例繁杂，加上缺乏表、志，历史沿革不完整。梁武帝《通志》等书，近世已散失，没有可足称述的地方。公（指司马光）想以文章议论，撰成历代大典，真足以流传万世；元凶巨奸，贬黜甚于诛殛。上可继孔子的《春秋》经及左丘明的《左传》，司马迁怎么可以和你相比，荀悦又何足道哉！"

根据二人对话，显示司马光想要修一部自周威烈王至五代的史书，念头在正式奉英宗诏令前几年，早已存有。他的仿效对象，主要是左丘明及荀悦两人，宗旨最初不在强调《春秋》的褒贬精神，而是特重史实的整理陈述，网罗众说以成一家之言。至于刘恕的意见，则刚好相反，鼓励他效法《春秋》《左传》，不要学司马迁与荀悦。

英宗治平三年（1066），司马光奉诏编集历代君臣事迹后，首先延揽刘恕入史局襄助，大体上《资治通鉴》的结构，就是两人磋商的结果。

刘恕第一个意见是《春秋》精神的提出，不被司马光所认可。第二个意见则是断限（开始与结束）问题的不同。刘恕曾询问司马光："公之书不从上古或尧、舜开始，究竟为了什么原因呢？"

司马光答："周平王以来，事情都包容于《春秋》一书中。孔子之经，不可以增删呀！"

"那么，为什么不从《春秋》结束的那一年开始写？"

"圣人的经不可以续啊！"司马光又答。

司马光尊孔子，不敢重复或接续《春秋》经典，这是不敢僭圣的表现，也是他立意舍弃上古，而从周威烈王开始撰述的原因。刘恕对此，迄死不满，所以自己撰写了《资治通鉴外纪》十卷，准备补救《资治通鉴》缺头之失。

同时，刘恕也不满意司马光写到五代即止的构想，认为那足以使《资治通鉴》有缺尾之憾。司马光当然了解此缺尾之憾，但事关"现代史"，他不敢轻易落笔。刘恕因此也曾想到撰写宋太祖以至英宗五朝的历史，以续《资治通鉴》之貂。后因体衰身衰，赍（jī）志以殁。

由此可见，《资治通鉴》实非一部从上古至当代（英宗或神宗）首尾完成的通史，多少是有所缺憾的。

不过，刘恕的鼓励，事实上对司马光颇发生了影响。治平三年正月，司马光奏上自周威烈王二十三年至秦二世三年的《通志》时，尚申明效法左丘明与荀悦的体裁和文笔。及至英宗阅毕大喜，命令他继续修撰下去。他再奏时，语气即已改变，他说："窃不自揆，常欲上自战国，下至五代，正史之外，旁采他书，凡关国家之盛衰，系生民之休戚，善可为法，恶可为戒，帝王所宜知者，略依《左氏春秋传》体，为编年一书，名曰《通志》。其余浮沉之文，悉删去不载，庶几听览不劳，而闻见甚博。"

换句话说，他自认《通志》一书，是因循《左传》的编年体，模仿荀悦《汉纪》简洁之文章，注重国计民生大事，不但要做到博而不烦，而且也要效法《春秋》褒贬之精神。并即将编年通体、简而不赘、博而能约、褒贬批评四种重点，纳入其日后撰写《资治通鉴》的结构之内。至于内容不叙浮沉，而特重国计民生，亦成为要旨之一。

断限那么长，书籍那么多，司马光纵然日以继夜，也将无法完成。所以他将工作分付给刘恕、刘攽两名最重要助手：三家分晋至秦二世之年，《通志》早已述及。于是汉代托付给刘攽，三国至五代托付给刘恕。及至范祖禹加入工作，则唐代专委祖禹，以分担刘恕之劳。刘恕似在完成三国至隋一段后而死，五代则似未完成，于是又委托祖禹下兼五代的初稿工作。三子初稿完成，则由司马光自己总其成。

《资治通鉴》是编年体，史事距离宋代愈远则愈简洁，愈近则愈详细，这是一个原则。既属编年，则又不得不重视统绪，那是时间所系的凭借。统一的时代，统绪不成问题；分裂之时，遂不得不选择正统。战国时代，史事以周朝天子在位年次系之，称为《周纪》。以下《秦纪》《汉纪》等各依此例。不过，王莽所建立的"新朝"与武则天所建立的"周朝"，皆不另立"新纪"或"周纪"，径行将之列入《汉纪》与《唐纪》。

另外，汉末三分，开始有正统之争，他因汉—魏—晋政权相承接，故以魏为正统（详细理由请见下篇）。以后隋—唐—后梁—

后唐—后晋—后汉—后周—宋之统绪，亦依此例。

编年体采用这种序列，原无可厚非。晋以后，则以南朝宋、齐、梁、陈系年。但是，隋的政权来自北周，北周来自西魏，西魏来自北魏，北魏来自五胡兴灭频仍的短命王朝，这些王朝来自晋。是则正统问题至此，应是魏—晋—北魏—西魏—北周—隋—唐才对。再怎样说，隋朝篡自北周，陈朝被隋统一之前，隋早已出现。且隋、陈是对峙之局，前者实不能承接于后者。否则，此说若成立，宋应承接北汉才对，亦取梁—唐—晋—汉—宋，北周不应在正统之内。这是《通鉴》结构上的缺点之一。

既有年号所系的正统，则其余分裂诸国必然成为偏霸，他们的国君可以称为"国主"，也不必系其年号。但是，司马光为了表示对正、闰两统没有偏颇，极力强调诸国一视同仁，于是就使结构产生了矛盾。例如，因为系年于魏，所以称曹丕为魏文帝。如真的视（蜀）汉、吴与魏平等，虽不系其年号，亦应称刘备为汉帝，称孙权为吴帝；司马光称刘备为汉主，称孙权为吴主，笔法上显然已将两人地位贬了，即使再解释，也无法掩饰此结构上的矛盾。

编年的结构，是将事迹按照其发生的年、月、日先后排列叙述。司马光对此做得甚为成功，而且每季出现的第一个月，前面必书季节之名。例如某年正月有事记述，则写成"春正月"；正月无事，二月才有，则写明"春二月"，这是仿照《春秋》之例。事情知道在某月发生而不知某日，则在此月之末，以"是月"开始补述；知道在某年发生而不知月日，则在此年十二月叙述完毕

63

后，以"是岁"开始补述。于是，一部包含十六代、一千三百六十二年的编年通史，即依此结构逐步完成。

三、实际工作的概况

英宗至平三年，阅读了司马光所上的《通志》一书，遂命令他继续修撰下去。英宗特准司马光自选官属人才，在崇文院组织史局以推动工作。同时，又允许史局借用龙图阁、天章阁、弘文馆、集贤院、史馆、秘阁等处所藏书籍，赐以御府笔墨、缯帛及御前钱，以供作应用与水果点心费用，调拨内臣充当服务人员，际遇之隆，近臣莫及。神宗每次经筵，也常令进读修好部分。显示两帝均关心此大事业，使史局工作者感到责任重大，不能掉以轻心。于是司马光与三名助手密切合作，先修丛目，再修长编，然后删约成书。

刘攽、刘恕在局时间不过五六年，范祖禹则长达十五年，执行最实际而繁重的工作。当然，他们下面，还有不少实际工作的书吏。

范祖禹主要负责唐朝部分。他参考了一百多种书籍，依照时间先后排列，做成丛目（目录索引）。丛目做好，司马光不满意，责备他疏忽，指示他须在每一条史料后面做好附注，然后才能进行长编（初稿）的工作。附注必须注明此事情发生的年、月、日，解释这条为什么移在前，那条为什么放在后；考不出月日的，则放在年底，称为"是岁"；考不出日的，则放在月底，称为"是月"。每条史料都必须要如此清楚。

唐长编从唐高祖起兵至哀帝禅位止，每写一事，中间必须空一行许，以备补充剪黏之用。写到一事，亦须重新翻出原书校阅一遍。其中若有事同文异的记载，则必须选择一明白详备者录用；彼此互有详略的不同数据，必须左右采择选录，自用《左传》叙事的方式润饰之。若果彼此年月事迹有矛盾的，则必须选一证据，研判何者近于情实以修入正文，其余史料仍须注于其下，解释取舍的原因。这种解释，必须说明不用何书的说法，它的说法是什么，如今采用何书作证明；没有明证则须说明根据哪种推理来推论，现今根据何书作成定论。若果矛盾的记载无法考证其是非，则必须说明两者都加以保留存用。指示实录、正史不一定可靠，杂史、小说未必不真实，所以记载矛盾时，必须高明地鉴别研判。

根据丛目的指示，上述的方法与原则，然后修成长编。长编依年月日编次为草卷，每四丈截为一卷，光唐朝的长编就有八百多卷。于是司马光就依照长编，开始删润的工作，不必再翻阅其他书籍了。

司马光严格规定自己的工作进度，每三天删一卷，有事故停止，则日后必须追补完成；预计光是唐朝长编八九百卷，亦须三四年才能完成粗编。此后又须细删，把它删成数十卷而已。

就以唐代为例，范祖禹参考了一百多种、三四千卷书籍，才修成八百多卷的唐长编。司马光据此粗删、细删后，最后删为八十一卷而已。工程之繁浩与耐心，煞是惊人，故司马光写信给宋敏求说："我到洛阳以来，专心修撰《资治通鉴》已八年，仅完成了晋、宋、齐、梁、陈、隋六代罢了……"

《资治通鉴》全书，总共参考了二三百种书籍，最后完成仅删为二百九十四卷。唐长编是以八百多卷删成八十一卷，以此比例算，全书的长编应有三千卷之多。假如每四丈截一卷，则全部长编即有一万二千丈长。据说，光是草稿就放满两幢房屋，而且草稿上未有一字潦草，可见他们的认真与严谨。

十六代、一千三百六十二年之事，一共花费了十九年工夫来完成，几千卷长编删约成二百九十四卷之少。其中《周纪》五卷、《秦纪》三卷、《汉纪》六十卷、《魏纪》十卷、《晋纪》四十卷、《宋纪》十六卷、《齐纪》十卷、《梁纪》二十二卷、《陈纪》十卷、《隋纪》八卷、《唐纪》八十一卷、《后梁纪》六卷、《后唐纪》八卷、《后晋纪》六卷、《后汉纪》四卷、《后周纪》五卷。本书下编就是在此二百九十四卷中，选取重要、趣味，而又能代表司马光识见的事情来介绍。

《资治通鉴》除本书二百九十四卷外，另有重要附编两种：一是说明取材方针的《资治通鉴考异》三十卷，另一是当作纲领的《通鉴目录》三十卷。除书籍本身，另附纲领与目录的方式，在中国史学上实为创新之例。至于因为《资治通鉴》而产生了其他书籍，这里就不便一一介述了。

司马光自述"臣之精力，尽于此书"，书成后不久即病倒，两年后即病逝。后人想到此书，即想到司马光，他可真是"志愿永毕矣"。死后第二个月，圣旨命令交由杭州镂板付印，正式面世。

下编 《资治通鉴》精萃

第一章　周　纪

一、三家分晋——《通鉴》的开始

"威烈王二十三年，初命晋大夫魏斯、赵籍、韩虔为诸侯。"

这是《资治通鉴》所记的第一个时间与第一件事，为什么选择这个时间与这件事情作为《资治通鉴》的开始呢？这是一个非常有趣的问题。

周威烈王，是周朝第二十八世、第三十二任君主，如果以东周作计算，周平王为第一任君主，则周威烈王已是东周第十七世、二十一任君主。《资治通鉴》选周威烈王这一年作记载的开始，但是，却又不以他即位那一年作为开始，显然用意很深。

司马光紧接着这第一句话，就以"臣光曰"提出了他第一份长篇评论。这个评论，也可以说是提出了司马光对某些历史问题的看法。他的评论是这样的：

"臣闻天子之职莫大于礼，礼莫大于分（fēn），分莫大于名。何谓礼？纪纲是也。何谓分？君臣是也。何谓名？公、侯、卿、大夫是也。"

这是司马光评论的总纲，他随着解释了这段话的意思。他首先解释"天子之职莫大于礼"这一句话。他说像四海这么广，一兆老百姓那么多，被一个人所统治控制，虽然有很多勇力绝伦之士、智慧高卓的英雄，但是他们莫不奔走为这一个人来服役，这岂不是以礼为纲纪而造成的吗？所以司马光认为，天子统领三公（三公普通指太尉、司徒、司空），三公统领诸侯，诸侯统领卿、大夫，卿、大夫治理庶民，这是以贵来统治贱，以贱来承侍于贵，上下之间关系非常密切，好像心腹运用手足一样，好像树木的根本与它的枝叶一样，这种关系能够维系，然后才能够使上下相保，而国家治安。因此，司马光认为天子之职莫大于礼，缘故就在于此。

那么，"礼莫大于分"又怎样解释呢？司马光认为是这样的：他说文王作《易经》的序，以乾、坤（相传庖牺氏观察天地而作八卦。八卦之首为乾，末为坤。乾代表天、君、父，坤代表地、臣、母）为首。孔子作《系辞》（文王所作卦辞谓之《系辞》，孔子释之，称为《系辞传》，亦称为《系辞》。这里指孔子的《系辞传》），也认为天尊地卑，乾坤定矣。卑高以陈，贵贱位矣。也就是说，君臣的地位，就好像天地一样不可变动。孔子作《春秋》，《春秋》这一本书，抑制诸侯尊礼王室，所以王室衰微，但是仍然序于诸侯之上。根据这样子，就可以看到圣人对于君臣之际未尝不是执着的。

司马光的看法，如果没有桀、纣这种暴君，同时又没有出现汤、武这种仁君，老百姓归之天命命之，君臣的名分应当守节伏死而已。他又提出这样的假设，如果商末不是立纣为君，而是立纣的庶长兄微子启为君，那么商朝就不会灭亡；如果吴国不是立诸樊，而是立其弟季札为君，而季札又不推让，那么吴国就不会大乱，以致夫差就灭亡了。微子启与季札这两人，宁愿亡国而不作君主，他们的用意就是因为礼的大节不可以乱啊。所以，礼莫大于分。

那什么是"分莫大于名"呢？司马光的说法是这样的：礼，是为了辨别贵贱亲疏和分别万物的，没有名则万物人伦不能彰明，没有器，万物人伦的形也不会表现出来。所以，名与器是为了辨别人伦万物的，需要上下粲然有伦，这样才会整齐，如果名器亡掉了，则礼也不能单独存在了。

司马光举了一个例子：仲叔于奚有功于卫国，卫君赏赐封邑给他。仲叔于奚推辞封邑，要求赏予可辨别身份的马的装饰品，这种装饰品就叫繁缨。孔子听说了这件事，他提出了他的看法，孔子认为，与其将可以代表名器的繁缨赏给仲叔于奚，不如多封一点封邑给他。

卫君也曾经希望孔子执政，孔子首先提出正名这个政策，以为名不正则民无所措手足。这也就是说，正名虽然是细务，繁缨虽然是小物，但是，名器一乱，则上下无以相保。所以，圣人对此非常谨慎。因此，司马光认为分莫大于名。

司马光所表示的这种精神，就是所谓的《春秋》精神。司马光接着提出了他对三家分晋的看法。司马光说，周幽王、周厉王失德，周的政治日益衰败，纲纪散乱，上下陵替，诸侯专政，大夫擅政，礼的大体十丧七八。但是，周文王、周武王知道，后世的王室子孙倘能守其名分，则周室历数百年仍会是天下的宗主；即使邦小民贫，然虽以晋、楚、齐、秦之强，也不敢随便侵犯周室。这是为什么呢？司马光认为，这就是因为名分尚存的缘故。他又说，鲁国的权臣季氏，齐国的权臣田常，楚国的权臣白公，晋国的权臣智伯，他们的力量跟权势，都足以驱逐他们的国君而自为，然而他们终究不敢这么做，并不是力量不足或者是于心不忍，而是害怕奸名犯分（指前述的"礼莫大于分"）而招来天下共诛之。那么由此推论，三家分晋这件事，是晋大夫暴蔑其君，剖分晋国，周天子既然不能讨伐，又进而宠信他们，正式任命他们为诸侯，那是使名分不能复守并且是放弃了。这是先王之礼到此尽了。

　　有些人认为，当三家分晋的时候，周室微弱，三晋强盛，周天子虽然不想给它们名分，怎么可以呢？司马光对于这种说法，大不以为然。他认为，像三晋虽然那么强，如果他们不顾天下之诛而犯义侵礼，不请于天子而自立，他们绝对有这种力量。但是，不请于天子而自立，就是叛逆之臣，天下如果有齐桓公，或者是晋文公等君主的话，一定会奉中央名义，以礼义的名义前往征讨他们。现在，三晋请于天子，而天子允许他们为诸侯，那么韩、赵、魏三晋是承受天子之命而为诸侯，谁敢讨伐他们呢？因此，司马光的看法，三晋之列于诸侯，并不是三晋的诸侯坏礼了，而是天子自己把礼搞坏了。

周天子自坏其礼，与司马光选择三家分晋作为《资治通鉴》的开始，有什么关系呢？司马光在这一段评论中最后的一节说，君臣之礼既然崩坏，从此以后，天下以智力相雄长，遂使圣贤之后为诸侯者，社稷莫不泯灭，生民之类莫不糜灭，岂不哀哉！

也就是说，司马光认为因天子自坏其礼，是引起此下战国时代战争的危机，那么，三家分晋，实是一个时代转变的契机。司马光选取这段史实作为《资治通鉴》的开始，就是表示他这种史识。

这种史识所表示的精神，就是孔子作《春秋》的精神。所以后来胡三省为《资治通鉴》作注，就开宗明义地说："此温公书法所由此也。"又说："《通鉴》始于此，其所以谨名分欤！"

司马光解释三家分晋这一句话，就用了这么长的篇幅，作为对这件事情的评论，可见他撰写《资治通鉴》，口中虽说不敢僭圣，内心实有效法孔子作《春秋》的意义的。别人说他效法《春秋》，在这一方面来讲，是不会有很大错误的。但是，《春秋》所写的最后一年是周敬王三十九年（前481），距离周威烈王二十三年（前403），相差了七十八年。

周敬王是周威烈王的高祖父，《春秋》最后一年所载，与《资治通鉴》开始的一年所载，既然相差了半个世纪，就编年史的体例来说，司马光并没有接续《春秋》，甚至也没有接续《左传》。

即以《战国策》来说，《战国策》开始于周贞定王十六年（前453），韩、赵、魏三家攻灭智氏，而三分智氏的封地。三家分智氏，是在周威烈王二十三年以前的半个世纪发生的。由此看来，司马光的选材，与《战国策》的开始也不一致。因此，司马光撰《资治通鉴》，实有他自己的一番识见。

周天子任命三家为诸侯后的第十七年，田和篡齐，周天子也正式任命田和为齐王，这就是历史上的田齐。于是在周天子任命三晋以后的十余年到二十余年之间，天下强国秦、楚、燕、齐、赵、魏、韩七国，相争雄长的局面，已经成为定局，也就是说，历史进入战国七强的时代。司马光选取周威烈王二十三年作为纪事的开始，通常，学历史的人也把这一年视为战国的开始。

大时代的败坏，司马光认为从周威烈王任命三晋开始，这是非常正确的看法。周威烈王以后，从安王、烈王、显王、慎靓（jìng）王、赧（nǎn）王，仅四世五君，东周就告灭亡了。显见周威烈王任命三晋为诸侯，这件事情加速了周朝的灭亡。

二、三家分晋的由来与才德论

司马光在第一句话就说明周天子任命三晋为诸侯。这件事是怎样来的呢？司马光必须予以介述，那么这件事可以追溯至五十年前甚至更远。五十年前就是《战国策》开始的一年，这时候是周威烈王的祖父贞定王在位时期，也就是春秋末期转到战国时代的交替时间。

春秋晚期，中原诸国大夫执政极为普遍，晋的六卿是尤为著名的例子。晋的六卿就是韩、赵、魏、范、智、中行六氏。智氏是六卿之中最强的一卿，范氏与中行氏后为其他四氏所灭，就变成韩、赵、魏、智四卿相持的局面，到了贞定王十六年（前453），就发生了韩、赵、魏联合消灭智氏，瓜分智氏领土的事情。

司马光追述这件事情，他说，当初（司马光追述前事喜欢用当初这两个字为开始），智宣子选择后裔继承人，准备以智瑶作为继承人，曾经与他的亲信谈过，其中智果这个人，他是智氏的亲戚，反对说："立智瑶不如立智宵。智瑶有五个优点、一个缺点，他的姿仪美丽、善于射御、技艺出众、口才良好、个性刚毅这五点优点，但是比不上不仁这个缺点。如果有五样优点而以不仁行之，谁愿意接受呢？因此，若立智瑶，那么智氏的宗室一定要灭亡。"智果的这个建议，智宣子并没有采纳。

到了智宣子死后，智瑶为政，智瑶就是智襄子。他与韩康子、魏桓子宴于南台，智伯（智襄子）戏弄康子并侮辱康子的宰相段规。智果听到了这件事，向智伯进谏说："主上这样做是一种危机，这样做了而又不防备危机的发生，那么这种危机必定会爆发的！"

智伯回答："危难由我来做成，我不发难，谁敢发难！"

智果又言："话不是这样讲，《夏书》说过：'一人三失，怨岂在明，不见是图。'也就是说，君子能勤于见到小事情，所以无

74

大患，现在主上一次宴会，而侮辱了他国的君相，侮辱以后，又不为之防备，反而说人家不敢发难，这怎么可以呢？蚂蚁、蜂、虿（chài）都能害人，何况是做人君与做宰相的人呢！"智伯不听。

不久，智伯向韩康子要求割让土地，韩康子不愿给，段规劝他说："智伯这个人，好利而刚愎，不给他，他将会来攻打我们，不如给他，他必定因此而骄傲，也向他人要地，他人假如不给，智伯必用兵攻之，然后我们就可以免于祸患，而等待情势的变化。"

韩康子说："就这么办。"遂派遣使者，送一个万家的封邑给智伯。

智伯一高兴，又向魏桓子求地，魏桓子不想给他，任章劝谏桓子说："为什么不给呢？"

桓子说："无缘无故向我要地，所以不给他。"

任章说："智伯无故求地，其他大夫必定恐惧。我们把地给他，他必定骄傲。他骄傲而轻敌，我们这边恐惧而相亲，以相亲之兵，对待轻敌之人，智氏之命必不长矣。《周书》说：'将欲败之，必姑辅之。将欲取之，必姑与之。'主上不如把地给他，用以使智伯骄傲，然后可以选择友好的世家，进而共同对付智氏，为什么单独以我们作为智氏用兵的对象呢？"魏桓子采纳了任章的意见，也送给智伯一个万家的封邑。

智伯吃到甜头以后，又向赵襄子求地，赵襄子不肯给，智伯大怒，率领韩、魏的精兵攻打赵氏。赵襄子撤退，死守晋阳城

（今山西省太原），三家之兵共同围攻晋阳。

围城部队久攻不下，遂放水灌城，但民无叛意。智伯巡视形势，这时魏桓子为智伯驾御，韩康子也在座相陪，三人同车。智伯说："我今天才知道，水可以灭亡人的国家。"

魏桓子用肘撞了韩康子一下，韩康子会意地用脚踩了魏桓子脚趾一下，他们两人都知道，自己的都城也可以被水淹没的。

事后，智伯的臣子絺疵告诉智伯说："韩、魏一定反啊。"

智伯问："先生怎么知道呢？"

絺疵说："我是根据人事而知道。主上联合韩、魏之兵以进攻赵氏，赵氏灭亡，大难必轮到韩、魏了。现在我们约定，赵氏灭亡之后，就三分其地，可是晋阳城现在水淹六尺，人马相食，城降已经随时可及，而二子没有高兴的意思，反而有忧虑的颜色，不是想反，是为什么呢？"

第二天智伯把絺疵之言转告给二子，二子马上分辩说："这是谗人想为赵氏游说，使你怀疑我们二家，而松懈对赵氏的进攻。要不然，我们二家谁不是利于早晚瓜分赵氏之田，谁想做危难而不可成的事呢！"

二子驰出，絺疵进入，质问智伯说："主上为什么把臣子说的话转告给二子呢？"

智伯回答说："先生是怎么知道的呢？"

"臣遇到二子出来，他们看到臣就马上跑掉了，所以臣知道这个情形和原因。"智伯听了以后，并没有改正他的看法。

赵襄子被围急了，秘密派遣张孟谈潜出去见二子，向二子说："臣闻唇亡则齿寒。如今智伯统率韩、魏之兵，以进攻我赵氏，赵氏灭亡了，就轮到韩、魏了。"

二子回答说："我们内心也知道这种情况，但是恐怕事情没有成功就把秘密泄露出去了，这样大祸就马上来临了！"

张孟谈说："计谋出自二主之口，入于臣的耳朵，不会传出去，请二主放心！"

二子乃秘密与张孟谈协议，约好日期而潜送他回去。

赵襄子晚上派人突袭守堤的军队，成功以后，把河堤敲破，用河水淹灌智伯的军队。智伯军队因水而大乱，韩、魏两军从侧翼进攻，赵襄子率军冲击其正面，大败智伯的军队，把智伯杀死了，尽灭智氏之族。

这件事情发生在周威烈王任命三晋前的五十年，司马光追述此事，是有非常的用意的，他在这句话后面，发挥了一段精彩的评论。

司马光在"臣光曰"中说"智伯是亡于才胜德也"。司马光的看法，才与德是世俗不能分辨的，世俗的人通常把有才或有德的人，都称为贤人。所以世俗的人往往都失于知人。

什么是才呢？司马光的看法，德是才的本体，才是德的资用。譬如，云梦（湖北省云梦县）的竹子，是天下最强劲的，但是不经过加工，就不能射穿坚硬的东西；又譬如棠溪（在河南省西平县西北）之金，是天下最锐利的，如果没经过加工，就无法用以攻击最坚硬的东西。其大意就是说，德就是竹和金的本体，才就是竹子可射穿坚硬的东西的用途，同样也就是金可以拿来攻击最坚硬的东西的用处。这便是才和德的分别。

因此，司马光认为，才德俱全的人，才能够称为圣人，才德两亡的人，只能称为愚人。他又认为，德如果胜于才就称为君子，才如果优于德，则称为小人。因此，凡是取人的办法，若是不能得到圣人、君子而用他们，那么与其用小人不如用愚人。这是什么道理呢？司马光以为，君子用他的才做善事，小人用他的才做恶事。把才用于善事的，善无不至矣，把才用于恶事的，恶亦无不至矣。愚人想做恶事，但是他们的智慧不能达到，而他们的力量也不能胜任。犹若乳狗咬人，人人得而制之。小人的智慧足以完成他们的奸谋，勇力足以做出暴戾的行为，就等于是老虎添了翅膀，他们做的恶事岂不是更多吗？司马光又认为，有德的人通常被他人敬畏，有才的人往往被他人所爱慕，被爱慕的人通常易于亲近，被敬畏的人通常只是保持一定距离。所以很多人过分重视才而忽视了德。从古以来，国之乱臣、家之败子，都是才有余而德不足，以至于国家颠覆灭亡的例子太多太多了，岂仅智伯一例呢！所以为国为家的人如果能分辨才与德，而知所先后，又怎么会有失人之患呢？

司马光这段评论，明显地指出了，智伯之亡是亡于智宣子用智襄子做国君的继承人。智襄子虽然有五种优点，但是他有一种不仁的缺点。也就是说，智襄子是才胜于德，而不是才德兼备的好人选。相反的，司马光在同一段里，记载了赵简子选用他的幺子做继承人，这就是赵襄子。赵襄子是比智襄子来得好，这么一来，智宣子与赵简子眼光高下优劣，就马上辨别出来了。所以说为国为家者，如果能够慎于才德之分而知所先后，国家怎么会灭亡呢？这句话的意思就是指此而言。

当然，一个历史学家不可能超出他的时代背景。司马光这段评论，与他处在宋朝党争的现实是有某些特别的意义的，也就是说，他对宋神宗用王安石等来变法，是非常反对的，尤其对新法本身反对更激烈。在研究司马光与王安石之间，我们有一个认识，司马光尽管与王安石是好朋友，但是他对王安石的才干，佩服而不满意，对于王安石的德，他似乎有保留的态度，因此司马光写这段评论，似乎就是针对神宗与王安石君臣及其新政而来。弦外之意，大概就是暗示宋神宗失于明辨才德，而王安石正是才优胜于德。事实上，司马光的"臣光曰"，往往有借题发挥的意味。

三、秦的崛起与周的灭亡

通常历史学家认为，战国初期，齐国与魏国的国力最强。以后秦国崛起，才取代了魏的地位，变成齐、秦一东一西主宰天下。

战国初期，诸国兼并相争，经常发生灭国之事；吞并结果，使强国只剩下七个，而介于长江、黄河间还有十几个小国存在。

所谓七强，并不是指当时只有七个国家，而是说当时有七个最强大的国家，而其他小国，在国际舞台上没有举足的轻重。秦国地处西僻，纵然列属强国之一，可是诸侯均不把它当作中原国家看待，甚至连楚国这个被中原诸国视为蛮夷者，也并不把秦当作华夏国，这种情况即使在周显王五年（前364），秦献公大败三晋于石门，中原诸侯仍是以夷狄来对待秦国。这就是秦孝公所以要发奋改革，使秦国强大的一个强烈动机和主要原因。

周显王七年（前362），秦献公逝世，他的儿子孝公继位，已经二十一岁了。孝公在翌年，下命令给秦全国百姓说："从前我穆公，修德行武，东平晋乱，西霸戎狄，天子甚至任命为方伯，开创了后世光辉灿烂的基业。但是以后继任的几位国君，都使国家内忧不宁，未遑外事。在这种情形下，三晋侵夺了我国的河西地方，这真是莫大的耻辱啊！我先君献公即位以后，励精图治，想修复穆公之政，光复穆公的领土。寡人思念先君之意，常常深痛于心，宾客群臣有能出奇计使我秦国强大起来的，我将会酬以尊贵之官，和他分土而王。"

这个命令颁布下来，引起了秦国乃至各国的注意。卫国的公孙鞅，就是商鞅（也称卫鞅），听到了这消息，于是整装向西进入秦国。

公孙鞅是卫国的王孙，擅长法家学问，他曾在魏相公叔痤（cuó）手下做事，公叔痤知道他的才干，可是来不及推荐他就病倒了。魏惠王，就是《孟子》一书中开章明义所说的梁惠王，知道宰相病倒了，前往探病，并询问他说："相国的病如果有什么不测的话，我们的国家将要怎么办呢？"

"臣的宾客卫鞅，年纪虽小，但有奇才，希望国君举用而听之！"

公叔痤又说："国君如果不用卫鞅，就必须将他杀了，千万不要让他离开国境。"魏惠王听了，许诺而去。

魏君离去以后，公叔痤把卫鞅召来，向他谢罪说："我做事情先君后臣，所以先为君策划，然后才把这事告诉你。你必须快点离开魏国了！"

商鞅说："国君不能用先生的建议而任用我，又怎么能用先生的建议来杀我呢？"

结果不出商鞅所料，魏王离开以后，告诉左右侍臣说："相国病得太严重了，真可叹啊！他想命令寡人将国家交给卫鞅，却又劝寡人杀他，岂不是矛盾吗？"

后来商鞅知道秦孝公求贤，西入秦求见孝公，用富国强兵之术游说孝公，孝公大为高兴，于是和他讨论国家大事。

周显王十年（前359），商鞅准备变法革新，秦国人民并不高兴。商鞅了解情况，告诉秦孝公说："人民不可与他们考虑开创之始，但可以和他们乐成。论至德的人不和于俗，成大功的人不谋于众。所以圣人如果可以强国的话，他们都不墨守成规，死守过时的法令。"

"不是这样的，"秦国另一臣子甘龙说，"根据法令而治理的人，官吏必然熟习，老百姓必然安分。"

商鞅再度辩说："常人安于故俗，学者溺于所闻，这两种人让他们安安分分做官守法是可以的，如果和他们讨论常法以外的意义和举动，却是不可以的。智者创制法律，愚者遵守法律；贤者改革礼仪，不肖者受此礼仪的拘束。"

"好。"孝公同意商鞅的说法。于是商鞅改革就成定局。

商鞅策划了多种政策与措施，在法令还未公布之前，恐怕人民不信，于是在国都市场的南门竖立一根三丈的木条，出告示布告说，人民有能将此木条拿到北门的，奖赏十金。百姓觉得这件事情来得奇怪，都不敢有所举动。

商鞅看了又下令说："能够拿木条至北门的人，奖赏五十金。"

结果有一个人胆子大，把木条拿到北门，商鞅马上奖赏五十金给他。然后老百姓才知道政府言出必行。事后，商鞅乃下令颁布各种政策措施，全力推行改革。

司马光写到商鞅变法这件事，又给予一段评论，大意说，信是人君的大宝，国保于民，民保于信；非信无以守国。所以古代的王者不欺骗四海，霸者不欺骗四邻，善于治理国家的人不欺骗他们的老百姓，善于治理家庭的人不欺骗他们的亲戚。不善者正相反，他们欺骗邻国，欺骗百姓，甚至欺骗兄弟，欺骗父子。上不信下，下不信上，上下离心，以至于败。这些人所获得的利益，不能补偿他们的损失，岂不哀哉！

司马光在这段评论中，对齐桓公、晋文公、魏文侯和秦孝公四君都有微词，认为他们都不是纯粹的君子，但是也推崇他们有过守信的行为。司马光的看法，商鞅尤其苛薄，又处于攻战之世，天下趋于以诈力相尚，但是在这种环境之下，商鞅犹且不敢忘信以治理其民，何况是四海治平之政呢！

当然，司马光这段评论的最后意思，是对新政，也就是对宋神宗与王安石推行的改革，颇有微词。主要是他认为新政朝令夕改，失信于民，而与民争利。可是无论怎么说，司马光对商鞅建立信用政治，树立政府威信，强化国家目标等政策，是非常注意的。他在这事情后面，给予这么一段评论，可以了解司马光对于周朝衰亡与秦朝崛起的契机，是极为注意的。司马光在《资治通鉴》中写道："行之十年，秦国道不拾遗，山无盗贼，人民勇于公战，怯于私斗，乡邑大治。"换句话说，司马光非常肯定商鞅的改革成效。

司马光还注意到商鞅改革期间和以后国际局势的发展。在改革期间，韩、赵、魏三晋和东方的齐国，正在互相争战，他们都忽视了秦国改革的意义。

周显王十六年，齐、魏在桂陵发生大战，结果魏国战败，这是秦国东出的一个契机，在桂陵之战后一年，秦国就开始向魏进兵。周显王二十八年，齐、魏再度发生大战，齐国孙膑大败魏国庞涓于马陵，魏国从此衰弱。

战后第二年，也就是周显王二十九年（前 340），卫鞅看到改革成果已有成效，而魏国衰败，形势转变得对秦愈来愈有利，于是给秦孝公策划了一个战略,这也是以后秦屡次东出进兵的既定战略,也可以说是秦国的一贯国策。

卫鞅的建议是这样的,他说秦之与魏,像人有腹心之疾一样,不是魏国吞并秦国,就是秦国吞并魏国。为什么呢?因为魏国的领土有一部分在黄河以西,跟秦国接壤,如果魏国强大,他们必定西进攻秦。魏国往年大败于齐,可以趁这个机会东出伐魏,魏国无法支撑下去,必定向东迁徙。然后秦就可以据有河山之固,控制潼关,东向以威胁诸侯,这真是帝王的事业啊。秦孝公采纳了这种战略,于是正式任命卫鞅统兵攻魏。

魏军失败,魏惠王恐惧万分,派遣使者把河西之地献给秦国,要求缔和。因此,魏国也把首都从安邑(山西省夏县北)迁到大梁(河南省开封市)。魏惠王很感叹地说:"我真痛恨当年不采用公叔相国的建议啊!"

这次大胜之后,秦国封卫鞅于商(陕西省商洛市商州区),卫鞅所以也被人称作商君或商鞅。

秦国国力的快速发展,跟国家目标的强烈明显,都使山东各国为之震惧不安,遂有合纵、连横的事情发生。

值得注意的是,从春秋以来,秦国一直就很强大,只是不为中原国家重视罢了。秦国国力之强,大概只有晋国才可以和它抗衡。晋既然分裂为三国,这三国又互相战争,力量不能统一,意志也不能融合为一,怎么能跟秦抗衡呢?三晋是秦国东出必经之道,当三晋不能与秦抗衡的时候,往往就可以给予秦国外交运用方面的机会。因为三晋的任何一个国家都害怕秦国单独攻打它，但同时却又想假手秦国去进攻其他的一个国家，以达到削弱这个国家的目的。合纵、连横之所以反反复复，就是基于这种心理和国际情势而产生的。

周显王晚期，齐、魏等国相继称王，也就是显示这些国家具有强烈的野心，而且已经不把周中央政府放在眼里了。周显王四十四年（前325），秦孝公的继承人也正式称王，这就是历史上的惠文王。也就是说，秦国在商鞅变法十年以后，已经强大到使各国震惧，更在三十四年以后，秦国进而称王，已有王天下的气概和野心了。

在此后五十多年的纷乱战争中，秦国的优势愈来愈明显。

周赧王五十九年（前256），秦国派兵攻打韩国，又进攻赵国，都获得大胜。居住于洛阳的赧王为之震恐莫名，暗中与诸侯相约攻秦。结果秦王先派兵进攻东周，赧王入秦顿首谢罪，尽把土地、人民献给秦国，于是周朝时代正式结束，凡八百六十七年。

第二章 秦 纪

一、秦朝统一的要素——客卿

从春秋时代开始，秦国就不断起用外国的才干之士，来协助治理国家改革政治。这种外国人进入秦朝做官，甚至做到卿相，就是所谓"客卿"。进入战国，秦孝公起用卫鞅，可以说是奠定了秦朝基础的关键。卫鞅是卫国的公子，也是秦朝历史上最著名的客卿。孝公以后历任秦国的君主，都喜用客卿来帮忙治理国家，与东向攻打诸侯。

庄襄王，是秦孝公以后第四任君主，由于得到阳翟大贾吕不韦的帮忙，才能够得到君权，所以继位之后，就重用吕不韦做相国，吕不韦也是历史上的重要客卿之一。庄襄王在位仅仅三年就死了，他的儿子政继任为国君，这时才十三岁，于是国家大事都由吕不韦掌握。这时吕不韦被封为文信侯，而秦王政就称他为"仲父"。

尽管秦君短命，新君年幼，但秦国的客卿和大臣并没有违背秦国的既定政策，没有放弃传统的国家目标。司马光对秦王政的即位与吕不韦的辅助，并没有着墨很多。

吕不韦与秦王政的母亲私通，他害怕秦王政长大以后知道这件事情，于是另外推荐人来作为太后的情夫。这种事情秦王政似乎不是不知道，他好像一直忍住不发而已。于是司马光就在秦王政即位第九年开始注意这件事情，在这一年的夏四月，他在己酉这一天记载说："王冠，带剑。"这一天也就是秦王政达到成年，开始亲自处理政事的时候。就在这一年的秋九月，秦王政终于为太后的事情采取了剧烈的行动。

秦王政把太后的情夫和她的两个私生子给杀了，牵连了很多人，太后几乎也遭到软禁。至于吕不韦，秦王政因为他曾经事奉先王的功劳很大，不忍诛杀，于是在第二年的十月，就把他的宰相免掉了，要他回到自己的封邑去。秦朝的历法跟现在不同，是以十月当作一年开始的第一月，所以第二年的十月，就现在的历法来说，仍然就是秦王政九年的十月。

就在吕不韦被驱逐的时候，秦王政召开了宗室大臣会议。宗室大臣们建议说："各国的人来到我国做官，都是为他们的国君做游说和间谍的工作罢了，请大王把他们全部驱逐出境。"于是秦王政下达逐客令。

客卿之中有一个楚国人叫李斯，也在被驱逐的名单之中。李斯离开秦国之前，上书给秦王政说："从前穆公下达求士之令，得到很多的贤能之士来帮忙，于是吞并二十个国家，称霸于西戎。

孝公用商鞅之法，使得列国亲服，直到现在国势仍然强大。惠王用张仪之计，破坏六国的合纵，让他们奉侍秦国。昭王得到范雎（jū），强化了国君的权力，杜绝了私人的势力。这四位君主，都是因为客卿的功劳而成就大事业的。由此观之，客卿有何负于秦国的呢？大王取人，不问可否，不问曲直，只要不是秦国人就驱逐出去，只要是客卿就驱逐走，这是不智的行为。臣听说王者不拒绝众庶，故能明其德，这是五帝、三王之所以无敌于天下的原因。如今大王舍弃人民以充实敌国，拒绝宾客而使敌国力量大增，这就是所谓送粮食给强盗啊。"于是秦王政召见李斯，恢复他的官爵，取消了逐客之令。

秦王最后终于采用李斯的计谋，秘密派遣辩士带着金钱去游说诸侯，诸侯名士可以用财富来厚结的，就以财富收买他们；不肯接受贿赂的，就用利剑行刺他们。这些外交人员离间敌国的君臣在前，然后派遣良将统兵攻战在后，于是数年之间，终于兼并天下。也就是说，秦国的强大与统一大业，外国客卿贡献的力量最大。至于李斯的收买和暗杀政策，只是加速了统一大业的进程而已。

秦王政十四年（前233），秦王政闻知韩国的公子韩非很有学问，于是想见他一面。韩国逼于情势，派遣韩非为使节出使于秦，韩非的言论，使得秦王政非常欢悦，但是也招来了李斯的嫉妒，于是韩非终于被害死。

对于韩非之死，司马光也有评论。他首先引用汉朝扬雄《法言》这本书的说法，说韩非游说秦王，不由其道，所以活该被杀。司马光跟着透过"臣光曰"提出了他的评论，司马光的大意是赞同扬雄的观点。司马光评论说："臣闻君子亲其亲以及人之亲，感其国以及人之国，所以功大名美，而享有百福。如今韩非为秦国策划，而首先就想亡他自己的国家，真是罪不容于死啊，何足怜悯？"

司马光这段评论，就后世国家民族观念来看，是非常适当的。但如果就春秋战国时的观念来看，这似乎有商榷的余地。当时所谓"天下"的观念，通常指中原华夏文化覆盖的地方而言。只要服膺华夏文化的国家，当时的人并不过分加以歧视或排斥。因此孔子有周游列国，孟子也周游列国，以游说诸侯。秦国之所以强大，就是因为在这种观念之下，使得很多才智之士，在他们国家不能获得重用，却能施展抱负于秦。由此观之，韩非之游说秦王，并不能够以后代的观念去加以评鉴。韩非与孔、孟不同的地方，是孔、孟游说诸侯，是游说他们以仁义而达到王天下的目的，而韩非只是游说秦国，以武力作为手段，达到王天下的目的而已。

无论如何，扬雄与司马光都不反对游说诸侯，这是秦国成功的原因。

中国有这么一个成语，"楚材晋用"。总括来说，假如有楚材晋用这回事，那么晋材就为秦所用。因为三晋的人才，常常是秦国最重要的客卿。秦国因为有客卿，所以能强大与统一中国，那么秦王政的逐客令，与李斯的抗议书，就成为中国统一史上一项重要的问题与文献。如果秦王政把国内的客卿全部驱逐了，秦国的国势就不可预料了，当然中国统一的命运，也就很难决定了。

二、几乎改变历史的一击

　　暗杀与刺客，是春秋以至汉代很流行的社会风气之一。战国四公子的养士，这些士里面，就有不少这一类的刺客。司马迁在汉武帝时代撰写《史记》，就注意到这个问题，专门为他们立了一个列传，名叫《刺客列传》。司马迁在《刺客列传》之中，收录了荆轲等五位著名刺客。在写完这五个人的事迹以后，司马迁跟着加以评论，推崇他们有义气，可以"名垂后世"。为了这件事，班固撰写《汉书》时，写至《司马迁传》，就批评司马迁。班固认为，司马迁《史记》最大的缺点，在"是非颇谬于圣人，论大道则先黄老而后六经，序游侠则退处士而进奸雄，述货殖则崇市利而羞贫贱，岂其所必也"。换句话说，班固对司马迁重视游侠，甚不以为然。

　　司马光撰写《资治通鉴》，他的取材也像《汉书》一样，往往本于《史记》的记载。但是司马光对刺客这一类的问题，并没有班固的看法那么偏颇，虽然司马光也是一个纯正的儒者。

　　司马光在《资治通鉴》的开始，就根据《史记》而记载了一次刺客事件，可见司马光对刺客这类问题也是很重视的。这一件刺客案，司马光是在三家消灭智氏以后，紧随着记述下来的。这件事情的大概情况是这样的：

三家把智氏消灭了以后，瓜分了智氏的领土，赵襄子甚至把智伯的头给漆了，作为装饮料的器具。智伯的臣子豫让，想为他的故主报仇，于是伪装成受刑人，挟着匕首进入赵襄子的宫中，在厕所中做涂漆的工作。赵襄子如厕，心情暗动，觉得好像有人要行刺他，于是下令搜捕，终于把豫让搜出来。襄子左右想杀掉豫让，但襄子说："智伯死后没有后代，而此人想为他报仇，真是义士啊！我就避开他好了。"于是释放豫让。

豫让一次行刺不成，遂把身体漆了，看起来好像满身生癞一样，又吞下炭，使得声音哑了。然后行乞于市，连他的妻子也认不出他。但是当他在市中行走，遇到朋友，朋友却认出来了，于是感动而哭泣着说："像先生这样子的才干，如果臣事于赵襄子，必然能成为襄子的近臣。到了那时候，先生就可以为所欲为，为什么不那样做呢？像你这样想报仇，不是很困难吗？"

豫让回答说："我如果伪装成赵襄子之臣，而又想刺杀他，是事君有二心啊。我现在这样子做，真是为难啊！但是我之所以这样做，是要让天下后世之为人臣而怀有二心者感到惭愧。"

某天，赵襄子离宫出行，豫让埋伏在他必经的桥下。赵襄子来到桥边，他的坐骑有直觉的反应，惊动起来，于是襄子下令搜捕，又逮捕了豫让，遂把他杀了。

司马光写这一段刺客故事，可以说是根据司马迁《史记·刺客列传》而写的，他的笔法，比不上司马迁的精彩。但是天下这么多重要的事情发生，司马光为什么有些大事不写，而注意到这小小的一件行刺案呢？如果读《资治通鉴》，会对这个问题不很了解。假如读《史记·刺客列传》，那么司马光的用意就会很明显了。原来豫让这个人，他曾经臣事于中行氏与范氏这两个晋国的卿，而这两个卿并不以国士之礼来待他，于是他改投奔智氏，智伯待他以国士之礼。所以智伯被杀以后，他认为智伯既待他以国士之礼，他当以国士的行为回报他，因此他就想暗杀赵襄子，作为报答智伯的一种方式。确实以他的才干，臣事于赵襄子，他必定能成为赵襄子的亲信，届时他就可以轻易地刺杀赵襄子。但他不这样做，是认为既然臣事于人，就不应刺杀他，这是义之所在。因而他损害身体，伺机报仇。

有一件事司马光没有记载下来，就是豫让在桥下行刺不成，被赵襄子逮捕了以后，襄子问他，他表明了必死的决心。豫让认为忠臣有死名之义，从前襄子已经宽恕了他，天下莫不称襄子之贤；今日他行刺失败，是应该受死的。于是他请求赵襄子，在他死之前，让他在赵襄子的衣服上面刺上几刀，以表示他报仇之意。赵襄子大为感动，于是将衣服给他，让他拔剑三跃而击之，然后豫让便伏剑自杀。豫让自杀的那天，赵国的志士听到了，都为他流涕哭泣。也就是说，豫让这种行为，虽然是暗杀的手段，可是也充满了道义的精神，司马光认为这件事情，是"善可为法，恶可为戒"的事例，所以，在《通鉴》的开始，就记述了这么一件事。

豫让之刺赵襄子，和局势演变的关系不大。但有另外一件行刺案却是影响中国历史发展的行动。这件事司马光在始皇帝二十年（前227）记载下来，这就是荆轲刺秦皇的事。荆轲刺秦皇此事，可远溯于几年以前，燕国太子丹与秦王政结怨的一段往事。司马光记载这件事，大体上仍然本着《史记·刺客列传》所载荆轲事迹而删写的。如果只读《资治通鉴》的记载，对于此行刺案的来龙去脉，还有一些重要的关键问题，读者将不会十分清楚地了解，要配合《史记》的记载去读，很多重要的问题就能完全明白了。

荆轲的故事，早为国人所熟悉，所以笔者在这里也不准备详细述说。司马光对荆轲的各种细节问题，也没有像《史记》那样记载详细。司马光记述这个事件，开始于始皇帝十五年（前232），这一年燕国太子丹与秦王政交恶，而秦王政也对他没有什么礼貌，于是太子丹大怒，从秦国逃回到燕国，一直想对秦王政施以报复，出一口怨气。司马光简单地提到这件事，也就是说，他亦承认这件事的远因实是埋伏于此。中间隔了三年，司马光没有继续介述燕太子丹的事。直到始皇帝十九年，司马光又开始记载这件事。司马光写道，太子丹曾经想报复秦王政而请教于他的太傅鞠武。鞠武建议太子丹说："最好的办法是西面与三晋联盟，南面与齐、楚联盟，北面与匈奴联盟，结成大联盟以共同对抗秦国。"太子丹认为鞠武的计谋旷日费时，不能等待。

这件事情过去以后，刚好逢上秦国的将军樊於期，从秦国得罪逃亡到燕国，太子丹收留了他。鞠武这时又劝告太子丹不要因为樊於期的到来而引起秦国的愤怒，促使秦国进兵侵略燕国。太子丹认为樊将军穷困才投靠于他，他有保护樊将军的责任和道义，所以拒绝了鞠武的劝告。于是鞠武做一个寓言说："行危以求安，造祸以为福，计浅而怨深，连结一人之后交，不顾国家之大祸，就是所谓资怨而助祸啊！"

后来太子丹又辗转认识了荆轲，他卑辞厚礼地结交荆轲，并向荆轲说："如今秦国已俘虏了韩王，又向南举兵攻打楚国，向北威逼赵国，假如赵国不能支持，则大祸必然会轮到燕国。燕国弱小，几次困于用兵，怎么能够抵抗秦国？诸侯向来害怕秦国，谁也不敢合纵结盟，以抗衡秦国。丹私下的看法，如果能得到天下的勇士，出使秦国，劫持秦王，威胁他把侵略诸国的土地交还出来，真是莫大之善。若是做不到，因而刺杀秦王，秦国的大将擅兵于外，而国中有乱，君臣之间必定互相猜疑，这种机会就可以使得诸侯合纵，破秦是可以预期的事。"因为太子丹的看法是这样，所以才有秦王二十年荆轲入秦行刺的事情发生。

荆轲行刺失败，秦王当然大怒，于是增派兵力，从魏国进攻燕国，并在易水之西大破燕国军队。司马光对这件事情还没有直接的评论。一直写到始皇二十五年，秦军攻灭燕国最后的根据地——辽东，俘虏了燕王，才加以评论。

司马光劈头就说："燕丹不胜一朝之愤以犯虎狼之秦，轻虑浅谋，挑怨速祸，使召公（燕国的开国者）之庙不祀忽诸，罪孰大焉！而论者或谓之贤，岂不过哉！"换句话说，司马光非常不满意这件事，认为太子丹是轻举妄动的家伙，使得国家灭亡，没有罪比这个更大的了。

他的理由是什么呢？司马光说，统治国家的人，任官以才，立政以礼，怀民以仁，交邻以信，所以官职得到适当的人选，政治有节制，老百姓怀其恩德，邻国亲其道义。要这样子，国家安如磐石，还有什么可怕的呢！太子丹不这样做，而以万乘之国，决匹夫之怒，逞盗贼之谋，功隳（huī）身戮，社稷为墟，不亦悲哉！他以为，膝行、匍匐，不是恭敬；重言守诺，不是大信；抛金散玉，不是恩惠；刎首决腹，不是勇敢。总之，谋而不远，动而不义，只是血气之勇。

司马光又进而批评荆轲，认为他个人因为受到太子丹的优待，不顾家族，想用匕首使燕国强大而削弱秦国，这不是愚蠢的事吗？所以司马光赞同扬雄的说法，扬雄认为，像荆轲这种人，都不可以算是义；他又认为，荆轲不过只是一个"君子盗"而已。

司马光的看法当然有其立场。他的看法，大概与太子丹的太傅鞠武的意见相同。但是就太子丹的立场来看，可能意义就不尽相同。太子丹想找有力量的人向秦王政报复，这是他一向的心愿。对樊於期的投奔，太子丹必须给予庇护，因为从春秋到战国，国君、公子之间争相养士的风气甚盛。太子丹如果不收留樊於期，将会被天下所责备。但是若收留樊於期，他与秦王政的仇怨就越结越深了，那么，秦国攻燕国是迟早会发生的事。

从另一个角度看，秦国也势将进攻燕国。司马光漏写了太子丹一句很重要的话，而司马迁在《史记》中则记载得很清楚，这句话是这样的，当太子丹第一次见到荆轲的时候，就告诉荆轲说："如今秦王有贪利之心，欲望不可以满足，非兼并天下的土地，臣服海内的王者，他的意志是不会满足的。"太子丹说完这番话，接着才是指出韩国灭亡，秦军兵临赵国，赵国不支，则大祸必将轮到燕国的事实。这种情势的分析，是非常有眼光的，并不是一时的意气看法。所谓"诸侯服秦，莫敢合纵"是一个客观的事实，他们各自害怕秦国首先攻打自己，宁愿眼睁睁地看着韩国被消灭，而不敢结成军事同盟，共赴韩国之难。这正是秦国彻底实行张仪的连横政策和李斯的收买、暗杀政策成功的写照。

客观的国际情势是如此，太子丹与秦王政的主观关系又是如此，站在太子丹的立场上看，派遣刺客行刺秦王，以其人之道还治其人之身，是不是必要的行为？这种行为会有什么效果呢？太子丹在与荆轲讨论时，已经分析过了，他并不是纯粹为报他的私怨，他的目的还在劫持秦王，以归还六国被侵占的领土，或者是把秦王暗杀了，造成秦国内乱，六国趁机可以攻破秦国。也就是说，荆轲此行，在太子丹来说，不论为公为私，都是必须的。

当荆轲拉住秦王政的袖子，举匕首奋身刺击的时候，这是历史性的一击，可惜一击不中，秦王逃脱，绕着铜柱而跑，荆轲奋起余力将匕首扔过去，这一扔，也可以说是历史上最重要的一扔。可惜这次也失败了，荆轲知道事情已经不可能成功，破口大骂秦王说："事情所以不能成功的原因，是我想生擒你，一定要拿到约契以报答太子丹罢了！"

司马光认为，荆轲想用行刺"张燕而弱秦"，是愚蠢之事。可是司马迁的看法却不一样，他对荆轲行刺秦王这件事，并没有恶感，反而推崇荆轲的义行。不过司马迁对荆轲的一刺一扔没成功，感到非常失望。他在《刺客列传·荆轲传》中，最后记下了这么一段话：鲁勾践是曾经与荆轲有过节的人，听到荆轲失败的消息，私下对人说："可惜呀！可惜！荆轲不讲究刺剑之术，真是令人惋惜啊！"司马迁引用鲁勾践的评论，作为《荆轲传》的结束，可见他对此事，寓有深刻的看法在内。至于司马光的识见，在这一方面似乎比不上司马迁了。

秦始皇经过这个事件以后，再也不敢接近诸侯之人。九年后，始皇又在博浪沙，遭到张良所请来的力士一击，误中副车。这博浪沙一击，当然比不上荆轲历史性的一击。道理何在呢？因为张良的力士一击，纵然顺利地刺杀了秦始皇，但是那时六国已经统一，始皇之死只能使秦朝另外换一个君主而已。而且更重要的是，始皇的大儿子扶苏，此时还未死，这个人很有才干，他的即位不但无益于六国的复国，恐怕更会使得秦朝的基础稳固，国祚也会更加延长。司马光写到博浪沙之击，没有对此事加以评论，大概就是认为博浪沙之击，比不上荆轲一击的历史意义吧。荆轲刺秦王，成功则六国历史会为之改写，失败则会加促秦国武力统一天下的步调。司马光认为这"孤注一掷"是轻举妄动，不顾生命、不顾家族、不顾国家的妄动之举，他提出这段评论，大概就是认为这件事值得"恶可为戒者"吧。

三、秦的灭亡

秦始皇二十六年（前221），秦国正式统一了中国。在二十六年之中，值得注意的就是前半期，秦国是由吕不韦执政，后半期是秦王亲政的。秦始皇十年，他接纳李斯的建议，也采纳了李斯的暗杀与贿赂政策，于是在七年以后（秦始皇十七年，前230），秦国就首先灭了韩国。两年以后，又消灭了楚国。第二年，燕国完全被消灭，二十六年，消灭了齐国。从取消"逐客令"，重用李斯，至始皇帝二十六年统一中国，总共才经过十六年的时间。假如以荆轲刺秦王那一年开始算起，直到齐国灭亡，也不过经历了六年而已。显见李斯的去留，逐客令是否执行，或者是荆轲刺秦王是否成功，这些事情都关系到中国统一的命运。

秦始皇统一中国后，采用了中央集权的形式，推行了高压、管制的措施。他自己认为自己的成功，是"德兼三皇，功过五帝"，所以他的尊称由秦王改为皇帝，并且自称为始皇帝，希望世世代代，传之无穷。同时秦始皇又采用了阴阳家的学说，认为周朝属火德，秦取代周，属于水德，也就是说，他采用了五行相克的说法，这就是中国正闰学说理论的正式实现，对于后代王朝的正统观念影响很大。

始皇希望子孙二世、三世……传之无穷，到千千万万世。但是事实上，从正式统一，到秦朝的灭亡，只经历了十五年，传到二世皇帝而已，这是出乎意料的事情。

始皇帝在当时的声望很大，他推行各种高压、管制政策，各国的遗民虽然不服，却震于他的声威，也不敢贸然奋起反抗。奋起反抗的事情要在始皇帝三十七年去世以后，才爆发出来。

司马光在始皇帝三十七年（前210）十月记载，始皇帝该年出游，只带了少子胡亥从行，其余二十多个儿子均不得从行。到了同年的秋七月丙寅这一天，始皇帝在沙丘平台逝世，胡亥与赵高两人威胁丞相李斯，发动政变阴谋，把长兄扶苏杀死了，胡亥于是继位，为二世皇帝。始皇帝之死无疑对六国不满分子，给予很大的鼓励，加上二世、赵高两人执行了一些新的政策，就造成了反叛的机会。

司马光在二世皇帝元年（前209）夏四月，有这么一段记载。二世皇帝告诉赵高："人生在世上，好像驾驶六马（天子车驾用六马拉）跑过裂隙那么短促。我现在既已君临天下，想极尽耳目之所好，追求心志的快乐，以终吾年寿，可以吗？"

赵高回答："这是贤主之所能行而昏乱之主所禁止的事情。虽然陛下不是昏乱之主，但也有所未可，臣试分析给陛下听：'沙丘之谋，每位公子和大臣都加以怀疑；各位公子全是陛下的兄长，大臣们又是先帝所任用的，现在陛下初立，这些人都快快不服，恐怕他们会有变乱。臣战战兢兢惟恐不能善终，陛下怎能这样寻乐呢？'"

"这该怎么办？"二世皇帝问。

赵高说："陛下采用严刑苛法，让有罪的人连坐，诛灭大臣和宗室，然后收举遗民，贫者富之，贱者贵之。尽把先帝所用的大臣除掉，更换为陛下所亲信的人，这么一来，阴德归于陛下，祸害除去而奸谋堵塞，群臣莫不被润泽，蒙厚德，陛下于是就可以高枕肆意于寻乐了！这是最好的办法。"二世皇帝同意赵高的看法，而且照着去做。

赵高所谓的严刑苛法，无异于逼有罪者造反而已，至于诛灭大臣和宗室，更是自坏长城的办法。因为秦始皇能统一天下，所用的人，都是有才干的人，把他们诛灭，另外更换自己的亲信，必然会造成混乱。事实上，赵高的政策，所谓收举遗民，贫穷的使他们富有，微贱的使他们高贵，等于是来一次社会变动，更会造成天下大乱罢了。因此在三个月以后，就发生了陈胜、吴广起义的事情。如火如荼，反秦的队伍愈来愈壮大，终于很快地遍及全国。

到了二世皇帝二年九月，又发生了一件意外的事情。这个月赵高因为专肆，恐怕大臣入朝奏他，于是游说二世皇帝，要他不要上朝，以免群臣知道皇帝的缺点。结果二世皇帝用其计，藏在禁宫中，事情皆决于赵高。李斯这时与赵高冲突，但是最后为赵高所诬告，逮捕下狱，不久就被判罪腰斩。从此以后，二世皇帝以赵高为丞相，事无大小，都由他决定。尽管李斯不是一个心术端正的人，但他有治国的才干与经验，李斯之死，可以说，秦国最后抵抗的能力也消失了。

赵高想专政，恐怕群臣不听，于是在上朝的时候，命人牵二鹿献给皇帝说："这是良马。"

"丞相错了，怎么把鹿看成马呢？"二世哈哈大笑。由于赵高坚持说是马，二世询问群臣，群臣中有敢说不是马的，事后被赵高迫害。从此后，群臣都害怕赵高，不敢批评他的过失。

二世皇帝三年八月，诸侯军队西攻关中，赵高怕皇帝知道天下大乱，于是发动兵变，把二世皇帝杀了。事后赵高召集大臣和公子，宣告二世皇帝的罪状，并且说："秦过去是王国，始皇帝君临天下，所以称为皇帝，如今六国已经再自立，秦国领土日益窄小，如果仍然称皇帝这个空名，是不可以的，应该恢复从前的称呼，称为秦王。"于是乃拥立二世皇帝的侄子子婴为王。

秦王子婴害怕赵高加害，第二个月就发动兵变，将赵高他们杀了。但是秦的大势已去，在杀赵高的第二个月，就是汉高祖元年冬十月，刘邦统兵来到霸上，秦王子婴只好素车、白马迎降于道旁，于是中国第一次出现中央集权的统一政府，至此正式灭亡。

司马光写到子婴迎降。他就用了一段贾谊（西汉洛阳人，文帝时博士，精通《诗》《书》，建议改革，采用礼乐，为功臣们所忌，外放为长沙王太傅，后抑郁而死）的评论。至于他自己的意见，就不另外提及。为什么呢？这是司马光认为贾谊的评论，可以说得上客观而一针见血，他自己的意见并不能超出他的看法。

贾谊的评论说，秦国以区区之地，而能够成为万乘之强权，使得各国诸侯害怕而入朝，又能经过百年有余，使六合统一成为一家，但及至一夫作难而七庙（古代天子宗庙有七）崩隳，身死人手而天下笑者，是什么原因呢？贾谊认为，是"仁义不施而攻守之势异也"。这段短评，字数虽少，含义却很深。所谓"仁义不施，攻守之势异"到底是怎样讲呢？

秦朝本来就推行严厉的法家政治，以法家思想作为立国的原则。这种思想所引导的政策，这些政策所施行出来的措施，秦国的老百姓早就习惯了，但是关东诸国的人民，对于这些事情并不习惯，对于这种思想和政策也不以为然。

秦朝统一天下，而推行法家的思想与政策，并不实际的了解各国的情况，因应改革，这是秦朝执政者失策的地方。

秦朝的执政者当然知道六国不满意这种思想和政策，只好用强力来推行。他们愈用强力推行，不满和反抗就愈大，这是恶性循环，最后逼使朝廷与天下人民成为对抗矛盾的状态，这种情况，可以说就是"仁义不施"。也就是说，秦朝的执政者不以民本作为治国的理想和方针，而招致了对立和反抗的力量。二世皇帝即位，与赵高推行的一番措施，更使矛盾尖锐化，加速了王朝的崩溃。

那什么是"攻守之势异"呢？这个事情就得加以分析。正如贾谊所说，秦朝是经过百余年的奋斗，慢慢强大，慢慢蚕食，而达到统一六合的。这慢慢的奋斗，是指蚕食的战略而言，也就是说秦国是一个国家、一个国家这样子吞并的，是各个击破，而威胁其他国家不得相救。从司马光的记载，可以看到六国先后灭亡，其他国家都是袖手旁观，动也不敢动，惟恐秦国发怒，首先攻击它们。这种恐惧的心理，当然是连横政策和李斯的贿赂、暗杀政策造成的。六国事实上也不缺乏才智之士，他们也有眼光看出，六国合纵是对他们有利，连横则对秦国有利这种国际情态。但是在秦国传统的政策之下，六国是自顾不暇，不敢触犯秦国的愤怒。这样一来，七强的情态无疑是这样的，秦国远交近攻，一口一口蚕食附近的国家，而其他国家则冷眼旁观，使得秦国的态势是攻势，六国的态势是守势，而且是各自防卫，连集体联防都不敢做。所谓攻守之势非常明显，六国合起来不一定能抗衡秦国，现在各自防御，更是无法抵挡秦国，势不能使得秦国不来进攻它们，这种情势最后的结果，当然只有一个一个被击破，一个一个地被蚕食了。

秦二世以后的情况又不同了。天下大乱，各国遗民纷纷响应陈胜、吴广起义。这些行动，不是出现于一隅，而是全国性的。秦国这时候已经面对全面内乱，和从前的向外侵略情况不同。而且秦国的军队，如果集中攻击某一个起义集团，当然是有力量镇压这个集团的。但是当它攻击这个集团时，其他集团可以趁势加速发展，反过来说，如果秦国的兵力，分散开去攻击各个集团，力量分而战力弱，不一定能抗衡得了各国起义之士。

从前的战略态势，是秦国蚕食六国，现在的战略态势，是天下人民共图推翻秦国政权。这是一种攻守相异的态势，情况全不相同。加上未统一之前，秦国君臣上下，有一贯传统的政策，有团队的精神，来发动统一战争。可是二世的时候，政权中央已经混乱，甚至秦国原来的老百姓，也对统治者不满，在这种情形之下，秦政权是孤立的，不单只是秦政权孤立，秦二世皇帝、赵高等一小撮人，更是孤立，于是在各种情况下，二世与赵高等，想退保关中，降称为王国，让关东诸国恢复以前的状态也不可能实现了。这个时候，天下的起义人民，对秦政权的斗争，不是你死就是我亡。否则等到秦国喘息过后，将仍是关东的祸害，贾谊所谓"攻守之势异"，就是指此形势而言。

事实上，秦政权不但亡于攻守形势的差异，不但只是亡于天下的人民，他也是亡于自己的人，"亡秦者秦"，这是比较恰当的说法。如果秦朝不是推行暴政，不会招来颠覆之祸，这亡秦者就是执政的秦朝君臣——二世、赵高等人；如果不是迫害大臣，秦朝能干的大臣也不会跟他们离心，则自毁长城的情况不会出现，这种情况也是亡秦者在秦二世与赵高。最后二世皇帝被杀，杀他的人就是赵高。

如果说秦二世之死是秦政权灭亡的象征，那么正式结束秦朝统治权的，就是赵高和他的集团。从这种广义的角度看，亡秦的并不是六国遗民，而是秦国人民，不是秦国的奸臣，而是秦朝的本质和皇帝的本身。因为这缘故，秦国奋斗了百余年才能统一中国，但是仅仅几年之间，整个大王朝就崩溃瓦解，贾谊所说的"仁义不施而攻守之势异"，确实是一针见血，司马光也不能超出他这种看法。

第三章　汉　纪

一、改变历史的餐会

刘邦西入关中，接受秦王子婴的投降，到了第二个月，项羽平定河北，也率领诸侯将领西入关中，于是发生了"鸿门宴"。这是高皇帝元年十一月的事。

项羽安排鸿门（在今陕西省西安市临潼区）宴，原本的目的在杀沛公刘邦。结果这次宴会的目的没有达到，刘邦假装如厕，趁机逃回军中。他在逃离宴会之时，命令张良入谢项羽说："沛公不胜杯酌，喝醉了，不能来辞行，派臣奉献白璧一双，再拜谢于将军足下；玉斗一双，再拜谢于亚父（指范增）足下。"

项羽接受了献礼。但亚父却把玉斗用力地抛弃在地上，而且拔剑撞而破之，怏怏恨道："唉，竖子不足与谋！夺将军天下的人，必然是沛公，我们今后定会成为他的俘虏啊！"

司马光简单记载了鸿门宴的经过，也写下了范增这一段话，就已经借用范增之口，点出了鸿门宴的失败，将会影响局势，并说出了将来可能的发展。

范增说的话，只是预测了以后楚、汉相争，楚将败于汉的可能。也可以说，是项羽与刘邦两人之间的斗争，刘邦的胜算较大，还没有指出这件事情背后所蕴含的历史意义。

鸿门宴到底代表了什么历史意义呢？扼要地说，这个宴会代表了汉朝四百年国祚的奠定，也代表了平民革命的成功。刘邦集团，是中国历史上第一次的平民革命集团；相反的，这次宴会的失败，是代表了项羽这边集团的失败。项羽这个集团可以说是代表了封建时代的贵族政治，与封建形态重建的可能。如再把意义缩小，最起码鸿门宴是决定项羽的个人英雄主义失败，刘邦的集体团队精神成功。

司马光对这个宴会没有评论，但他在《稽古录》里，曾经对项羽加以评论，指出项羽失败的原因说："世称项王不王秦而归于楚，所以失掉了天下。看他率领百万之众，西入函谷，谈天下之事，裂山河以封诸侯为王，自谓可以逞其私心而人莫敢违背，安行无礼，忍为不义，想用一夫之力，征服一朝之心。才高的人被他怀疑，功大的人被他排斥。推此道以行之，虽然得到一百个秦国之地，也将不能够免于败亡的命运。"

司马光的说法就明白指出了项羽的私心，而且是以一夫之力，想征服一朝之心的英雄主义色彩，是他最后失败的原因。至于普通人所说，项羽不拥有关中而称王，这不是他失败的因素，即使他拥有一百个秦国之地，他还是会灭亡的。

司马光在《稽古录·西汉论》里，也提出高祖奋布衣，提三尺宝剑，经历了八年而成就了帝业。这么快速的成功，是什么原因呢？司马光认为，这是高祖知人善任的缘故。所以他引用高祖皇帝说过的一句话："镇国家、抚百姓，不如萧何；运筹策、决成败，不如子房（指张良）；战必胜、攻必取，不如韩信。三者皆人杰，吾能用之，所以取天下。"从高祖这段自我评论中，就可以看出刘邦集团的团队奋斗，是优于个人英雄主义的奋斗。

鸿门宴这次宴会，在历史上说，是象征了封建时代贵族政治的没落，象征了个人英雄主义时代的没落。但是，这次宴会的历史意义，似乎还比不上另一次宴会意义之大。另一次宴会，司马光在《资治通鉴·汉纪》，高祖三年（前204）十二月有记载。

这时楚、汉相持于荥阳已经有八个月，汉王刘邦一方面派出使节至各诸侯王游说，劝他们背叛楚国而臣事于汉，另一方面又用持久战的战略，与楚国争持不下。楚时常侵夺汉的粮道，汉军乏食。于是汉王和他的谋主郦食其（lì yìjī）商量破坏楚国的方法。

食其说："从前商汤伐夏桀，封他的后裔于杞；周武王伐纣，封他的后裔于宋。如今秦朝失德弃义，侵伐诸侯，灭其社稷，使无立锥之地。陛下如果能复立六国的后代，这样一来他们的君臣、百姓，必然都爱戴陛下的恩德，莫不向风慕义，愿为臣妾。德义已行，陛下南向称霸，楚必敛衽（rèn）而朝了。"

"好主意！"汉王反应说，"快点刻好印章，先生带着去颁授给六国的后裔吧！"

食其还没有成行，张良正好从外面进来。汉王刚好在吃饭，看到张良由外面进来，于是用筷子招呼张良说："子房过来，有人给我策划破坏楚国的优势。"接着将郦食其的看法转告了张良。又询问张良："怎么样？"

张良听了马上问道："谁为陛下策划了这种计谋？陛下大势去矣！"

"怎么一回事？"汉王着急地问。

张良详细回答说："臣请借陛下的筷子，为陛下筹划：从前汤、武封桀、纣的后裔，是自信能制其死命，如今陛下能制项羽的死命吗？这是第一个不可以这样做的原因。周武王进入殷国，马上表扬与释放殷朝的贤人与忠臣，如今陛下能够做到吗？这是第二个不可以这样做的原因。把殷朝的金钱、粮食，发放给贫穷的老百姓，如今陛下能做到吗？这是第三个不可以的原因。战事结束，偃革为轩，倒载干戈，以示天下不复用兵，如今陛下能够做到吗？这是第四个不可以的原因。休马华山之阳，向天下示以无为，现在陛下能够做到吗？这是第五个不可以的原因。放牛桃林之阴，向天下表示不再输积，现在陛下能做到吗？这是第六个不可以的原因。天下的游士，离开他们的亲戚，离弃他们的祖坟，离去他们的朋友，追随陛下的原因，只是想盼望将来得到咫尺之地作封邑。如今陛下恢复六国之后，天下游士各归其主，从其亲戚，回到原来的故乡，陛下跟谁一块儿取天下呢？这是第七个不可以的原因。而且现在的情势是除非楚国不强大，如果它一强大，六国的君主就会屈服于他。这些君主虽然由陛下所立，可是到了那个时候，陛下怎能得而臣之呢？这是第八个不可以的原因。陛下假如一定用这个客人之谋，那么陛下就大势去矣！"

汉王听了，嚼着食物的嘴巴立刻停下来，把食物吐出来，破口大骂："竖儒几败老子的大事！"遂马上命令取消刻印的事情。

汉王刘邦招待张良吃饭，在吃饭时的谈话分析，具有非常重大的历史意义，司马光自己没有加以评论，但却引用《汉纪》作者荀悦的评论，他说立策决胜的办法，有三种要素，就是形、势、情。形就是指大体得失之数，势就是指临时进退的机宜，情就是指心理的反应趋向。所以策同、事等而功殊者，是由于三因素不同的缘故。

荀悦认为，当初张耳、陈余游说陈胜以恢复六国，郦生也用此说来游说汉王。为什么说者相同而得失有差异呢？荀悦的看法是，陈胜之起事，天下人民都想灭亡秦国；然而楚、汉之分未有所定，这时天下也不一定要灭亡项羽。所以抚立六国之后，对陈胜来讲，无疑是增加自己的力量而增多秦国的敌人；而陈胜这时未能专天下之地，所谓取非其有而用以送给他人，行虚惠而获实福。树立六国之后，对于汉王来说，则是所谓割让自己的所有而用以增加敌人，设虚名而受实祸。这是同势而异形的一种例子。

司马光引用荀悦的评论，当然表示他同意荀悦的意见，但是这种就现实的战略形势，来作决定的事情，并不含有很深的历史意义。所谓历史意义，就是对未来的历史有非常重大的影响。这一点，荀悦与司马光都没有提及，反而身为主角的张良和郦食其，倒是注意到了。

郦食其的建议是游说汉王效法商汤、周武，恢复封建的制度，汉王顶多南向称王而已。但张良的看法却不是这样，张良的意见是要建立汉王统一的政府，中央有权力控制全国。前者是主张封建分治，后者是主张中央统治。两种政策背后所代表的意义，是非常不同的，如果刘邦当初采用了郦食其的政策，中国在秦朝以后，会再度出现春秋时代的封建政治局面。中央集权的统一政府将会在历史上消灭。如果采用张良的建议，中国在秦亡之后，不是出现霸政，而是出现中央集权强有力的统一王朝。换句话说，张良和汉王这一顿饭，可以说是奠定了中国两千年帝制的一顿饭，是历史性的一次餐会。

有些历史学家把这一次餐会的历史意义忽略了，反而津津乐道鸿门宴，这是值得加以注意的地方。鸿门宴的历史意义前面已经提过，充其量这次宴会，只代表了楚、汉的成败，代表了汉朝四百年国祚是否建立而已。可是这一次餐会，含义就更大了，张良与郦食其的看法自各代表了不同的政治精神及制度。汉王采用张良的建议，后来终于建立了统一的王朝，直到辛亥革命，才把这种君主集权的统一王朝推翻。如果评论这件事情，不从整个历史发展来看，其历史意义是看不出来的。假如说这两次餐会都是历史性的餐会，而后面一次比前面一次更具有历史意义，谁说不是呢？

二、制礼与叔孙通

沛公刘邦集团，领导人大多是平民。高帝元年（前206）十一月，沛公已经接受秦王子婴的投降，于是悉召各县父老、豪杰，告诉他们说："父老们苦于秦的苛法已经很久了，我曾经与诸侯约定，先入关者为王，所以我应在关中为王。现在我与父老们约好，除了杀人者死，伤人及盗抵罪，其余秦的苛法，全部取消。"于是秦地的人民都很拥护刘邦，而且欢迎这约法三章。刘邦集团既然是平民出身，他们对于礼仪法治这一类的问题，并没有很深入的了解，君臣之间，交往都是很坦率的，法治也至为简易。

由于这种缘故，群臣往往饮酒争功，醉了以后，甚至狂妄高呼，拔剑击柱，高祖对这种情况，愈来愈厌恶。儒者叔孙通（原仕秦，降汉后拜博士，汉朝典礼，多由他所订定）于是跟高祖说："儒者难与进取，但是可与守成。臣愿意前往山东，征召鲁国的儒生，让他们与臣的弟子，共同制订朝仪。"

"会不会很难做到？"高祖问道。

叔孙通回答："五帝（指五个上古的帝王，有多种异说。通常说法是指黄帝、颛顼、帝喾、尧、舜五圣君）不同乐，三王（指夏、商、周三代开国之君，即禹、汤及文王）不同礼；礼就是因时世、人情，而加以节制的仪文啊！臣愿意对古礼加以采取，与秦礼仪相互取用完成。"

"你不妨试试看，一定要容易了解，衡量我能行的才做吧！"

高祖指示说。

于是叔孙通出使，征召鲁国儒生三十多人，只有两生不肯前来，他们的看法是："公（指叔孙通）差不多侍奉过十主，都是面谀以得亲贵的，现在天下初定，死者未葬，伤者未好，又想作礼乐。礼乐是怎样兴起的呢？是集德百年后才可兴起的呀，我们不忍为公所为，公可以离开我们回去了，不要玷污我们！"

叔孙通哈哈笑道："你们真是鄙儒啊！一点都不知道时代转变了！"于是与三十多名儒生回到长安。他们和高帝左右有学问的人，还有叔孙通百余个弟子，在野外结营，编演礼仪。

过了一个多月，叔孙通向高祖报告："陛下可以试试观仪。"

高祖于是命令他们表演一番，然后看着他说："我也能够这样做。"乃命令群臣加以学习。

高祖七年（前200）冬十月，也就是这一年的第一个月，著名的长乐宫完成，诸侯群臣都来朝贺。天还未亮，谒者依照礼仪，带引群臣进入殿门，立班于东、西两厢。侍卫武官夹陛和罗立于廷中，全副武装，张立旗帜。于是皇帝起驾，呼唱传警而出。谒者又引诸侯王以下群臣，依次奉贺，群臣依礼进行，莫不震恐肃敬。

贺礼完成，大置法酒。侍臣们坐在殿上，都拜伏不敢仰视，依尊卑次序，起而上寿。觞过九行，谒者传呼"罢酒"，于是御史执法，纠举不遵守礼的人，马上把这些违反礼仪的人引去。这样一来，从酒宴到完毕，群臣谁也不敢喧哗失礼，高祖看了大为高兴，说："我今天才知道做皇帝的尊贵啊！"于是拜叔孙通为太常，赐金五百斤。

司马光在这件事后追补一句话，他说当初秦国统一天下，把六国礼仪全部加以接收，采取选择其中尊君、抑臣的仪礼而保存之。到了叔孙通制礼，颇有所增损，大体上仍袭用秦国的礼仪，上自天子号称下至佐僚及宫室、官名，很少有所改变。也就是说，司马光认为叔孙通制礼，是采用秦国的礼仪为本，含有尊君、抑臣的精神意义存在。

写到这里司马光又用"臣光曰"来发挥他的看法。他的大意是说，礼的功能是很大的，用之于身则百行备焉，用之于家则九族睦焉，用之于乡则风俗美焉，用之于国则政治成焉，用之于天下则诸侯次序正焉，岂仅是用于几席之上、户庭之间而已呢！他认为像汉高祖这样明达的人，知道这个道理，目睹这种礼仪，但是所以不能比于三代之王者，是由于不学的缘故。他认为当时汉高祖如果得到大儒的辅助，用礼来维持天下，他的功业岂能止于如此而已！

同时，司马光又叹息叔孙通，批评叔孙通为器也小，徒然窃取礼乐的糠秕（bǐ），以依世、谐俗、取宠而已，遂使先王之礼沦没，以至于今（指宋朝）。岂不是值得痛心的吗？所以司马光赞同扬雄的评论，扬雄认为鲁国那两个不来的儒生，是有学识的。因为大儒是不会委屈自己而讨好他人的。最后司马光说，身为大儒的人，怎么肯毁掉自己的规矩、准绳，以追求一时之功。意思是指叔孙通为了贪功，只把治国平天下的礼，限制于朝会之用而已。

汉高祖和他的功臣们，大部分都不是文质彬彬、有学识之人，所以我们称呼他们这种政府，是历史上第一个平民政府，他们对于礼的作用，当然不了解。而叔孙通这种儒生，不在这个时候引导刘邦君臣走上礼治的理想，只是枝枝节节地讲究朝会的礼仪，确是非常可惜的事。

汉朝是中国统一王朝之中，第一个平民王朝，因为其国祚比较长，只要当初做错了，以后的君臣就很难加以改变，于是叔孙通之错误，就使汉朝四百年历史，遵从不替，将错就错。不但如此，以后的政府王朝，也都学习汉朝，于是礼治的精神就告泯灭。那么，叔孙通对中国历史影响之大，也是很少有的。司马光批评叔孙通才识浅小，只懂尊君抑臣的礼仪，在今天看来他确实是个见识浅小、不懂大礼、只知发扬尊君抑臣思想的小人。

司马光写到惠帝（高祖的继承人）四年（前191）三月，又记载了一段有关礼仪之事。这事是这样的：惠帝不时到长乐宫朝见吕太后，每次出行，街道戒严，使得民间烦恼。惠帝有鉴于此，于是下诏修筑复道，结果叔孙通却进谏说："这是高皇帝衣冠每月出游的道路，为人子孙的怎么可以占用这种道路呢？"惠帝马上下令取消这条道路。然而叔孙通又说："人主无过举，现在既然已经修筑了，百姓也已经知道了，臣愿陛下在渭北多建一所宗庙，让高皇帝的衣冠得以出游，益广宗庙，大孝之本。"于是惠帝按照他的意思去做了。

司马光对于这件事情，又加以严厉的批评。批评的大意是这样的：犯过是人所不能免的，只有圣贤能够做到知而改之。古代的圣王，患其有过而不自知，所以创立有效的谏净措施，他们岂怕百姓知道他们的过失呢？由此观之，为人君者，不以无过为贤，而以改过为美。如因叔孙通谏孝惠帝，居然说"人主无过举"，这是教人君以文其过，饰其非，岂不谬哉！

人主无过，这确实是荒谬的说法。叔孙通以一个知识分子，居然教导人君这样子做，这样子想，虽说用意仅是在树立君主权威，但这种思想对历史影响可就大了。此后汉代有一个特点，凡是有天荒地变等各种灾异，通常被认为是上天处罚的，这时皇帝都要接受责备，但是皇帝并不实际接受处罚，却把政治责任推给宰辅大臣。所以两汉有天灾地变，往往会撤免三公，更换辅政大臣，而君主却安然无事。君主是实际统治国家的人，丞相只是协助他统治国家，既然有政治的谴责，应该是罪在朕躬才对。然而叔孙通既已解释人主没有过失，那么谁来承受这个罪罚呢？当然就落到丞相这些替罪羔羊的头上了。这样一来，君主政治就走上了邪途。为什么这样讲呢？因为君主为恶就把责任推到丞相头上，那么即使最好的丞相，也得因此而罢免甚至自杀，那么为恶的人仍然存在继续为恶，贤良的宰辅却不断更换。更换的是好人，也不会长久安于其位，如果是坏人，那么就君臣互相为恶，政治就不可收拾了。所以说，君主既然是世袭不绝的，要是他也不负实际的行政过失，权力的根源就没办法澄清，政治只有越走越坏。后代的历史发展，正是朝向这个轨道行进。

三、外戚政治与王莽篡汉

外戚干政的问题，几乎与西、东两汉互相终始，没有彻底地改善过。严格来讲，汉朝得天下，外戚有帮忙；汉朝失天下，也是外戚所造成。

汉高祖刘邦在他病危时，就曾经让吕后过问大政。司马光在高帝十二年（前195）条下记载这么一件事：

吕后在皇帝患病时，曾经这样问："陛下百年以后，萧相国（何）如果死去，谁可以代替他呢？"

刘邦说："曹参可以。"

当吕后再详细问其次人选的时候，刘邦详细告诉她说："王陵可以，但是王陵稍有一点愚戆，陈平可以帮助他，陈平智慧有余，但是难以独当大任。周勃重厚少文，但是安刘氏的人必定是周勃，可以任命他为太尉。"

吕后听了，再问其次人选，刘邦就说："这以后也不是我能知道的了。"

这一年的夏四月甲辰，高祖崩于长乐宫。从这一件事的记载，可以看到刘邦得到吕氏的帮忙而起家，他死前也没考虑到吕氏会干政这个严重的问题。

吕后在高祖死后，果然临朝掌政，这是中国历史上第一位女性临朝。吕后掌握大政，曾经废了两位皇帝，她的家族权倾一时。一直到高后八年（前180）秋七月辛巳，吕后病死，周勃等发动兵变，铲除吕氏家族，重新恢复汉朝政权。各大臣在事后商量皇帝的继任人选，大家都警惕于外戚之患。有人建议说："齐王是高祖的长孙，可以立为皇帝。"

大臣讨论，大都认为这样："吕氏以外家作恶而几乎危害宗庙。现在齐王的舅舅驷钧，是个凶狠的人，如果立齐王为皇帝，那么他的外家就变成吕氏事件的重演。代王是高祖的儿子，年纪也最长，个性仁孝宽厚，他的母家薄氏也很谨良，可以立为皇帝。"于是相与决定，派人迎立代王，这就是后来著名的汉文帝。

这件事显示汉朝的君臣，此后对外戚问题或多或少都抱有戒心。

此后到汉武帝即位，其祖母窦太皇太后也曾干涉政治，排斥儒术的群臣。至汉武帝建元六年（前135）五月丁亥，窦太皇太后崩逝，汉武帝才能实际地亲政。

汉武帝时代，也有外戚活动的记录。例如卫青、霍去病就是著名的外戚。但是汉武帝对外戚的问题，确实是非常警惕，在他死前，就为后来的皇帝消灭了母后干政的可能性。司马光把这件事记载在武帝后元元年（前88）秋七月条下。司马光记载说，汉武帝不立他年长的儿子燕王旦和广陵王胥，而立弗陵为太子。当时弗陵年数岁，形体壮大，智慧也丰富，所以得到武帝的宠爱。

117

但是弗陵到底年龄还小，其母钩弋夫人年纪也轻，汉武帝考虑到将来的问题，所以犹豫不决。于是他开始观察群臣，希望为弗陵找一位好的辅政大臣，最后觉得霍光忠厚可任大事，于是就选定霍光辅政。汉武帝事先不把这种心意给霍光讲，却命令黄门画了一幅周公背着成王以朝诸侯的图像，赐予霍光。

几天以后，汉武帝就借口谴责钩弋夫人，夫人脱去首饰，磕头求恕。汉武帝说："把她引下去，送到掖庭狱（掖庭乃宫中妃嫔所居的房舍，掖庭狱即专治宫人犯罪的地方）。"

夫人被拖下去，不断还顾，武帝忍心地说："快点走，你不得活命！"于是把她赐死。

稍后，汉武帝闲居无事，问左右侍臣说："外面的人对此事有什么意见啊？"

"人们都说：'将要立她的儿子当太子，为什么要杀死她呢？'"左右回答。

汉武帝听后慢慢地说："是啊，这不是尔曹愚人之所能知的事。从前国家所以乱，是由于主少母壮。女主独居骄蹇，淫乱自恣，没有人能禁止。你们没有听说吕后的事情吗？所以我不得不先把他的母亲除去啊。"

这段人伦悲剧，司马光记载了下来，但是没有加以任何的评论。也就是说，司马光透过汉武帝这种事情，让人读到这里，了解汉代外戚政治的问题，是一贯存在的严重问题，汉武帝之所为敢为人之所不敢为。后元二年二月，汉武帝崩逝，由弗陵太子即位，就是著名的汉昭帝。霍光本来就是外戚，后来他的女儿更成为皇后，可以说，霍光的执政，也不过是外戚政治而已。霍光废昌邑王也不过是外戚废帝的例子而已。宣帝以后的皇帝，大多重用他们的外戚，东汉更甚。外戚干政是汉代始终不能解决的重大政治问题。

王氏之所以崛起，是因为孝元皇后的原因。孝元皇后王政君，是汉元帝的皇后。汉元帝曾被宣帝认为是"乱我家者"的太子，王皇后与他所生的儿子，就是后来的汉成帝，都不是元帝所喜爱的。元帝所喜爱的是傅昭仪和她的儿子。所以元帝在病重的时候，傅昭仪母子常在左右侍奉，而皇后和太子就很难得以觐见，元帝还屡次问到侍臣，想改立太子。司马光在元帝竟宁元年（前33）三月条下，记载了这件事情。当时太子的长舅王凤，与皇后、太子都非常担忧，幸得史丹等力为太子辩护，太子的地位才得以稳定下来。这一年的夏五月壬辰，元帝崩逝，太子在六月即皇帝位，于是尊称王皇后为皇太后，以他所依靠的长舅王凤为大司马、大将军、领尚书事。王凤这个官职相当于现在的三军总参谋长兼总统府秘书长，是实际的宰相。司马光在这个月记载王凤出任此官，等于记载王氏掌握政权的开始。

汉成帝从小就依靠王凤，即位以后也依赖他辅政，于是在建始三年（前30）春八月，撤免他自己的岳父许嘉，专委王凤掌政，到了河平二年（前27）六月，成帝更将他的舅舅们一律封为侯爵。王太后一共有三个姊妹、八个兄弟，这时仍然生存的有五个兄弟，王氏兄弟一律封为侯（不包括王凤，连王凤是六兄弟），所以世人都称之为"五侯"。王凤家族于是旺盛起来。许多官员都出其门下，五侯兄弟也争相奢侈。当时就有一些有识见的大臣，上疏讨论过外戚太盛的事情。

汉成帝阳朔三年（前22）秋，王凤病危，天子几次临问，要求他推荐执政的继任人选。王凤自知五个弟弟不成才，于是推荐堂兄弟王音。这一年八月，王凤去世，第二个月成帝就任命王音为大司马、车骑将军，继承王凤掌政。王音既然以天子的从舅越亲用事，所以倒也小心谨慎，没有发生差错。

王氏势力那么盛，于是司马光在成帝永始元年（前16）夏四月条下，开始注意到王莽这个人。

王莽是太后第二兄弟王曼的儿子。王曼早死，所以没有封侯，太后怜悯王曼的后裔，甚至把王曼的寡妇接到太后所居的东宫来生活。这时王氏兄弟和他们的子侄，争相以声色犬马为享乐，而王莽由于自幼丧父，却因而折节恭俭，勤身博学，被服儒生，对于母亲和寡嫂（王莽兄王永早死）都很恭敬；在外又结交英俊，对他的叔父们曲有礼意。司马光记载说，当大将军王凤生病时候，王莽前来侍疾，亲尝汤药，蓬头垢面，不解衣带累月。这是人子侍奉父亲的情况，才会如此的，所以王凤感动，死前托付于太后及皇后，拜王莽为黄门郎，升迁为射声校尉。王莽自后表现更佳，得到很多人的爱戴。这一年五月乙未，成帝晋封王莽为新都侯，升迁为骑都尉、光禄大夫、侍中。这个官爵，相当于皇帝侍从长。

地位愈重要，爵位愈尊贵，王莽就表现得愈谦恭。他把家财赈施于宾客，结交名士、将相、大臣甚众，所以在位者更极力推荐他，游谈者也极力称赞他。司马光开始在这里记载王莽，点出了王莽后来篡汉的行为模式。

永始二年春正月，王音去世，两个月以后，成帝就起用王家的老五王商为大司马、卫将军，继续掌政。王氏连续多年掌政，很多有识之士，已经看出不是好现象，他们纷纷上疏警告皇帝，但是都没有效果。元延元年（前12）十二月辛亥，王商逝世。老六王立应当依次辅政，但王立因为贪污被揭发，所以成帝任命他的弟弟老七王根为大司马、骠骑将军，还是用王氏家族继续掌政。这时吏民多上书，向皇帝报告灾异，讽刺王氏专政所致。成帝也以为然，曾经亲至安昌侯张禹的住宅，请教他的意见。张禹是皇帝所敬重的老臣，但他自觉年老，子孙衰弱，又与王根相处不好，恐怕为王氏所怨，于是给王氏开释。成帝听了张禹的解释，从此不再怀疑王氏。由此可见，王氏后来篡汉，一方面是成帝纵容的结果，另一方面也是群臣畏惧的结果。

到了成帝的绥和元年（前8）冬十月，王根因为久病，屡次请求退休。太后姊姊的儿子淳于长，自以位居九卿（相当于部长级）的官位，应该代替王根掌政。司马光记载这件事，指出王莽心惧淳于长得宠，于是在侍候王根之病时，加以挑拨。他说："淳于长见将军久病，面有喜色，自以为当代将军辅政，甚至对士大夫讨论如何布置人事的事情。"

121

王根大怒："既然这样，为什么不早告诉我！"

王莽说："我不知道将军的意思，所以不敢说话！"

王根于是命令他去向太后报告，王莽于是夸大其词，在太后面前中伤淳于长。太后也为此大怒，要他去报告皇帝，王莽向皇帝报告，皇帝对淳于长加以免官的处罚，并且认为王莽首发大奸，称其忠直。王根也认为王莽对他好，推荐王莽代替自己。于是在同一个月，成帝就拜王莽为大司马，继承王根掌政。这时王莽才三十八岁。

第二年三月，成帝崩逝，他的弟弟即位，就是哀帝。哀帝有他自己的外戚傅氏、丁氏。于是王太后下诏命令大司马王莽回家，避开新任皇帝的外家。就在同年七月王莽辞职获准，解除执政权，从此一直到汉哀帝崩逝，王氏家族都避贤，让傅、丁两族执政。但汉哀帝了解成帝时代，王氏权力太盛，所以他对傅、丁两家，都不假以事权，两家的权势比不上王氏在成帝的时代，不过哀帝对王氏的家族，多少有点欺负，这是王莽后来重新掌政，加速树立其权力的原因吧。

汉哀帝元寿二年（前1）六月，哀帝崩逝。王太后听到哀帝驾崩的消息，马上收取玺绶，同时任命王莽为大司马、领尚书事。这时王莽已四十五岁。王莽与太皇太后拥立汉平帝继位，逼害傅、丁两族，排斥不利于他的大臣，甚至他的叔父王立也被排斥。接近权力圈子的大臣都畏祸不敢言，不知内情的群臣和士子，却称颂王莽的为人。这年九月，九岁的平帝正式即位，太皇太后临朝，王莽掌政。此后除太皇太后外，再无一人能牵制王莽。于是王莽提升他的亲信，巩固了他的权威。

第二年，平帝元始元年（1）二月，王莽为了专政，知道太后年老，讨厌政事，乃假借公卿奏事，请太后不要处理政事，太后同意，除了重大事情以外，再也不过问其他政事。于是王莽的权力与人主差不了多少。

元始四年二月，王莽更将女儿许配给平帝为皇后，彻底巩固其权威，此后王莽就拥有皇帝岳父的身份，爵位为"安汉公"，权势就更大了。平帝在元始五年冬十二月病逝，司马光写明是王莽在酒中下毒，毒死平帝的。

平帝死后，王莽选择皇帝的继承人，他厌恶汉宣帝的曾孙年纪较大，不易控制，于是选中宣帝的一个玄孙，就是孺子婴。司马光在汉平帝死的那一个月条下，记载丹书的事情。这是臣下得到一块白石，上有丹书："告安汉公莽为皇帝。"从此以后，符命之说就大起了。也就是在这个月，群臣庶民就上疏给太皇太后，要求让王莽做"假皇帝"。三个月之后，孺子婴才得以策立为皇太子。孺子婴为皇太子这一年（王莽居摄元年，6）五月，太皇太后正式诏令王莽用"假皇帝"这个称呼。司马光记载，太皇太后这时也知道王莽想篡位的意图，但已无可奈何。两年以后（王莽初始元年，8）的十一月，王莽正式篡位，即位为真天子，改国号为"新"，改年号为"始建国"。

王莽将即真天子之前，先把符瑞报告给太皇太后知道。这时孺子婴没有当皇帝，皇帝的玉玺归由太皇太后保存。

王莽即位，向太皇太后要玉玺，太皇太后向来使怒骂说："你们父子宗族蒙受汉家恩德，富贵累世，既无以报答，受人托孤，居然乘便利而夺取天下，不复回顾汉家的恩典。这样的人，猪狗也不吃他剩下的食物，天下哪有你们兄弟这种人啊！而且你们若要建立新王朝，就应该自做玉玺，何必用此亡国不祥的玉玺呢！你们要用这个玉玺，我这个汉家老寡妇，就一定要与这个玉玺共存亡，让你们终不可得到！"

太皇太后边说边哭，使者王舜（王音之子）也悲不自胜，过了好久，乃仰面告诉太皇太后说："臣等已经没有话说，王莽一定要得到传国玉玺，太皇太后难道能够不给他吗？"

太皇太后见王舜语言真切，恐怕王莽要挟她，于是把汉朝的传国玉玺抛到地上，对王舜说："我老得已经快要死了，但是知道你们兄弟今天的所为是会灭族的！"

王莽得到玉玺，将汉朝的太皇太后改名称为"新室文母太皇太后"。根据司马光记载，孺子婴后来被软禁，不许别人接近他，长大后，他居然连六畜都不知道。

司马光引用班彪一段评论，指出三代以来，王公失势，很少不是因为女宠而造成的。王莽的篡位，是由于孝元皇后历为汉朝四世的天下母，享国六十余年，家族共有五将、十侯，势力强大，所以才造成王莽之祸。他认为："位号已移于天下，而元后卷卷犹握一玺，不欲以授莽，妇人之仁，悲夫！"

西汉之亡，王政君的妇人之仁是一个原因，王室与外戚共同统治国家的政策，也是一个原因。即使有远见和刚毅如汉武帝，他也不过只是将未来皇帝的母亲杀了而已，并没有意图根绝外戚干政的风气。王莽利用周公辅政的故事最后篡掉了汉朝的政权。东汉时代曹操则利用周文王的故事，让他的儿子曹丕篡掉汉朝。王莽也好，曹操也好，他们篡位的方式几乎是相同的，而且他们都把女儿嫁给皇帝做皇后，成为外戚。东汉的光武、明、章诸帝，对于防范外戚干政甚为注意。但以后的几任君主，对此并不注意，东汉外戚之患，比西汉更大，汉朝亡于外戚的历史教训，最后还是不为王室所接受。

四、东汉初期的用人与士风

刘秀在天下大乱时，起兵讨伐王莽。他在建武元年（25）六月，被部下拥戴为皇帝，这就是光武皇帝。这时天下仍然大乱，光武帝集团的力量并不能够压倒群雄。同年七月，光武帝特拜邓禹为大司徒，王梁为大司空，吴汉为大司马，这三人都是一时之选。到了八月，又增拜卓茂为太傅。

卓茂是一个宽仁恭爱，恬淡乐道，雅实而不重外表的人。他自束发至白首，未尝与人有竞争冲突，乡党故旧，虽然与他意见不同，但都对他爱慕欣欣。

卓茂在西汉哀、平二帝之间，曾为密县的县令，他最初到达密县上任的时候，有所废置，吏民都窃笑他，邻城的人闻知其事，也都讥笑他无能。结果他不为所动，治事自若，数年之间，教化大行，道不拾遗。任满升迁为京都丞，密县人民都扶老携幼，涕泣随送。及至王莽居摄，他以生病为理由，退归家中。光武皇帝即位，最先访求卓茂，这时他已七十多岁。访到了卓茂，光武帝下诏说："名冠天下的人，当受天下之重赏。今以茂为太傅，封褒德侯。"

司马光接着评论这件事，称赞光武帝在即位之初，群雄竞逐、四海鼎沸的当时，那些摧坚陷敌之人，权谋诡辩之士，方见重于世，而光武帝却能取忠厚之臣，立循良之吏，拔举他们于草莱之中，置他们于群公之首，所以东汉光复旧物，享祚久长，这是由于知所先务而得其本源的缘故。也就是说，司马光认为像卓茂这种人，并不是摧坚陷敌或权谋诡辩之士，只是有德行的缘故，就能被光武帝独具慧眼，拔置于官吏之首为太傅，这种人事政策，是东汉的特色，也是其得以中兴的原因。

东汉开国的这种用人政策，为后来明、章二帝所遵循，所以才造成光武、明、章之治的时代。不过司马光撰写《资治通鉴》，他也注意到两个问题。

当写到建武五年（29）二月的时候，司马光记载了一件事：渔阳郡的长官彭宠，自以功高，但不被光武帝重用，反而从前归他指挥的王梁、吴汉，早已被任用为三公，不服之余，于是割据渔阳郡造反。彭宠的妻子做了几次噩梦，又几次碰到怪异的现象，占卜、望气的人都说将会有兵从中作乱。于是彭宠命令将领带兵驻扎于外，自己则在便室住宿，只留苍头（汉人呼奴为苍头）子密等三人伺候。子密三人趁着彭宠睡觉，共同把他捆绑在床上，告诉外面的官吏说："大王斋禁，命令你们休假。"于是又假造彭宠的命令，收捆了奴婢等人，各置一处；寻又假造彭宠的命令，招呼他的妻子见面。彭妻进入，看到情况，惊惶地哭道："奴造反！"子密等用拳脚殴打彭妻。彭宠急忙呼唤其妻："快点为各位将军扮装，整理行李！"将军是指子密等三人。彭宠呼他们为将军，意思就是要求饶。

于是两奴将彭妻押入房内，搜取宝物，留下一奴看守彭宠。彭宠向看守他的奴说："你这个小孩，是我素所疼爱的，如今为子密所威逼罢了！你解开我的捆绳，我当以女儿嫁给你为妻。家中财物都和你分一半。"小奴心动，看看门外，见子密听到他们的对话，遂不敢松绑。

子密等搜取财物妥当，在昏夜里，命令彭宠写手令，让他们出城。彭宠写好，他们遂斩下彭宠及其妻之头，放在囊中，拿着手令驰出城外，向光武帝去邀功。

第二天天明，官属看到合门不开，于是爬墙进入，发现彭宠尸体，惊怖万分，遂共同拥立彭宠的儿子彭午为王。但彭午不久即为国师韩利所斩，送到光武帝的军队中。光武帝于是封子密为"不义侯"。

司马光记载此事，引用权德舆的评论说，彭宠叛乱与子密杀其君，同样都是作乱，罪名是不能掩盖的，应该各依法来加以处罚，以昭示天下，但是光武帝反而拜子密为侯，又以"不义"为名，既然举以不义，就不应该封为侯，如果这样的行为可以封为侯，汉朝的爵位就不足以服人了。司马光引用权氏的评论，暗喻光武帝做法不对，表示光武帝求名是带有权术的意味的。

这种求名的风气，影响东汉士风甚大，后来终于造成了党锢之祸，这是光武帝始料不及的。司马光写到东汉的中期，就为此事提出了一大段评论。

司马光写到汉顺帝永建二年（127）秋七月，顺帝征樊英为官的事：樊英是南阳人，少有学行，名著海内，隐居于壶山之南，地方政府前后礼聘，他都不肯答应，中央的公卿每次推荐他为贤良、方正、有道之士，要他出来做官，他也不答应。顺帝的父亲安帝，曾经赐他策书，征他来京做官，他仍是不应。就在这年，汉顺帝再以策书备礼征用他，樊英固辞，理由是病重。结果诏书切责地方官，命令地方官驾载他上道，樊英不得已来到京师，但仍是称疾不肯起。官员强迫他入殿，他还是不为所屈。顺帝于是命令他出就太医养病，每月送他羊、酒。

过了一段时间，顺帝乃为樊英设坛，命令侍从引导他进来，赐以几杖，待以师傅之礼，向他请教政治的得失，拜他为五官中郎将。几个月以后，樊英又说生病，于是顺帝拜他为光禄大夫，赐他还乡，命令在所送谷，岁时赠送牛、酒给他。樊英辞位不受，诏书一再要求他接受，他还是拒绝了。

樊英最初被诏书征召的时候，大家都以为他必不屈服，其好友王逸，为了这件事，写了一封信给他，大意是劝他就聘。樊英听从王逸的建议，但是后来却无奇谋深策以帮忙顺帝，谈者以为失望。河南郡的张楷和樊英一块儿被征召，他告诉樊英说："天下有二道，就是出仕与隐居。我从前以为先生之出，能够辅助吾君，救济生民。但先生最初以尊贵之身，不怕触怒万乘之主；然而享受了爵禄以后，却又不闻匡救之术，可谓进退无所据啊！"

樊英在地方上极有名气，屡次推辞不出，就是皇帝征召也不听从。等到顺帝切责，强迫他上道，他才不得已赴京，既然来到京师接受礼遇官爵，却又没有什么贡献给政府，这是问题所在。樊英到底是个徒得虚名之士呢？还是哗众取宠之士呢？还是品德好而无实干的人呢？司马光对樊英的行为就非常不满。

司马光评论说，古时候的君子，邦有道则出仕，邦无道则归隐。归隐不是君子正常的志向，人家不知道自己而道不行，群邪共处而害于身，所以才深藏以避之。王者举逸民，是为了有益于国家，不是为了徇世俗的耳目。所以有道德可以尊主，智能足以庇民，深藏不露，则王者当尽礼而访求他们，屈己而罗致他们，克己以听从他们的建议，然后才能利泽施于四表，功烈格于上下。这是取其道而不取人，务其实而不务其名啊。对着备礼、意勤而仍然不接受征召的人，皇帝就应该自省，不要强致其人，检讨自己是否不知道。或者人主因为不能罗致其人而感到羞耻，于是以高位来引诱他，以言行来威胁他。假如那人真是君子，官位绝不是他所贪好的，言行也不是他所畏惧的，终不可得而致之；如果用高位、言行而能罗致的人，大都是些贪位畏刑的人，哪里值得推崇珍贵呢？

假如有德行于家庭与乡曲，不贪利，不苟进，他们虽然不出仕，或者不足以尊主庇民，这也是清修之吉士，王者应该襃优安养他们，俾遂其志。这种做法也足以励廉耻，美风俗。至于饰伪邀誉，钓奇惊俗，不食君禄而争屠沽之利，不受小官而规卿相之位，名与实相反，心与行相违，这些乃是华士、少正卯之流，他们能免于圣王之诛就已经万幸，尚何聘召之有！

司马光在记载东汉中期时提出了这段评论，就是注意到，这时候东汉的士风已经流于虚伪，有些人标榜钓誉，矫言矫行，以博求天下之美名，透过间接途径达到做官的目的。这也是东汉初期用人政策转折的时间。

东汉中期以后，士大夫好评鉴人物，被名望高的人评鉴，往往使得无名者一天之内成大名。这种例子很多，司马光颇重视这种例子，尤其他对曹操的最初记载，就是从这个角度加以观察。

汉灵帝中平元年（184）三月条下，他第一次写到曹操的事迹。曹操的父亲曹嵩，是大宦官曹腾的养子。宦官这时权势很大，为乱朝政，为士大夫所痛恨。司马光记载说：

曹操少机警，有权术，而且任侠放荡，不治行业；世人并不看中他，只有太尉乔玄及何颙欣赏他。乔玄称赞曹操说："天下将乱，非命世之才，不能济也。能安天下者，其在君乎！"何颙也赞叹曹操说："汉家将亡，安天下者，必定此人！"

乔玄不但欣赏曹操，还教曹操怎样沽名钓誉，他告诉曹操说："君没有名气，可以交许子将（许劭）这个朋友。"许子将有高名，喜欢评鉴人物，他每个月必定更改品题，所以他的家乡汝南有"月旦评"的风气，曹操听了去拜访许劭，询问许劭说："我是怎么样的人？"

许劭对曹操很鄙视，不答。曹操乃劫持他，许劭不得已说："你是治世之能臣，乱世之奸雄。"结果曹操听了，大喜而去。

这是司马光第一次记载曹操的事迹，这件事迹也可以反映东汉士风，到此已经丕变。东汉初期起用名士、逸民，为的是要澄清社会的功利主义，使得社会走上良好的轨道。这种政策执行久了，于是就变出了曹操这类沽名钓誉的行为出来。在司马光的笔下，外戚、宦官固然是东汉灭亡的癌细胞，但是这种士风，也是东汉政治上的不治之症。他对于这一类事情，记载甚多，可谓有心之人。

五、东汉的宦官与外戚

西汉外戚政治很严重，东汉光武帝非常注意这个问题，外戚与功臣都不能干涉政治，不能握有实权，他们的子弟也备受严格的教育。光武帝希望王室与这些人和他的家族，共同享受天下，相安无事。永平十八年（75）八月壬子，东汉的第二任皇帝明帝逝世，司马光写道："帝遵奉建武制度（指光武帝制度），无所变更，后妃之家不得封侯与政。"这就表示了光武和明帝，对外戚政治防范甚深。汉明帝死时年四十八，继位的汉章帝才十八岁，他即位以后，对外戚的防范就比不上他的祖父与父亲。

章和二年（88）春正月，章帝逝世，年仅三十一岁。太子即位，年才十岁，于是由太后临朝听政。窦太后临朝，她的家属窦宪等人，于是分布要津，握有实权。这是东汉外戚起来的开始。当窦宪最初掌政时，窦太后还写了一封信，警告他的兄弟们，指出外戚所以获讥一时，垂罪于后的原因，是因为自满自大，位有余而仁不足，所以汉兴以后，到了平帝，二十家外戚，能够保族全身的只有四家而已，因此警戒窦氏兄弟。但是大权在握，一年不到，窦氏兄弟就骄横起来。

和帝永元四年（92）六月，司马光记载说：

窦氏父子并为卿校，充满朝廷，出入禁中，想共同谋杀和帝。和帝也得知这种阴谋。这时候窦宪兄弟专权，和帝与内外臣僚，无由亲接，日常接触到的人，只是阉宦而已。和帝因为上下莫不攀附窦宪，只有中常侍（宦官的长官）郑众，谨敏有心机，不攀附豪党，乃与郑众等人定议诛除窦宪，他们因为窦宪在外（当时窦宪带兵驻节于凉州），恐怕他为乱，所以忍而未发，刚好这时窦宪回朝，于是和帝等在庚申这一天，发动了流血兵变，诛灭了窦宪及其党羽。这是东汉皇帝与宦官联合，共同对付外戚的开始。但是和帝没有惩于此戒，五年之后，又重用了他母亲的家族梁氏，梁氏自此兴盛起来。

元兴元年（105）冬十月，和帝逝世，行年才二十七岁，他的皇子们一共有十几人，大多养在民间，所以邓皇后乃征召他的少子刘隆为皇帝，刘隆这时才生下一百多天，这就是殇帝，由邓太后临朝。结果到了第二年的正月，殇帝逝世，年才二岁，于是邓太后与他的哥哥邓骘等，拥立清河王之子刘祜（hù）为皇帝。东汉皇帝的短命，就是外戚政治起来的原因，也是宦官政治兴起的原因。

清河王之子刘祜，这时已经十三岁，他不是先帝的儿子，也不是殇帝的兄弟。殇帝另有长兄平原王刘胜，邓太后以刘胜有疾病为理由，当初不立刘胜而立殇帝刘隆。到了殇帝驾崩，群臣以刘胜没有疾病，想拥护他当皇帝，邓太后则因为以前不立刘胜，恐怕现在立了，将来会有后患，所以才改立刘祜。这时宦官郑众、蔡伦等，皆秉势干预政事，但邓骘兄弟则颇贤明，颇能推荐贤士而任用，而且曾经极力推卸官职，不想掌握朝政，邓太后对此都不允许，仍然让自己的子弟分布要津。

到了安帝建光元年（121）三月，邓太后逝世，皇帝也长大了，于是问题就发生了。

安帝少年时代颇聪明，所以邓太后援立他。但长大以后，行为就常不能令太后满意。安帝的乳母王圣与安帝相依为命，王圣看到太后久不归政，恐怕太后会有废立之举，于是与宦官李闰、江京等侍候于左右，共同在皇帝面前说太后的坏话，所以安帝常常为之愤惧，到了太后一死，皇帝与王圣、李闰等人就对邓氏家族加以迫害。在同年的五月，邓氏集团就被清除，邓骘等人被杀。

安帝清除了邓氏，却培养阎皇后的兄弟们，于是内宠又兴盛起来。他又封宦官江京、李闰两人为侯爵，宦官封侯是创举的事，安帝因为他们有拥立之功，也顾不了那么多了。于是宦官与乳母王圣等人煽动于内外，炙手可热。他们甚至猖狂到在延光三年（124），使皇太子刘保被废。

第二年（延光四年）三月，安帝逝世，年才三十二岁。阎皇后与阎显兄弟、江京等人，为了久专国政，所以拥立景帝的孙子刘懿为皇帝，刘懿这时也很年幼，于是阎显等人排除异己，兄弟并处权要，威福自任，这是东汉外戚跋扈的开始。

同年冬十月，新任皇帝病重，宦官孙程等人乃秘密想拥立废太子（当时封为济阴王）为皇帝。这个月新任皇帝去世，阎显等与太后秘不发丧，想征求年幼的王子为继任皇帝。第二个月，孙程等十几个宦官聚集起来，撕破丹衣发誓，于是在宫内发动兵变，把宦官江京等杀死，拥立济阴王为皇帝，这就是汉顺帝，行年十一岁。事后顺帝铲灭了阎氏集团，甚至把阎后迁于离宫幽禁，然后封孙程为列侯，一共封了十九侯之多。

顺帝阳嘉四年（135）二月丙子这一天，皇帝为了报酬宦官的拥立之功，竟然下诏让宦官得以养子袭爵。司马光仅写了这个诏令的意旨，没有发挥他的议论，其实宦官正式可以养子袭爵，就是宦官势力壮大的原因。后来的曹操，就是宦官曹腾的养孙，曹腾也正是这个时候的大宦官（官中常侍）。司马光在顺帝永和四年（139）十二月一日这一天条下，就记载了曹腾、梁商、梁冀等人，与另一派的宦官张逵等人冲突的事。

建康元年（144）八月，顺帝逝世，年仅三十岁，即位的太子才两岁，于是由梁太后临朝。太后之父梁商这时已逝，他的兄弟梁冀极为跋扈，权力甚盛，到了第二年正月，新任的冲帝也死掉了，太后于是继续临朝。太后与梁冀秘不发丧，因为冲帝年幼无子，所以梁冀否决群臣拥立长君的建议，反而拥立了一个年才八岁的宗室子弟为皇帝，这就是汉质帝。

第二年六月，年少聪慧的汉质帝，曾因朝会时看着梁冀说："这是跋扈将军啊！"结果为梁冀所忌，到了闰六月，梁冀使左右在饼中下毒，让皇帝吃了。质帝吃后，感到烦苦，急忙命令大臣李固入宫，李固来到，问质帝患了什么疾病，质帝这时还能说话："朕吃了煮饼，如今觉得腹中苦闷，如果有水喝还可以活命！"

梁冀这时在旁边，说："恐怕喝了水会吐，不可以喝水。"话未讲完，质帝就死了。

质帝死后，群臣开会讨论继承人，宦官曹腾与梁冀等内定拥立刘志，梁冀于是在殿中陈列士兵，要挟群臣，要群臣同意立刘志。刘志入宫即位为皇帝，行年十五岁，这就是汉桓帝，太后仍然临朝听政。桓帝立后，梁冀与曹腾等一系宦官，就大事封赏。

到了和平元年（150）春正月，梁太后还政给桓帝。二月太后驾崩。梁太后虽然逝世，但梁氏家族愈来愈骄横，梁冀的妹妹嫁给了桓帝为皇后，所以仍然掌政，梁冀一门，前后有七个侯爵，三个人为皇后，六个人为贵人，两个人为大将军，夫人与有食邑的女封君计有七人，尚公主的有三人，其余卿、将、尹、校有五十七人，满朝文武都是他的亲党。到了延熹二年（159）秋七月，梁皇后也死了，于是梁氏的灭门大祸才来临。

梁冀秉政十九年，威行内外，天子拱手，不能亲自处理政事，所以桓帝内心甚为不平，但也无可奈何。有一天，桓帝故意进入厕所，单独召见小宦官唐衡，询问他宦官们哪些与后族不和的。唐衡报告有单超、左悺、徐璜、具瑗等人，他们都是大大小小的宦官，于是桓帝召见单超、左悺等，对他们说："梁将军兄弟专政，威逼内外，公卿以下，莫不遵从他的意旨，如今朕想诛灭他们，常侍们意下如何啊？"

单超等回答："梁将军诚国家的奸贼，早就应该诛杀；臣等弱劣，只是未知圣意罢了。"

桓帝说："你们说得很对，试试看秘密策划一下吧。"

宦官们回答说："诛灭梁将军并不是难事，只是恐怕陛下腹中狐疑。"

桓帝说："奸臣胁国，当伏其罪，还有什么好怀疑的？"

于是召集徐璜、具瑗等五人，共同策划。桓帝咬破单超的手臂，让其流血以为盟。单超等人说："陛下，如今计划已经决定，不要再有变动，不要多说，以免为人怀疑。"

延熹二年八月，宦官们发动兵变，把梁冀集团诛灭殆尽，梁氏的故吏宾客黜免者三百多人，朝廷为之一空。梁氏的家财被充公，竟然有三十余万万之多，这些充公的钱财收归王府，皇帝为之下令减去该年全国税收的一半。

诛灭梁冀等人以后，单超等五人一律封侯，这就是汉代中期著名的"五侯"。

从此以后，权势专归于宦官，汉朝的政治就衰败得一塌糊涂。诸葛亮《出师表》里，曾经提到刘先生（刘备）每次谈到桓、灵之事，均痛心疾首，就是指这个时代的宦官乱世而言。宦官与外戚的争权，加上名士清流的介入，于是形成两次党锢之祸，国家元气丧尽。刘备所谓痛心于桓、灵之祸，不是没有原因的。

六、第一次党锢之祸

汉桓帝诛灭梁冀以后，天下臣民都盼政治能够革新，朝臣的领袖黄琼最有声望，于是率先整顿政治，推荐了一些清高之士。但是这时汉桓帝信任宦官，除了"五侯"之外，一些中级宦官领袖也陆续被封为侯爵，自是权势专归于宦官，尤其是五侯，最贪污狂傲，倾动内外。一些正直的臣子看不顺眼，于是上章弹劾宦官，也都先后获祸，连朝臣中的名士领袖陈蕃、杨秉等人，也因此免官归田里。

太尉黄琼自度能力不能控制宦官，于是称疾不起，并且上疏批评宦官骄横。皇帝看后，也不采纳他的意见。延熹二年（159）冬十月，中常侍单超生病，但桓帝仍然拜他为车骑将军，这是宦官第一个生前就拜为车骑将军的人，这个职位，从前往往是辅政大臣执政者的职位。

由于群臣上章批评朝政的人不少，有一天汉桓帝询问侍臣："朕是怎样的一个皇帝呢？"

侍臣回答："陛下是大汉的中材之主而已。"

桓帝又问："这话怎样讲呢？"

回答说："假如陛下任用陈蕃治事，天下则治，任用宦官，天下则乱；所以陛下可以为善，也可以为非，臣因此说陛下是中材之主。"

延熹三年正月，单超死了，但这时候"四侯"愈来愈骄横，天下的人民这样说："左回天，具独坐，徐卧虎，唐雨堕。"这句话的意思就是指左悺有回天的能力；具瑗骄贵无比；徐璜有老虎的威势，无人敢撄之；唐衡急暴，如雨之下堕，无有长处。"四侯"跟他们的兄弟亲戚宰州临郡，欺负百姓，与盗贼无异，虐遍天下，民不堪命，所以百姓多起为盗贼。这个时候，宦官不但已经与朝臣中的名士对抗，而且为虐天下，与天下大多数的人民对抗起来。

延熹四年三月，太尉黄琼被罢免。到了延熹六年十二月，太尉杨秉瞧不顺眼，与司空周景上书说："内外吏职，多非其人，从前的制度，宦官的子弟不能居位秉势；如今宦官的枝叶宾客，布列要津，四方愁毒。臣建议遵用旧章，清理人事。"桓帝采纳了，于是杨秉加以清理，宦官集团或死或免，天下莫不肃然。这是名士朝臣与宦官正式冲突的开始。

同一个月，司马光又记载了另一个要官朱穆攻击宦官的言论："按照汉朝的制度，中常侍此官参用士人，光武帝以后，才完全起用宦官来出任此官。自从汉殇帝以后，宦官才贵盛起来，掌握事权，天朝政事，一更其手，权倾海内，宠贵无极，子弟亲戚，并荷荣任，放滥骄溢，莫能禁御，愚臣的意见，应该罢免宦官，恢复当初的制度，选用海内清淳之士、明达国体者来做此官，这样黎民就会蒙被圣化了。"汉桓帝不纳。

不久朱穆因事见皇帝，又当面申述他的意见："臣听说汉家的旧典，设立侍中、中常侍各一人，主理尚书之事，黄门侍郎一人，专门传发书奏，这些官都是选用士大夫。自从和熹太后（和帝的皇后）以女主称制，不接近公卿，于是才以阉人为常侍，小黄门通命两宫。从此以后，宦官权倾人主，穷困天下，臣的意见是应该罢免宦官，博选耆儒宿德，参与政事。"皇帝大怒，不回答他的话。朱穆看到皇帝不回答，也就拜伏不肯起来。左右传话："出！"朱穆还是不肯起来出去。过了良久，朱穆看到无法说动皇帝，才起来出去。回去以后，不久就气愤而死。

延熹七年春二月，司马光注意到一件社会动态。朝臣领袖之一的黄琼死了，参加葬礼的人，都是四方远近知名之士，总共有六千人之多。在当初黄琼没显贵之前，在家教授学生，好友徐稚经常与他往来，等到黄琼贵显了，徐稚就再也不跟他来往了。徐稚是一个名士，在黄琼出葬的时候，他再度前来吊祭，但他来到，把酒浇在地上，哀哭而去，大家都不知道他是谁，众名士追问主持丧礼的人，主持丧礼的人说："刚刚有一个书生来，穿着粗薄而哭之甚哀，我也不晓得他的姓名。"大家都说："这必定是徐稚了。"于是推选一位能言善道的名士——茅容，轻骑而追之，茅容终于追到了。请他在饭店吃饭喝酒，徐稚也愿意让他招待。茅容于是问以国之事，徐稚不答。又问农田之事，徐稚乃回答了。

茅容回来向诸人报告。有人说："孔子云：'可与言而不与言，失人。'然则徐稚这个人，就是失人吗？"

太原郭泰却说："徐稚这个人清高廉洁，饥不可得食，寒不可得衣，他肯和茅容一块儿吃饭，这是因为他已经知道茅容是贤人。徐稚所以不回答国家大事，是其智可及，其愚不可及也！"

郭泰是最有名的名士，博学而善于谈论。当他最初来到洛阳的时候，大家都不认识他，只有符融一见而嗟异，于是推荐他去见李膺。李膺和郭泰相见后，说："我看到的名士太多了，没有像郭林宗（指郭泰，林宗是他的字）一样的！他的聪明识见高雅密博，今天中国之内，很少有人能比得上他。"于是与郭泰结为朋友，郭泰也因此名震京师。后来郭泰还归故乡，衣冠诸儒送到河上，车辆数千之多，只有李膺与郭泰同舟而济，众宾望之，以为神仙焉。

李膺、郭泰同是顶尖的名士，一在野，一在朝。他们两人假如夸奖某某人，这个被夸奖的人就会成名，力量居然有这么大。司马光记载了几件这一类的事情，目的也在显示当时世风与名士领袖的风范。在司马光的笔下，其中就记载了两件事：

黄允以俊才知名，郭泰认识他以后就说："卿高才绝人，可以成为伟器，年过四十，声名就会显著了。然而到了这个时候，卿应当深自匡持，不然，就会有所丧失！"后来司徒袁隗想为他的女儿找夫婿，看到黄允就感叹说："得婿如此，心愿足矣！"黄允听了，回去就把妻子休了。他的妻子大会宗亲，准备话别，但在会议中，却愤怒地指责黄允私隐的十五件事，黄允从此就声名败坏。这件事显示郭泰非常善于知人。

黄允当初与晋文经并恃其才智，曜名远近，朝中屡次征他做官，都不接受。晋文经却托言在京师养病，不通宾客，公卿士大夫每天遣门生问病，中级以下官吏杂坐其门，也不能够看到他一面，三公（指太尉、司徒、司空）所征用的人，经常来拜访他，他随意褒贬人物，以为与夺。于是符融告诉李膺说："黄允、晋文经这两位先生，行业无闻，以豪杰自居，遂使公卿问病，朝廷臣僚做门后鉴，我恐怕他们持着小道破义，只有空虚的名誉，而与事实不符，希望你仔细观察。"李膺同意他的看法，这两人从此名誉渐渐衰退，宾客也愈来愈少，十几日以后，他们两人惭愧离去，后来也得罪废弃。

司马光记载了若干条这样的事迹，用意在记叙李膺与郭泰的地位，顺带提出了当时士风与这些名士的虚伪行为。

延熹七年十二月，大宦官唐衡、徐璜相继死了。第二年正月，群臣攻击宦官，于是左悺自杀，具瑗等被罢免，五侯死的死，黜的黜，气焰暂时压下来。这一年的七月，陈蕃被拜为太尉。同年冬十月，在陈蕃坚持之下，桓帝册立窦贵人为皇后，皇后的父亲窦武也因此升官，这时宦官非常惧怕陈蕃，陈蕃推荐李膺为司隶校尉。从此宦官连宫省都不敢出，对陈蕃、李膺等朝臣，皆鞠躬屏息。

桓帝觉得奇怪，询问他们原因。宦官都叩头哭泣说："我们害怕李校尉。"当时朝廷日乱，纲纪颓废，而李膺独持风裁，以名誉自高，士子有被他接待的，都认为"登龙门"云。

司马光在延熹九年秋七月条下追记了一件事：

桓帝在没有即位前，曾经受学于甘陵周福，即位以后，遂提升周福为尚书；同郡的房植，也甚有名气于朝中，当时出任河南尹，于是乡人作了一首歌谣，说："天下规矩房伯武（房植），因师获印周仲进（周福）。"两家宾客从此互相争论长短，各树朋党，于是甘陵遂有南北部，党人之议从此开始。

这时在中央，太学生有三万多人，郭泰与贾彪是他们的领袖，与李膺、陈蕃、王畅互相标榜。太学里面有这样的话："天下楷模李元礼（李膺），不畏强御陈仲举（陈蕃），天下俊秀王叔茂（王畅）。"于是中外承风，大家都以评论人物为风气，自公卿以下，莫不害怕他们的贬议，屣履到门。

太学生们的标榜，社会上的清议，使得朝臣中的名士更加积极，他们更强烈地攻击宦官，希望博取更高的名誉。宦官也因此对这些名士朝臣，害怕猜忌，处于对立状态，只是因为陈蕃等人都是名臣，所以暂时不敢加害罢了。一些名位较低的人，就开始被宦官迫害。

延熹九年中，就发生了党锢之祸。司马光记载这件事情是这样的：

张成是一个善于占卜的人，他推断朝廷会大赦，于是让他的儿子杀人，司隶校尉李膺接案后，督促追捕，果然接到天下大赦的诏令。李膺知道张成是预先知道，而事先杀人，于是更加愤怒，竟不顾大赦的命令，依法处死了张成的儿子。

张成与宦官有交情，汉桓帝也曾经请他来占卜过，于是宦官叫张成的弟子们上书。弟子上书控告李膺等养太学游士，交结诸群学生，共为朋党，诽谤朝廷。天子震怒，遂下令逮捕党人。

皇帝的命令，在制度上必须经过三公的处理，太尉陈蕃就因此否决说："今天所通缉的人，都是海内著名的人物，他们都是忧国公忠之臣，虽然赦免他们十世也不为过，岂有罪名不彰而逮捕他们的呢？"于是不肯签署。

皇帝看到陈蕃不肯签署，更加愤怒，遂逮捕李膺等入黄门北寺狱（黄门北寺狱是宦官专政以后所主持的监狱），而且供词波及很多名臣，如杜密、陈翔、陈实、范滂等共二百多人。这些人有些逃脱了，朝廷悬金购募，使者四出相望。

这个时候，就是名士显示他们气节的关头，陈实说："我不到监狱投案，众人就没有了榜样。"于是自请投案。

范滂也来到监狱。狱吏问他："凡是牵连案件的人，都要祭皋陶。"范滂说："皋陶是古代的直臣，知道范滂无罪，将会为我申理于皇帝；如果范滂有罪，祭他有何用处呢？"到案的名士，也因此停止了祭皋陶的行为。这时陈蕃上书极力申辩其事，汉桓帝怕他辩论得太激烈，于是将他罢免了。

由于党人的案件，被祸者都是天下的名贤，于是连著名的渡辽将军皇甫规，也自以为是豪杰，认为不能牵连到党人之狱而感到万分羞耻，乃上书说："我是前任大司农张焕所推荐，所以也是党人之一。又臣从前议论朝政，太学生们也曾上书批评臣，是为党人所附也，臣应该坐罪才是。"朝廷知道他是名将，知而不问。但是司马光记载此事，表示了当时的人求名之切。

第二年，永康元年（167）五月，由于陈蕃被罢免，朝臣震惧，谁也不敢再为党人讲话，贾彪看此形势，决定西行赴难，他来到洛阳游说皇后的父亲窦武等人。窦武也是颇有名气的，声誉也高，他采纳贾彪的建议，于是上疏为党人讲话。汉桓帝至此怒火才稍解，乃派宦官王甫到监狱询问党人范滂等，范滂大气凛然，表示所为上不愧天，下不愧人，王甫为之感容，脱下他们的桎梏。至于李膺等人，言辞中也牵连一些宦官子弟，宦官恐惧，所以才请桓帝以天时应该赦免，在六月下令大赦天下，党人二百余人都回到田园里，名字登记于三府（指三公之府），禁锢终身。

同年十二月，汉桓帝病死，年仅三十六岁。司马光在范滂回乡的时候，记载范滂回到汝南，南阳士大夫迎接他，居然达到车辆数千之多。这就显示司马光有一种见识，表示社会上对党锢之祸，存有余波，风气并不因此而遭受破坏，伏下了第二次党锢之祸的原因。

七、第二次党锢之祸

司马光在延熹九年（166）秋七月条下，开始记载党祸的问题。一直记到第二年——永康元年（167）六月，汉桓帝下令禁锢党人二百余人终身为止，就表示了第一次党锢之祸，前后一共经历了一年的时间。半年之后，汉桓帝驾崩，这乃是汉朝机运颇有转机的时候。

汉桓帝死后，窦后于是和其父城门校尉窦武，议论拥立新的皇帝，他们打听到国中宗室之中，以刘宏最贤，窦武乃报告给太后，定策于禁中，派宦官曹节等人，率兵持节前往迎接刘宏，刘宏当年才十二岁，这就是汉史上的汉灵帝。

建宁元年（168）春正月，窦太后临朝，进拜窦武为大将军，另外又起用被罢免一年多的陈蕃为太傅，与窦武及司徒胡广共同掌握朝政。布置妥当，同月稍后，刘宏才即位为皇帝。

由于当初陈蕃对窦太后册立为皇后出过力，所以太后临朝，重新起用他为太傅，政无大小都委托给他处理。陈蕃与窦武同心勠力，征求天下名士李膺、杜密等人，出仕于朝廷，共同处理国事。于是天下之士，莫不引颈想望太平。但是灵帝的乳母女官，每天在宫中随侍着太后，与宦官曹节、王甫等也结为朋党，谄事太后，这些人都为太后所相信，太后几次发出诏命，封拜他们官爵。陈蕃、窦武对这种情况非常有戒心，曾经共会于朝堂，陈蕃私下告诉窦武说："曹节、王甫等，自从先帝时候就操弄国权，浊乱海内，如今不诛灭他们，以后必难清理。"窦武深深同意陈蕃的意见。陈蕃大喜，以手推席而起，立引同志共定诛除宦官的计策。

建宁元年八月，刚好碰到日食之变，陈蕃遂告诉窦武："从前萧望之困于一个石显，何况今天有十几个石显呢！蕃以八十岁之年，欲为将军除害，今天可以用日食作为理由，斥罢宦官，以塞天变。"窦武乃报告给太后："按照从前的制度，黄门、常侍但在省内杂事，主理宫中的财物而已，如今让他们参与政事，掌握重权，子弟布列要津，专为贪暴。天下汹汹，正以此故，应该完全诛废宦官，以清朝廷。"

太后回答："汉朝开国以来，世代都有宦官，但当诛除其有罪的，岂可全部诛废他们呢？"

当时中常侍管霸颇有才略，专制省内。窦武也不理太后反对，先强硬收捕管霸及中常侍苏康等，都依法要他们坐罪处死。然后又数次要求诛杀曹节等，太后犹豫不忍，所以行动一拖再拖，不能发起。陈蕃直接上疏太后，要求太后下定决心，迅速诛除宦官，太后也不采纳。

这个月太白星侵犯上将星，侵入太微座。善于天文的侍中刘瑜，上书警告太后，指出将相不利，奸人侵犯主上的征兆；又与窦武、陈蕃报告，指出大臣应该迅速断定大计。于是窦武和陈蕃就动手部署，首先逮捕了郑飒，送到北寺狱。陈蕃告诉窦武说："这些人就应马上收杀，为什么还要送到监狱审问！"窦武不听从他的意见，指示有关官员，审判郑飒，辞连曹节、王甫。于是官员奏请收捕曹节等。

窦武本来在宫中辅政，九月七日那天，他离宫回府休息，主管中枢的人，马上告诉朱瑀，朱瑀偷取了窦武的奏章，看到了窦武的言论，大骂说："宦官放纵的人，自然可以诛杀，但我们有何罪，而应该被全部诛灭呢！"因而又大呼道："陈蕃、窦武启奏太后废帝，想为大逆不道的事情！"于是连夜召回强壮而亲信的人，共十七人，歃（shà）血为盟，谋诛窦武等人。

曹节等人拥护皇帝，下令闭禁宫门，派人到北寺狱，找到郑飒，并收捕了主要的审判官，然后还兵持劫太后，夺取了皇帝的玺绶，并即下令收捕窦武等人。窦武不接受诏书，冲进步兵营，准备召集北军五校士兵，宣布宦官造反的事情。陈蕃闻难，带着官属诸生八十多人，拔刀冲入承明门，准备冲进尚书，刚好与王甫相遇，于是王甫命令剑士收捕陈蕃，直送北寺狱。有宦官踢陈蕃说："死老魅！你再能损害我们吗？"即日把陈蕃杀了。

这时候名将张奂，奉命回到京师，曹节等人认为张奂新来，不知道这个事情的来龙去脉，于是假借皇帝命令，命他率领士兵去进攻窦武等人。窦武敌不过张奂部队，被围困追赶，于是自杀。宦官乃收捕窦武的宗亲、宾客、姻戚等，全部诛杀。有关官员也受波连，都被杀害。于是宦官把皇太后迁到南宫软禁。自公卿以下，曾经为陈蕃、窦武所推荐的，或者是他们的门生故吏，都被免官禁锢。这就是第二次党锢之祸，距离第一次党锢之祸，只有一年多。

事后，原来不知真相的张奂，因功晋封为大司农。张奂知道被曹节等人所利用了，推辞不接受。建宁二年四月，在御座上发现一条青蛇。于是皇帝下令自公卿以下，提出建议。张奂上疏建议说，他认为窦武、陈蕃都是忠贞之士，青蛇见于御座之上，就是为此而现，所以应该马上收葬窦武、陈蕃等人，解除禁锢命令，恢复对皇太后的尊礼。皇帝把他的言论询问宦官，宦官反对，张奂等人乃把自己囚禁起来，数日乃得放出，并罚三个月俸以作为赎罪。

当朝廷下令收捕陈蕃、李膺的门生故吏时，很多名士不怕死，纷纷挺身出来，面对质询。自从第一次党锢以后，李膺等人虽然被废锢，但天下士大夫都高尚其道，而批评朝廷污秽，对李膺等更加推崇，也更互相标榜，甚至为之称号：以窦武、陈蕃、刘淑为三君，表示三人是一世所宗；以李膺、荀翌、杜密、王畅、刘祐、魏朗、赵典、朱寓为八俊，表示八人乃是人之英；郭泰、范滂、尹勋、巴肃、宗慈、夏馥、蔡衍、羊陟为八顾，表示八人能够以德行引人；张俭、翟超、岑晊、苑康、刘表、陈翔、孔昱、檀敷为八及，表示他们能引导人家，效法三君的宗风；度尚、张邈、王孝、刘儒、胡毋班、秦周、蕃向及王章为八厨，表示他们能够以财救人。这些人互相标榜，名气日大。陈蕃与窦武再度用事，推荐李膺等人，及至陈蕃与窦武被诛杀，李膺等人再度废锢。

宦官痛恨李膺等人，每下诏书，一定重申党人之禁。这年冬十月，曹节因此暗中指示有关官员，上奏要求治理党人，请把李膺、范滂等人逮捕审理，这时汉灵帝才十四岁，询问曹节："这些人为什么为钩党呢？"

"钩党就是党人。"曹节回答。

汉灵帝又问："党人为什么作恶，而欲诛灭他们呢？"

曹节又回答："他们互相推举群辈，欲为不轨。"

汉灵帝居然又问："他们不轨又为了什么呢？"

曹节再度回答："他们谋求夺取社稷。"

灵帝听了以后，才批准曹节等人的奏请，发出了追捕党人的诏书。

司马光在这里，特别记叙了汉灵帝与曹节的对话，目的在显示，皇帝年幼，不是主持这次大狱的人，而党祸的中心，是由宦官来发动的。当然第二次党祸的缘由，其实是朝臣名士与宦官对立的结果。

司马光注意了不少有关名士对待党祸的态度，他们大多是不怕被杀，挺身面对刑罚。例如他记载李膺的反应：有人告诉李膺，"你可以去了！"李膺回答说："事不辞难，罪不逃刑，臣之节也。我已经六十岁了，死生有命，要我到哪里去？"于是自动去到诏狱，被拷打而死。李膺的门生故吏都被禁锢。

侍御使景毅的儿子景顾是李膺的学生，由于还没有登记，所以没有波及他。景毅慨然叹道："我本来认李膺是贤人，所以命令我的儿子拜他为老师，现在他的学生们都蒙祸，我的儿子岂可以漏脱姓名，苟安而已呢？"于是自己上表给朝廷，自我免官回家。

汝南督邮（高级郡佐，职掌分监郡内诸县）吴导奉命逮捕范滂，他到达目的地，抱着诏书把自己关闭于旅舍，伏身在床哭泣，一县不知所为。范滂闻之，告诉别人说："他一定是为了我而来。"于是自动投案。县长郭揖大惊，竟然把县长的印绶拿出来放好，准备和范滂逃亡，同时告诉范滂说："天下这么大，先生何为在此？"

范滂回答："滂死则祸塞，怎么敢连累你呢。而且这么做又会使得老母流离的呀！"他的母亲知道后，来与范滂诀别，范滂禀告于母亲说："仲博（范滂之弟）孝敬，足以供养您老人家。我甘从龙舒君（范滂之父）归黄泉，存亡各得其所，希望大人（指范滂母亲）割不可忍之恩，不要徒增感戚！"

范滂的母亲说："你今天能够得到与李膺、杜密齐名，死有何恨？既然拥有令名，又想追求寿考，可以兼得吗？"范滂跪下受教，再拜而辞。范母回顾她的儿子说："我欲使你为恶，恶不可为；使你为善，则我不为恶了。"路人听他们的对话，莫不流涕。

名列党人之中的名士，一部分挺身投案，绝不屈服而死。一部分辗转逃亡，亲戚朋友也相继收留他们，冒死掩护他们。凡党人被杀者百余人，他们的妻子都被放逐到边疆。天下豪杰及儒学有行义者，宦官均指为党人；有怨仇者，就会趁机加以陷害，罗织于党人之中。地方官奉承宦官的指示，大事牵连，甚至有些没关系的人也遭波及，于是因此而死、徙、废、禁者又有六七百人之多。但是司马光也留意到有少部分极有名气的人，并没有因此蒙祸，例如郭泰与申屠蟠。

郭泰听到党人之死，私下为之悲恸万分。郭泰虽然喜欢批评人物，但是不作危言耸听的言论，所以能够处浊世而怨祸不及于他。

当初范滂等人攻击朝政时，自公卿以下都折节下之，太学生们更争慕其风，以为文学将兴，处士复用。此时申屠蟠单独叹道："从前战国之世，处士横议，列国君主甚至争着列为他们的弟子，终于产生了焚书坑儒之祸，那种情形就跟现在一样啊！"于是归隐起来，不与人来往。过了两年，范滂等人果然罹难，只有申屠蟠超然免于评论。

司马光写到这里，又提出了一段评论。大意是说："天下有道的话，君子扬于王庭以正小人之罪，而莫敢不服；天下无道的话，君子全部不言以避小人之祸，而犹或不免。"司马光又认为："党人生于昏乱之世，不在其位，四海横流，而想用口舌救之，他们批评人物，激浊扬清，向毒蛇虎狼挑战，以至于身被淫刑，甚至祸及朋友，使士类歼灭而国家随之灭亡，这是一件悲惨的事。"司马光最后推崇郭泰与申屠蟠，认为郭泰能够明哲保身，申屠蟠能够见机而作，皆卓乎不可及。

司马光这段评论，无疑表示了他对党祸的态度，他并不偏袒名士清流，虽然推崇他们的正气，但是对他们的行为导致亡国，却不敢苟同，而且感到悲哀。事实上，司马光这个时代，正是有党争趋向的时代，他发挥这段评论，无疑就是对当时风气加以批评，至于郭泰与申屠蟠的行为，正是司马光所要效法的态度。

就我们以后世的眼光来看，司马光这段评论是有深刻意义的。然而他后来也身陷于党锢之祸，成为新党所迫害的对象，名列"元祐党人"的第一名，这真是可悲的事。如果照司马光的推论，党人是生于昏乱之世，天下无道之时，那么司马光所处的时代，就值得加以怀疑了。

总之，东汉在桓、灵两帝前后三年之间，连续发生两次党锢之祸，朝廷善类为之一空，以后走上宦官掌政的黑暗时代。第一次党锢之祸，主因是名士们互相标榜，他们以针对宦官作为争取名誉的手段，同时也想用实力来抗衡宦官。第二次党锢之祸的原因，则是名士朝臣吸收了前一次的教训，于是与外戚联合对付宦官。在东汉外戚从前也是被名士们攻击的对象之一，这时只是为了共同对付宦官，加上窦武也颇得名士的爱戴，才能够联合起来。这是东汉第一次名士与外戚联合的实例。

名士领袖陈蕃等，鉴于宦官弄权造成第一次党锢之祸，于是急思全面诛灭宦官，这种操之过急的行为是造成第二次党锢之祸的原因之一。名士与外戚都忽略了一个根本的问题，这就是太后临朝，她们日常相处的就是宦官；皇帝亲政，日常相处的也是宦官，宦官经常随侍于最高统治者的周围，容易把持最后的权力。宦官在宫中做事，是东汉开国以来的制度，这时已是根深蒂固，所以窦太后也因此不同意诛灭宦官以清朝廷之举。她甚至认为，诛灭了一些宦官，最后还是要用宦官，宦官岂可以完全消灭呢。这就可见这种制度已经成为根本因素。

表面看来，窦武的犹豫不决，窦太后的否决，陈蕃等名士的行为过分情绪化与公开化，都是造成宦官反击的机会，导致诛灭宦官行动失败的原因。但是根本的原因，还是宦官能够挟持皇帝，假传皇帝命令调动军队，来作为反兵变武力，是其成功的一面。

在我们今天看来，名士们在没有政治大坏的时代，而采取激烈的措施，不顾国家安危，这是令人叹息之事。东汉初期提倡气节，到了这个时候，蔚成标榜风气，这是世变的结果。时代风气既然走向极端，我们来抨击某一两位名士的言论或行为，都是不智之事。然而，我们从此事应该得到一些启发，过分不受约束的清议，与过分偏激的行为，都不是治国平天下的良好态度。司马光对汉朝党锢诸君子感到可惜，而他自己死后也蒙受党锢之祸；党锢之祸也一样使得宋朝不久就灭亡，这更是令我们感到意外而叹息的。

八、大冲突的结局

自从第二次党锢之祸以后，宦官的势力愈来愈盛，封侯的人也很多，有一部分朝臣，为了前途起见，也甘心附和他们。例如灵帝熹平元年（172）秋七月，由于被幽禁的窦太后死了，有人倡言说天下大乱，曹节、王甫幽杀太后，公卿都尸位素餐，没有人敢上忠言，灵帝于是下诏司隶校尉刘猛通缉追捕。刘猛认为讲这些话的人都是直言，不肯马上缉捕。过了一个多月，捉不到放这种言论的人，于是刘猛被改为谏议大夫，另用御史中丞段颎（jiǒng）代之。段颎是西征名将，百战功高。他受任后四处搜捕，逮捕了太学生等一千多人。曹节又指使段颎以他事诬奏刘猛，使刘猛遭贬官的处罚。因此到了第二年五月，段颎就由司隶校尉进拜为太尉，成为三公之首。

到了熹平五年闰五月，永昌太守曹鸾上书说："党人或者是年高德劭，或者是衣冠英贤，都应该做王室的股肱，为国家策立大猷。如今他们久被禁锢，遭到侮辱，犯了谋反大逆的人，尚且蒙恩赦，党人何罪，独不开恕呢！最近灾异屡现，水旱相继，都是由于这个原因啊。希望能够沛然宽恕他们，以副天心。"灵帝读后为之大怒，命令司隶校尉收押曹鸾，送到监狱里拷打而死。于是又诏令地方官府，追究党人门生、故吏、父子、兄弟在位者全部免官禁锢，爰及五属（指斩衰、小功、大功、缌、麻五属）。司马光记载这段史实，用意显然在表示，第二次党锢后三四年，已经有人准备调和党锢之惨烈，以收社会融合之功。

光和元年（178），汉灵帝开创了西邸卖官的制度，准许士子捐钱来买官；两千石级的官，需要用钱两千万；四百石级的官，需要用钱四百万，当然可按情况有所折扣。这些钱都存于西园，作为皇帝私人花用。有些人上书请求当地方官，随着地方的富庶与否，需要花费的钱也不同。有钱的人通常是先给钱然后再做官，贫穷的人通常是做了官以后才慢慢还钱。灵帝又私下命令左右，买卖公卿之官，公级一千万，卿级左右五百万。根据司马光记载，他说汉灵帝当初没有即位前，虽然为侯爵，但时常贫苦，等到即位以后，经常叹息汉桓帝不能为王室积蓄，没有私房钱，所以用卖官聚敛的办法积蓄私房钱。这就显示汉灵帝这种行为，是一种过度补偿的心理反应。

司马光在中平二年（185）三月条下，记载了一件这样的事：这时候三公之官往往因为宦官而入钱于西园即可取得，连段颎、张温等有功勋名誉的，都先后捐钱出来，遂能够登上三公之位。新任司徒崔烈，因保母入钱五百万，所以才得到司徒之官。当他接受册拜那天，皇帝亲临，百官集会，举行受任典礼时，灵帝居然告诉他的亲信说："我真后悔，这个官可以卖到一千万啊！"结果程夫人在旁边马上回答："崔公是冀州的名士，岂肯买官。他因我而得官，大家反而连提都不提我！"崔烈是颇有名气的人，这件事反映了他不惜花钱买官来做的丑行，另一方面也反映了他通过后门来钻营的事实。皇帝等人在大庭广众之中公开这样谈话，于是崔烈的声誉马上衰落下来。皇帝贪财胡为的作风如此，宦官们的情况就更甚了，连像崔烈这类名士也不免屈服于时代风气之下。

有些人对于这种风气瞧不顺眼，他们也只能利用宦官矛盾的力量，来对付这种行为而已。例如司马光在光和二年（179）夏四月条下记载了这样一件事：

宦官王甫、曹节等，奸虐弄权，煽动内外，太尉段颎等人阿附之，王甫与曹节的父兄子弟，做到卿、校、牧、守与县令、县长的人布满天下，所在贪暴。王甫的养子王吉为沛相，尤其残酷，凡杀人都必定磔尸于车上，然后随其罪名，宣示于所属的各县；夏天尸体容易腐烂，就用绳子把骨头连起来，周游一郡而止，看到的人都吓得要死。王吉视事五年，杀了一万多人，尚书令阳球，常常拍着腿发愤说："假如阳球能做司隶校尉，这些家伙哪里可以这样胡作非为！"过了不久，阳球果然升迁为司隶校尉。

阳球是中常侍程璜的女婿，所以升迁颇顺利，也甚为大胆，有酷吏的行为。他当了司隶校尉以后，就在这个月把王甫与段颎等收捕，送到洛阳狱，对他们加以拷打，五毒备至。最后王甫家族与段颎等人都因而被杀或自杀。

阳球诛杀了王甫以后，再想追捕曹节等人。骄横的宦官们闻之，莫不屏气，连宫门也不敢出。曹节看到王甫的尸体在道次，慨然垂泪说："我曹可自相食，为何使狗来舐他的汁呢！"于是与其他常侍，共同向皇帝投诉，灵帝遂把阳球改为卫尉之官。阳球表示说："臣无清高之行，横蒙鹰犬之任，前几天虽然诛杀了王甫、段颎，但是狐狸小丑，未足以宣示天下。希望陛下给臣一个月的时间，必令豺狼鸱枭各服其罪。"至叩头流血。但皇帝的人呵斥他："卫尉想拒绝圣旨吗！"阳球不得已，至于叩头再三，最后接受新的任命。于是曹节等人权势复盛。

同年秋七月，司徒刘郃等名士，又与阳球结谋，准备再用阳球为司隶校尉，以次收捕曹节等人，使天下太平。结果秘密泄漏，曹节等人乃重重贿赂程璜，而且要挟他。程璜害怕，于是把阳球的计谋完全告诉给曹节，曹节乃报告给灵帝，在冬十月，就把这一干人逮捕下狱，处以死刑。司马光记载这些事情，是表示汉朝政治到了这时候已经复杂而不单纯。各种势力互相激荡、互相矛盾，大有一发不可收拾之势。

光和四年冬十月，曹节死了，宦官赵忠遂成为新的宦官领袖。由于宦官在中央乱政，他们的朋友亲戚则在地方作恶。于是到了光和六年三月，就爆发了黄巾起义。

根据司马光记载，张角等人事奉黄、老，以道术来传播宗教，号称"太平道"。经过十多年的努力，信徒达到数十万。地方官最初不了解太平道的意图，反而推崇张角以善道教化，为民所归。部分有见识的大臣，虽提出警告，但灵帝等殊不为意。

张角一共有三十六方，大方万余人，小方六七千人，其中一个大方名叫马元义，首先联络了荆、扬数万人，约好时间准备起义。马元义多次到京师，与宦官封谞、徐奉等约为内应，约定以三月五日起事。第二年春（中平元年，184），这个秘密被人告发，遂使黄巾提前起事。也就是说，黄巾起义与宦官也有关系。

同年三月，灵帝召开群臣会议。北地太守皇甫嵩认为应该解除党禁，皇帝捐出私房钱等，颁赐给军士。灵帝于是问计于宦官吕强，吕强回答："党锢已经积了很久，人情怨愤，如果不加以恩赦，他们会与张角联合，那时为变就大了，后悔也晚了。如今请陛下先杀掉左右贪浊者，大赦党人，挑选好的地方官，盗贼也就无不平了。"灵帝害怕，于是采纳他的意见。在该月壬子那一天，大赦天下党人，结束了党锢禁令。

这时候宦官赵忠、张让等封侯贵宠，灵帝曾经说："张常侍是我公，赵常侍是我母。"所以宦官无所忌惮，而灵帝也不想灭他们；及至封谞、徐奉案件爆发，灵帝责备宦官们："你们常说党人为不轨，全部必须加以禁锢，甚至有些人被杀。如今党人更为国用，你们反而与张角暗通，是否可杀？"宦官们都磕头说："这是王甫、侯览所为，不关我们的事！"于是诸常侍人人求退，各自征还宗亲、子弟任地方官的人。他们同时也怀恨吕强，于是诬告他想谋大逆，把他杀了。

侍中向栩上了一份奏章，讽刺皇帝左右。张让等就诬告向栩与张角同心，欲为内应，把他收进监狱杀了。

郎中张钧上书说："窃惟张角所以能够兴兵作乱，万民所以甘心服从他们，都是由于十常侍多放父兄、子弟、姻亲、宾客典据州郡，垄断财利，侵掠百姓，百姓之冤无所告诉，所以才谋议不轨，聚为盗匪。现在应该斩十常侍，把他们的头悬挂于南郊，以谢百姓，并遣使者布告天下，这就可以不用军队，而大寇自平。"

灵帝把张钧的奏章交给常侍们看，宦官都除去帽子，顿首请罪，请求自动到洛阳狱投案，并且献出家财，以助军费。结果灵帝下诏，命令他们复职视事，反而怒责张钧说："你真是狂妄，十个常侍中难道没有一个是善人吗？"于是御史官奉旨诬奏张钧勾结黄巾，把他收入监狱杀死。

虽然如此，群臣都知道政治腐败，社会动乱，皆因为宦官集团所造成。这时党锢既然解禁，名士复出，一番更激烈的冲突必会马上展开。由于朝臣批评宦官愈演愈烈，所以宦官迫害朝臣名士也愈强。又由于政府军屡胜黄巾，然而统兵作战者，往往又被宦官排斥，而灵帝反而加封宦官，晋封他们的官职，于是更引起群臣的不满。

中平五年（188）三月，太常（九卿之一）刘焉是一个宗室，看到王室多故，于是建议说："四方兵乱，都是由于刺史权威太轻，既不能禁，而且所用非人，以至于离叛，应该改革制度，创制牧伯，挑选清明重臣以居其任。"刘焉的意思，其实是想自求交阯牧。侍中董扶私下告诉刘焉说："京师将乱，益州分野有天子气。"所以刘焉改变主意，要求到益州。朝廷采纳他的意见，于是选举中央官出为牧伯，加重他们的权责，这就是后来州牧割据的原因。

司马光记载这件事，用意是表示宗室身份的刘焉，居然也想跑到交阯避难，显见当时政局已不可为；寻而他又想到益州，承受天子之气，也就表明当时有些臣子已经存有异心。这是三国分裂的时代意识。事实上，这时候民间兴起的叛乱，已经有人自称天子，不把汉朝放在眼里了。

在同年五月，司马光又记载了一件阴谋：

故太傅陈蕃的儿子陈逸与名士襄楷、冀州刺史王芬等会议，认为天文不利于宦官，诛灭宦官的时候到了，于是想在皇帝北巡的时候，举兵劫杀宦官，并且废除皇帝。他们也把这个计划告诉给曹操，结果曹操拒绝参与。这件事情后来虽然没有成功，但是名士们想举兵消灭宦官，几乎是一种时代的趋势。

同年八月，汉灵帝创制西园八校尉，以小黄门蹇硕为上军校尉，袁绍、曹操等分别担任各军校尉，然而隶属于蹇硕指挥，即使是大将军何进，也需要接受他的指挥。新建的军队指挥权落于宦官手中，但是手下各军的指挥官，多同情名士，尤其袁绍也是名士之一，他们也准备诛灭宦官。

中平六年夏四月，蹇硕顾忌大将军何进，准备把他西调出征，何进知道他们的阴谋，故意与袁绍栖留不行。这个月灵帝驾崩，蹇硕想诛灭何进，而拥立皇子刘协。幸得蹇硕的参谋长潘隐暗示通风，何进才跑回军营，没有蒙难。及至皇子刘辩即位，他是何皇太后（何进的妹妹）所生，于是何太后临朝，命令袁隗与大将军何进共同执政。

何进既秉朝政，愤恨蹇硕阴害己，于是准备诛杀蹇硕。袁绍也因而提议，并负责布置，结果在同月把蹇硕收捕诛杀，把军队指挥权收到手中。

此年秋七月，袁绍又建议何进说："从前窦武想诛灭宦官，反而被他们所害的原因，是因为泄露了秘密；五营军队也素来害怕宦官，而窦氏反运用他们来消灭宦官，所以自取祸灭。如今将军兄弟，并领劲兵，部曲将吏都是英俊名士，若为效力，事在掌握，这真是天赞之时啊。将军应该为天下除害，以垂名于后世，不可轻易丧失此时机！"

于是何进报告太后，请尽罢中常侍以下宦官，用读书人来替补他们的空缺。太后不听，说："宦官统领禁省，自古至今，汉朝的制度不可废除啊！而且先帝刚遗弃天下，我怎么可以衣冠楚楚与士大夫共事呢！"何进没办法违背太后的意旨，于是就只想诛灭宦官的放纵者而已。但袁绍以为宦官亲近至尊，出纳号令，如果不完全废黜，以后必然为患。不过太后之母舞阳君及何进之弟何苗，几次接受宦官的贿赂，知道何进想诛灭宦官，于是屡次在太后面前阻止其事，甚至说："大将军专杀左右，擅权以弱社稷。"何太后也颇加怀疑，引以为然。何家本来是屠户，何进以新贵，素来畏惧宦官，虽外慕大名，而内不能断，所以事情久不能决。

袁绍又策划，建议征召四方猛将及豪杰，命令他们引兵来京城，以威胁太后。何进采用了。典军校尉曹操听而笑之说："宦者之官，古今宜有，但世主不当假以权力，使得他们如此骄横，若要治他们的罪，当诛元恶，只要一个狱吏就够了，何必纷纷征召在外兵团呢！如果要尽诛宦官，事情必定会泄漏，我看大事一定会败坏。”

何进征召在外兵团，其中最重要的是董卓。虽然有识之士，以董卓为人残暴，加以制止，但何进不听。这种大事征兵，必会引起宦官的警惕。袁绍又害怕何进中途变计，因而要挟说：“交构已成，形势已露，将军为什么还不早点决定，事久生变啊！将军必会复为窦氏了！”于是何进加紧部署。

太后恐怕事变，乃悉罢宦官还故里，诸宦官都来觐见何进，请罪并要求指示生路。何进说：“天下汹汹，在患诸君罢了。如今董卓快要来到，诸君何不早点各回自己的故里！”但袁绍忠告何进，要求他就此解决掉宦官，至于再三。何进不许。袁绍于是伪造何进手书，通告各地方政府，命令地方政府，逮捕宦官亲属。

由于计谋已久，颇有泄漏，宦官们惧而思变。大宦官张让的媳妇是何太后的妹妹，张让向媳妇叩头说：“老臣得罪，当与媳妇俱归私门。惟受恩累世，今当远离宫殿，情怀恋恋，愿意再进入宫中当值一天，能暂奉望皇太后陛下的颜色，然后退而就死，死无恨矣！”这妇人于是报告给她的母亲舞阳君，舞阳君入宫报告太后，下诏宦官重新回宫当值。

八月戊辰这一天，何进进入长乐宫，请求太后批准尽诛宦官。宦官张让、段珪相谓说：“大将军一直称病，不参加先帝的丧礼，也不送葬，如今突然入宫，此意何为？窦氏的事情难道竟然要重演吗？”于是派遣人去偷听太后兄妹的对话。知悉一切后，乃率领宦官数十人，带着兵器，埋伏起来，当何进出去时，宦官乃假借太后诏命，召何进回到省阁。张让等诘问何进："天下愦愦(kuì)，也不单独是我们的罪啊。先帝曾经与太后有过不愉快之事，几至成败，我们涕泣解救，各自献出家财千万为礼，使得圣上和悦。我们的目的是想托卿的门户罢了。如今卿想消灭我们家族，这不是太过分了吗？"有宦官拔剑斩何进于嘉德殿前，宣布何进谋反伏诛。

何进部将们听到消息，于是举兵进攻禁省，袁绍等人勒兵关闭宫门，捕杀宦官，不论老少，见者皆死，大约杀了两千多人，有些是因为没有胡须而被误杀的。由于张让等部分宦官挟持皇帝，所以袁绍等促使董卓进兵洛阳，大举围攻宦官。

事后董卓与袁绍等人会面，说："天下之主，宜得贤明，每念灵帝，令人愤毒，董侯（指刘协）似可以当皇帝，如今想拥立他，不知诸位意下如何？"

袁绍说："汉家君天下四百多年，恩泽深厚，兆民拥戴。如今圣上富于春秋，未有不善宣于天下。公想废嫡立庶，恐怕大家都不会服从！"

董卓按剑叱骂袁绍："竖子竟然如此大胆，天下之事岂不在我，我欲为之，谁敢不从！你认为我董卓的刀是不利的吗！"袁绍也勃然大怒道："天下健者岂只有你董公一个人而已！"于是引佩剑横揖，径自离去，董卓也对他不敢加害。

九月癸酉这一天，董卓大会百姓，奋首而言："皇帝暗弱，不可以为天下主，我如今要依照伊尹、霍光故事，改立陈留王（指刘协），你们有什么意见？"公卿以下都恐慌不敢回答。第二天，董卓就废掉皇帝为弘农王，改立陈留王刘协，这就是汉献帝。同时董卓又软禁太后于永安宫，两天后就把太后毒死了。

董卓至此已掌握大权，为了取得支持，他为陈蕃、窦武及党人们翻案，恢复他们原先的爵位，遣使吊祭他们，并擢用他们的子孙。

但是袁绍等人逃亡回乡，征召义兵讨伐董卓，于是展开了长期的内战，直到国家三分鼎立而止。汉献帝首先落到董卓控制之中，后来又落到曹操掌握之下，汉朝政权早已名存实亡，不待曹丕之篡汉了。

宦官、外戚、名士、黄巾道及叛乱集团的大冲突、大混乱，结果虽然是名士与外戚联合诛灭了宦官，但是汉室也因之灭亡，即使汉朝军队能够镇压民变，也不能够挽救国家衰亡之运，军队只落到野心家的手中，造成大混乱的时代。

司马光对最后的大冲突没有评论，事实上他对这种政争也不想评论，他只用叙述事实的方式，依照发生时间的先后，条贯陈述，读者们仔细读完，必然会了解汉朝衰亡的原因了。

第四章　魏　纪

一、曹丕篡汉与司马光的正统论

古时候本来没有所谓正统之争。司马光在《资治通鉴》始皇帝二十六年统一中国的时候，就开始记载正统的问题。他说，当初齐威王与齐宣王的时候，邹衍提倡终始五德之运。到了秦始皇兼并天下，齐人奏之。于是秦始皇采用其说，以为周朝得到火德，秦朝取代周朝，是周朝所不能胜的，所以应该是属于水德。始皇为了配合秦朝的水德，于是以十月一日为元旦，衣服、旌旗等都用黑色，因为水德是用黑色来代表的。

由此可知，五德论乃是东方齐国的流行学说，因为齐人提倡才流行起来。元朝学者胡三省为《资治通鉴》作批注，他说，所谓终始五德之运者，是以伏羲氏代表木德，木生火，所以神农氏以火而得天下；火生土，所以黄帝又以土德取代神农；土生金，所以以少昊金德君临天下；金生水，所以颛顼以水德称王；水生木，所以帝喾又以木德称王；于是木又生火，帝尧因此以火德为天下主；火又生土，舜代尧为共主，因此以土德王；土又生金，所以夏朝以金德称王；金又生水，所以商朝以水德为主；水又生木，周朝以木德为王。这就是五德之终而复始的学说。但是邹衍认为周朝是属于火德，他们的服饰也以红色为尚；照此类推，秦朝应该是属于土德，因为火生土的缘故。胡三省点明如今秦始皇以水胜火，自以水为行，这就是所谓五行相克的说法；而与从前五行相生的说法颇为差异。汉初以土为行，也是祖述邹衍之说。

换句话说，周朝的正统是属火，秦始皇不采用五行相生的学说，而认为秦所以胜周，是因为水灭火的关系。汉朝以土德为王，这仍然是采用五行相生的说法。所以司马光在《资治通鉴》秦二世皇帝元年九月条下，就记载了一件事情：

刘邦有一天喝醉了酒，晚上在泥泽之中行走，有大蛇挡住去路，刘邦拔剑斩蛇。不久，有一位老婆婆哭着说："我的儿子是白帝子，化为蛇挡住道路，如今已被赤帝子杀死了！"忽然，老婆婆就不见了。附近的子弟听到这种传说，于是多归附于刘邦，所以后来刘邦能够成就帝业，就是应验了"赤帝子"的传说。

根据五行相生之说，周朝属火，秦朝就应该属土，因为火生土。但是秦朝既然自称为水德，汉朝反而得了土德，于是秦朝就不能列入五行相生的系统之中，便成了闰统，而汉朝反而得了正统。不过，汉朝后来有些学者，讨论汉朝到底属于火德还是土德，因为刘邦有赤帝子的传说，赤是火色，所以汉朝人后来也承认属于火德。据此，火一定生土，所以王莽篡汉，遂自称属土德。

司马光在王莽始初元年（8）十一月戊辰这一天记载，王莽坐在未央宫前殿下书，大意说，我因为是初祖黄帝之后、始祖虞帝之后，所以皇天上帝隆显大佑，成命统序，属予以天下兆民。赤帝汉室高皇帝之灵，承天运，传金策之书，我只畏天命，敢不接受，于是改国号为新，而即皇帝位。

由此可见，王莽认为是赤帝高皇帝传位给他，是火生土，加上皇帝与虞帝（舜）都属于土德王，因此王莽更顺理成章属于土德了。于是他下令改换正朔，命令服色及旗帜都用黄色，表示土德的象征。

光武帝恢复汉朝政权，当然不承认王莽为正统。所以汉朝仍然属于火德。汉献帝延康元年（220）冬十月乙卯，曹丕受禅于献帝。六十天以后，曹丕正式即皇位帝。为了表示魏朝有统，魏统有所承，于是曹丕想改换正朔，变易服色。当时臣子认为天下还未统一，不妨等到统一以后才换正朔。曹丕才打消了改换正朔的主意。不过他将年号改称为"黄初"，表示曹魏是继承汉朝，以土德王天下的。也就是表示魏是正统，是属于火德的炎汉所衍生出来的。九年以后的夏四月（魏明帝太和三年，229），吴王孙权即皇帝位，年号也以黄色做代表，号称"黄龙"。不论曹魏也好，孙吴也好，都想表示自己属于土德，争取继承汉朝的正统地位。当然，建国于蜀的刘备，更是自称得到正统的地位。

秦朝统一天下以前，虽然七国分立，但是还有一个周朝中央政府名义上的存在，不发生正统的问题。秦统一、汉取秦、王莽

167

篡汉、刘秀复国，大体上都不是分裂的局面，中央仍然只有一个政府，那时，只有正闰之别，而没有分裂国家互争正统的问题产生。换句话说，汉否定秦朝而自承周朝，后汉否定新朝而自承西汉，这都是比较简单的问题。至于同时并争正统，则是一个复杂的问题。于是史家们就各有各的见解了。

陈寿撰写《三国志》，因为他是司马氏的臣子，所以他不得不以魏为正统。后来有些史家如习凿齿，就表示刘备应该是汉朝的后裔，理应取得正统的地位。于是正统之辨大起。

曹丕在延康元年冬十月即位，国号称魏。第二年（魏文帝黄初二年）夏四月丙午，刘备在四川听到汉帝已遇害，于是发丧举哀，即皇帝位，国号仍然为汉，改元"章武"。司马光写到这里，引出了一段评论。

这段"臣光曰"很长，大意是说：

上天生民，其势不能自治，他们必须互相推戴君主来统治。如果能够禁暴除害以保全其生，赏善罚恶，便不至于乱，这就可以称为君子。所以三代以前，海内诸侯何啻万国，有人民、社稷者，通谓之君。合万国而统治，立法度，颁号令，而天下不敢违抗的，就称之为王。五德既衰，强大的国家能率领诸侯尊天子，则称之为霸。所以自古天下无道，诸侯力争，或者旷世无王者，例子是很多的。秦朝焚书坑儒，汉朝兴起以后，学者才推论五德相生与相克的学说，以秦朝为闰位，在木、火之间，是霸而不是王，于是正闰之论就兴起了。

及至汉朝颠覆，三国鼎立，晋氏失败，五胡乱华，宋、魏以降，南、北分治，这些国家各有国史，互相排斥对方与贬低对方的地位。南朝的人称北方为"索虏"（北方人因为辫发，南朝人鄙称之为索头，又称之为索虏），北朝称呼南方为"岛夷"（南方水乡泽国，北朝人鄙称之为岛夷，意即岛居之夷）。朱全忠取代唐朝，四方分裂，当他定都于汴京，有人将他比作有穷氏后羿之篡夏、王莽之篡汉，朱氏的运历年纪，都弃而不数，这都是私己的偏辞，非大公的通论了。

臣愚蠢，不足以认识前代的正闰问题，窃以为假如不能使九州岛统一的人，都空有天子之名而无其实。无论这些国家仁暴、强弱，与时不同，但都与古代的列国没有差异，岂得独尊一国谓之正统，而其余都变成僭位呢？如果以自上者相授受为正统，则陈氏何所受呢？拓跋氏何所受呢？如果以建国于中国的为正邪，则刘、石、慕容、苻、姚、赫连所得的土地，都是五帝、三王的领土呀。如果以有道德者为正统，则蕞（zuì）尔之国，必有令主，三代之末，宫无僻王！所以正闰之论，自古及今，未有能通其义，确然使人不可移夺者。臣如今所述，只是想记叙国家的兴衰，著生民之休戚，使读者自己决定其善恶得失，以作为劝诫，不是像《春秋》那样，立褒贬之统，拨乱世而反诸正啊。

正闰之际，不是臣所敢知，但根据他们功业的事实而言之罢了。周、秦、汉、晋、隋、唐，都曾经统一九州传祚于后代，他们的子孙虽然微弱播迁，仍然还承受祖先的基业，有绍复之望，四方与他们争衡的，都是他们的旧臣，所以全用天子之制以临之。其他地丑德齐的，不能统一，名号各异，本非君臣者，都以列国之制来处理，彼此均敌，无所抑扬，庶几不诬事实，近于至公。

但是天下分裂之际，不可以没有年号岁月作为记事的先后，根据汉朝传于魏，而晋朝承受之，晋朝传于宋，以至于陈，而被隋朝取代，唐朝承接隋朝而传于梁，以至于周而被大宋所承接，所以不得不取魏、宋、齐、梁、陈、后梁、后唐、后晋、后汉、后周年号，以记载诸国之事。以这种方式来安排，目的不是为了尊此而卑彼，有正闰之辨。

刘备之于汉，虽然他自称是中山靖王之后，可是家族疏远，不能记载他的世数名位，就好像宋高祖（刘裕）自称为楚元王之后，南唐烈祖自称为吴王恪（kè）之后一样，这都是非难辨，所以不敢以光武帝和晋元帝作为例子，使得他绍续汉室的遗统啊。

司马光这段评论提出，霸者并不能列为王者，不能取得正统，是正闰之论所由起的原因。但是依照司马光的看法，列国分立的情况，不论是华夷种族的不同，政治良暴的不同，国家大小的不同；也不论他承受何者，建国在哪里，有没有道德，是否蕞尔小国，都不便推崇其中一国为正统，而将其余贬为僭位。他认为正确的观念是把这些国家视为列国分立，各自发展，各有统绪。只是因为国家太多，记载事实时没有统一的时间，就会造成史实的混乱，于是才采用以曹魏继承汉朝，以刘宋继承晋朝，齐、梁、陈……一直到五代的后梁、后唐、后晋、后汉、后周，以至于大宋，作为时间记载的标准。他解释这种安排法是没有尊此薄彼的意思存在的。

照司马光这样的解释，列国分立的时候，各国都应该书写年号，称国主为皇帝才对，但是司马光取一国的年号作为纪时，称呼他国的皇帝为国主，显然是有意无意地贬低了其他国家的地位，这确实是司马光的疏忽之处，难怪后代一些史学家据此而批评司马光。但是，司马光解释正闰的说法，倒是值得采取的。

二、从几段重要谈话看三国发展的趋势

（一）曹、董会谈与挟天子都许

自从董卓被王允、吕布所杀，关中诸将相继为乱，到了建安元年（196）春正月，众人遂欲迎天子还洛阳。这年秋七月，汉献帝的车驾总算回到洛阳了，此时汉献帝仍然落在军阀的控制之中，更重要的是洛阳宫室已经销毁殆尽，臣工被荆棘，依墙壁间，而州郡各携强兵，没有把补给品输送过来。群臣饥乏，尚书郎以下都得出去采粮食，甚至有人饿死，也有人被兵士所杀。

曹操在许，想迎天子过来。部属以为关东还没有平定，护送献帝回来的韩暹、杨奉等，负功骄恣，未可控制。

但是曹操的谋主荀彧（yù）说："从前晋文公迎纳周襄王而诸

侯景从，汉高祖为义帝服丧而天下归心，自天子蒙难，将军首揭义兵，但因山东扰乱，所以未能远迎。现在皇帝辇驾回来，东京已经成为荆棘之地，如果这时候奉主上以从人望，是大顺之道；秉至公以服天下，是大略的行为；扶弘义以致英俊，是大德的措施。四方虽有逆节，他们有何能为呢？韩暹、杨奉安足理会呢？将军如果不马上决定，使豪杰生心，以后虽然考虑到，但是后悔莫及了。"于是曹操决定西迎天子。汉帝也任命曹操领司隶校尉、录尚书事。

曹操已来到洛阳，某天引董昭并坐，问道："如今孤来这里，应该采取何种办法？"

董昭说："将军兴义兵以诛暴乱，入朝天子，转翼王室，这是五霸之功。但是下面诸将，意见纷纷，未必服从。如果留在此地（洛阳）匡弼王室，事势不便，惟有把皇帝迁到许昌，比较方便。但是朝廷播越，新还旧京，远近跂望，希望能够安定，现在再度迁徙圣驾，是不会令众心满意的。但是行非常之事，乃有非常之功，希望将军采行利多而害少的策略。"

曹操说："这正是我的本志，只是杨奉就在近邻，听说他兵精，恐怕会成为我的负累吧！"

董昭回答："杨奉缺乏支持者，只要安抚他，说首都无粮，想把圣驾迁到鲁阳，鲁阳靠近许，转运比较容易，可无粮乏之忧。杨奉为人勇而寡虑，必不会怀疑，所以他不会拖累将军的。"

曹操说："对极了！"于是派遣特使去见杨奉，遂把献帝迁至许都。献帝到达曹操大营，也就拜曹操为大将军，封武平侯，决定在许都建立宗庙社稷。

同年冬十月，汉献帝下诏拜袁绍为太尉，袁绍以班位在曹操之下而感到羞耻，大怒说："曹操该死了，我从前常常救他，如今竟敢挟持天子来命令我！"于是推辞不接受，曹操恐惧，把大将军的官职让给袁绍。汉献帝另以曹操为司空、行车骑将军事。

司马光在这里记载袁绍的话，就是表示挟持天子以令诸侯这件事是曹操迎接皇帝的主因，像袁绍这种蠢人，才会明知而不做。董昭鼓励曹操，"行非常之事，乃有非常之功"，而曹操也回答以"这正是我的本志"。可见曹操早已策订了日后的发展，也可以说决定了汉朝被曹魏所篡的大势。

（二）刘、诸葛隆中三分天下

从建安五年（200）以来，曹操一直与袁绍抗争。当曹操北伐的时候，刘备这时投奔刘表，劝刘表袭击许都。刘表不能采用。及至听到曹操回师，刘表告诉刘备说："不用君言，所以失去了大好机会！"

刘备说："如今天下分裂，经常战争，机会之来，岂会终极呢？以后如果好好掌握机会，现在不必悔恨。"

这时，诸葛亮居住于襄阳隆中，经常自比为管仲、乐毅，时下没有多少人知道他，只有徐庶、崔州平相信他的话，刘备在荆州访求志士协助。某次刘备访问司马徽，司马徽说："儒生俗士，哪里了解时势。了解时势的人是俊杰。这里自有伏龙、凤雏两人。"刘备请问两人姓名,司马徽回答:"诸葛孔明与庞士元是也。"

刘备又与徐庶交好,徐庶告诉他:"诸葛孔明可称是卧龙,将军愿意见见他吗?"

"请你与他一起来!"刘备说。

"这人可以前去拜访,不可以召他来见,将军应该去拜访他才对。"徐庶回答。

司马光记载刘备三顾茅庐,文笔简洁。他只简单记载说,刘备去了三次方见到诸葛亮,因而屏退他人,私下询问说:"汉室衰微,孤不度德量力,想昭大义于天下,而智谋浅短,所以一再失败,至于今天。但是壮志未已,君认为我该怎么办?"

诸葛亮回答说:"如今曹操已经拥兵百万,挟天子以令诸侯,这真是无法与他争锋呀。另一方面孙权拥有江东,已经三代,国势险要而人民信附,贤能都喜欢为他服务,可以作为我们的援助而不能图谋消灭他。荆州北据汉水、沔(miǎn)水,可以享有南海之利,东连东南方的都会,西通巴蜀。这是用武之国,而他的主人(刘表)不能据守,这真是上天赐给将军的好地方。至于益州险塞,沃野千里,是天府之土。但是据守此地的刘璋暗弱,强虏在他的北方,人民众多、国家富裕却不知道抚育百姓,有智能的人都想得到有道明君。您既然是汉室后裔,信义之名四海皆知,如果据有荆州、益州之地,利用地形险阻,并且安抚蛮夷,再与孙权结好,对内修明政治,对外观察时局变化,则可以成就霸业,复兴汉室了。"

刘备大喜："好极了！"于是与诸葛亮友好亲密。这段话就是著名的《隆中对》，是诸葛亮预测天下将会出现的新情势，刘备将要采取的发展措施，以后政局的变化果然不出他所料。

（三）遥想公瑾当年与东吴西进的政策

建安十三年（208）春正月条下，司马光记载甘宁投奔孙权，向孙权献计说："如今汉朝的气数日益衰微，曹操终会篡夺汉室政权，荆州南部地方山川形势险要，夏口是国家的西部重地。我看刘表这个人，智虑不远，儿子又劣，不是能承业传基的人。您应该早日图谋，不可以落后于曹操。图谋的办法，应该先消灭黄祖（据有夏口）。黄祖已经衰老，财政贫乏，政治不修，军备不整。您如今前往攻击，一定可以攻破他。破黄祖，再向西进军，据有楚关，势力扩大，就可以计划攻取巴、蜀了。"

孙权非常同意他的看法。张昭当时在座，为难地说："现在东吴地方兢兢业业，如果大军向西进攻，恐怕引起内乱。"

甘宁对张昭说："国家以萧何的任务托付给您，您负责留守而担心内乱，怎么可以效法先贤呢！"

孙权听了之后，举起酒杯向甘宁说："今年大军西向讨伐，就像这杯酒一样，决定拜托你了。你应当计划方略，一定要攻破黄祖，这是你的功劳，何必为张昭的话介意呢？"

于是孙权西征，果然消灭了黄祖。

同年秋七月，曹操认为北方已经稳定，决定向南攻打荆州的刘表。刘表刚好去世，其子刘琮迎降于曹操，荆州大势几乎已去。刘备率领本部南撤。

这年冬十月，鲁肃听说刘表死了，告诉孙权："荆州与我国相接，江山险固，沃野万里，人口众多，如果我们能够占据，就是称帝的资本了。如今刘表刚死，二子不和，军中将领意见分歧。刘备是天下的枭雄，与曹操有仇，投靠刘表，刘表忌讳他的才干而不重视他。如果刘表与刘备同心协力，我们就应该安抚他们，与他们结盟；如果二人不和，我们就应该另作图谋，以成就大事。我要求您命我去吊问刘表二子，并慰劳他们军中的当权者，甚至说服刘备使他安抚民众，同心一意，共同对付曹操，刘备必定欣然从命。如果能够成功，天下就可以安定了。如今不快点去，恐怕落在曹操之后。"

根据甘宁与鲁肃的话，知道孙权西进的政策，如今已经决定了。只是因为刘表、刘备的情况不明，才派鲁肃前往试探。

这个月鲁肃来到当阳长坂（在今湖北省当阳市东北），宣达孙权的意旨，致殷勤友好之意。于是刘备派遣诸葛亮与鲁肃到江东，见孙权于柴桑。

诸葛亮对孙权说："海内大乱，将军您起兵江东，刘备于汉水南部收服民众，与曹操共争天下。如今曹操诛除大敌，差不多已经完成了，于是攻破荆州，威震四海。英雄无用武之地，所以刘备逃亡到这里，希望将军能尽力安置他。如果能以吴越之地与中原抗衡，则不如快点与曹操绝交；如果不能，何不按兵陈甲，北面而臣事之。现在将军外面表示服从，内心却犹豫不决，事情紧急而不决断，大祸就要临头了！"

孙权问："如你所说，刘备为什么不臣事他呢？"

诸葛亮回答："田横，是齐国的壮士，还能够宁死不接受侮辱；何况刘备是汉室贵胄，英才盖世，众士仰慕，好像水之归海。如果事情不成功，这是天意，怎能向曹操称臣呢？"

孙权勃然大怒："我不能以全吴之地，十万之众，受制于人。我已经决定了！要抵抗曹操非刘备不可，但是刘备刚刚失败，怎么抵抗这个大难呢？"

诸葛亮说："刘备的军队虽然败于长坂，如今归队的战士及关羽率领的水军共有万人，刘琦在江夏也有战士万人。曹操的士兵远道而来已经疲倦，听说他们追赶刘备，快马一天一夜走了三百多里，这正是所谓'强弩之末势不能穿鲁缟'啊！所以兵法最忌讳这样，说'必蹶（jué）上将军'。而且北方的人，不习水战，又荆州之民是因为逼于兵势而臣服于曹操，并不是诚心悦服的。现在将军如果能够命一位猛将统兵数万，与刘备同心协力，一定可以攻破曹军。曹军破后，必定北还，如此则荆、吴之势强，三雄并立的形势便形成了。成败的关键，就在今天了！"

孙权大悦，与他的臣下商量其事。这时曹操写了一封信给孙权，大意说："近来奉天子之命，讨伐天下的叛逆，领军向南，刘琮束手就擒。现在又整顿水军八十万之众，预备与您较量于东吴。"孙权将来信出示群臣，群臣莫不大惊失色。

长史张昭等说："曹操，像豺豹一样，挟制天子的名义征伐四方，动辄说代表朝廷，今天拒绝臣服于他，事情更难处理。而且将军您只能以长江形势来对抗他，如今曹操得到荆州，整顿刘表的水军，战船便数以千计，曹操如果全部利用，再加上步兵，水陆并进，也就与我们一样控有长江之险了。敌我之间兵力数目悬殊，我们认为迎降才是上计。"

孙权起身更衣，鲁肃赶紧追上来，孙权知道他的来意，拉着他的手说："你想说什么呢？"

鲁肃说："刚才观察众人的意见，正足以害了将军而不足以成大事。如今我可迎降于曹操，而将军您却不可以。这话怎么讲呢？因为我迎降于曹操，大约仍能做到州郡的长官，而您迎降于曹操，会得到什么结果呢？希望您早日决定迎战大计，不要采用他们众人的意见。"孙权叹息说："他们的意见我也感失望。你的计划正与我的意思一样。"

刚好周瑜奉召回来，周瑜告诉孙权说："曹操虽假借汉朝丞相之名，其实是汉贼。您以神武雄才，又继承了父兄留下的基业，据有江东地方，面积数千里，兵精粮足，英雄都乐于效忠您，应当纵横天下，为汉朝除去奸贼。更何况曹操反来送死，怎么可以向他迎降呢？我为将军筹算：如今北方未平，马超等人尚在关西，或为曹操后患；而且曹操放弃鞍马，利用船只来与吴越争雄，如今又值寒冬，马无粮草，这是驱使中原的兵士来到水乡泽国，不习水土，必然生病。这几点都是用兵的大忌，而曹操都冒险行之，将军擒拿曹操，应当就是现在了，我请求率领精兵数万人，进驻夏口，保证一定为您攻破曹军！"

孙权说："老贼想篡汉自立久矣，只是为害怕袁绍、袁术、吕布、刘表与我罢了。如今几个人都已被他消灭，只有我还在。我与老贼势不两立，你说应当出击，我非常同意，这正是上天将你赐给我呀！"因而拔刀砍面前的桌子说："诸将吏谁敢再有说要迎降曹操的，就与这桌子一样！"于是解散大会。

甘宁、鲁肃之言，奠定了孙权的西进政策；周瑜之言，则确定了孙权北抗曹操的政策。这两个政策，后来都成为三国鼎立的因素。如果孙权当初接受张昭等人的建议，中国的局面必会改写。所以司马光写到魏明帝太和三年（229）夏四月，吴王孙权即皇帝位的时候，百官都来朝贺，孙权归功于周瑜。这时张昭想上前褒扬功德，话还没讲，孙权就抢先说："当初如果采用张公的建议，今天我已成为乞丐了。"张昭大为惭愧，伏地流汗。司马光特地记载孙权讽刺张昭这句话，表示当年孙权犹豫不决，如非周瑜一言决计，哪里会有二十一年后的今天。

（四）先抗曹魏，再图相争

早在建安十二年（207）诸葛亮的《隆中对》中，主张刘备握有荆州，西图巴、蜀，然后据有荆、益二州，利用地势险要，整顿内政，东和孙权，对外观察时局变化，慢慢图谋恢复汉室。

刘备也很赞成他的看法，依他的设计经营发展。

建安二十二年（217）刘备已经得到益州，于是法正在这年冬十月建议刘备说："曹操一举降服张鲁，平定汉中，不因此情势进攻巴、蜀，而留夏侯渊、张郃屯守，自己立即北还，这是他的智慧不够而且力量不足呀！一定是内部有问题的缘故。我推测夏侯渊与张郃的方略，比不上我们的将卒，我们发兵往讨，必可克服他们。克服他们之后，推广农业，积聚粮谷，然后等待机会。最好的话可以消灭曹操，保护王室；其次可以进取雍州与凉州，开拓领土；最起码也可以守住险要，长久支持下去。这是天意所赐，时机不能错过。"刘备同意，于是出兵汉中。

法正的政策就指示后来蜀汉北伐的政策，诸葛亮不辞辛劳地北伐，就是执行这个政策。因此，第二年四月，刘备屡攻汉中不克，紧急下令益州增兵。诸葛亮询问他的幕僚杨洪，杨洪说："汉中是益州的咽喉，存亡的关键。如果得不到汉中，则蜀也保不住了。这是大祸，应该尽快发兵，还怀疑什么呢？"于是诸葛亮立即发兵增援刘备。可见北伐汉中，和以后自汉中北伐关中，都是战略必定的发展。到了建安二十四年（219）春正月，夏侯渊阵亡于定军山，刘备才据有汉中。于是在同年秋七月，刘备才敢自称为汉中王，就是因为国防险要已经控制住了。

不过，到了冬十月，关羽在荆州被孙权部将吕蒙偷袭而死，伤害了汉与吴联盟的政策。刘备在曹丕篡位后第二年（黄初二年，221）三月即位为汉帝，经常想起关羽的丧命，感到很羞耻，于是准备攻击孙权。司马光在这年五月条下记载翊（yì）军将军赵云的建议："国贼是曹操，不是孙权。如果先灭曹魏，孙权自然降服。如今曹操虽然身死，但他的儿子曹丕已经篡位，我们应该配合群众的心理，早日进攻关中，据守黄河、渭水上游以讨伐叛逆，关东的义士必定准备粮马来迎接我们。不应将曹魏放置一边，而去与东吴交战。战事一起，就不能马上解决，这绝非上策。"群臣劝谏的也很多，刘备不听，甚至处罚他们。可以说，刘备因为私人一时的愤怒，违背了诸葛亮与法正已经建立的大战略。同年秋七月，刘备率军东出，孙权遣使求和，得不到结果，只好向曹魏称臣，借用曹魏的力量牵制蜀汉。

黄初三年闰六月，刘备兵败消息传回。这时法正已死，诸葛亮感叹地说："法正如果还活着，必能劝阻主上东行；即使东行，也必不会兵败得如此之惨！"

黄初四年（223）三月，刘备病危，召见诸葛亮说："你的才干胜过曹丕十倍，必能安定国家，成就大事。我的儿子如果可以辅助，就请辅助他，如果他才能太差，你可以取而代之。"

诸葛亮涕泣说："我怎敢不尽全力，效忠于主上，甚至不惜一死！"司马光记载这段话说，一方面显示刘备与诸葛亮之间君臣的情谊，另一方面也可以暗示蜀汉不能恢复汉室的原因。第二个月，刘备去世，诸葛亮以丞相的身份，实际统治蜀汉。

诸葛亮掌政以后，最重要的事就是恢复最初的大战略构想。这年九月，尚书邓芝向诸葛亮说："现在主上幼弱（刘禅时年十七岁），初即帝位，应该派遣大使与吴国重修旧好。”

诸葛亮说："这件事我想了很久，只是找不到适当的人选罢了，今日才算找到了。"

"这人是谁？"邓芝问。

"就是您！"诸葛亮回答。于是特命邓芝为大使，到吴国去重修旧好。

冬十月，邓芝到达东吴，这时吴王还没有与曹魏绝交，犹豫不决。孙权没有马上接见邓芝。邓芝就上表请求谒见，说："我现在来贵国，也是为吴国打算，不只是为了汉而已。"吴王接见他说："我很愿意与汉友好，但是恐怕汉主幼弱，国势弱小，被魏所乘，无法自保。"

邓芝回答："吴、汉小国，拥有四州之地，大王您是盖世的英才，诸葛亮也是一时的豪杰。汉有重重险阻之固，吴有三江天险之阻，双方密切合作，进可以统一天下，退可以与魏三雄并立，这是很自然的道理。大王如今要是屈服于魏，魏国必定要求大王入朝，而且要求您的太子成为人质，如果您不从命，则发军讨伐，汉到时也会顺流而下进攻吴国。如此，江南之地就不再是大王您的了。"

吴王孙权沉默良久，然后说："你的话不错。"于是与魏绝交，而与汉联合。

第二年夏四月，邓芝再度来到吴国，孙权问他说："如果天下太平，二主分治，不是很好的事吗？"

邓芝回答："天无二日，土无二王，如果消灭曹魏以后，大王您不能体认天命是将天下归于汉室，两国君主各自发挥德行，两国大臣各自尽其忠诚，届时两国才是整顿军队，发生战争的时候。"

吴王哈哈大笑："君竟然如此诚实啊！"

也就是说，诸葛亮与孙权结盟的目的，是联合共同对抗曹魏。等到曹魏亡后，就是两国相争的时候。蜀汉的大战略构想是如此，其实吴国的构想也是如此，只是双方的共同利益一致，所以才联合抗曹。七年以后（魏明帝太和三年），吴王即皇帝位，遣使通知汉，汉人认为与他交往，则名义不顺，应该显明正义，与吴断绝结盟才对。诸葛亮说："孙权有僭逆之心已经很久了，我国所以故意忽略这一情况，是因为求他与我国互相支援。如果现在与他绝交，吴国必定仇视我国，我们就需要移兵防守东面，与他对抗，必须要等到消灭吴国，然后才能北伐中原。他们贤才很多，将相和睦，还不容易在短时间内平定呢！两国集兵相对抗，消耗国力，使北贼得利，不是好办法呀！从前西汉的孝文帝对匈奴卑辞求和，先皇帝（刘备）不计前嫌与吴国结盟，都是通权达变，考虑到长远的利益，不是匹夫一时的愤怒啊！如今有人认为孙权只要三分天下，不能和我国全力抗魏，而且满于现状，没有北渡大江的打算。这些想法，似是而非。为什么呢？孙权智力不足，所以才以长江自保；孙权无法渡越长江，就好像魏贼不能渡越汉水一样，并不是有余力却故意不做啊！

"如果本朝大军北伐魏贼，我想孙权一定不会端坐不动，而会整军经武，准备分享我方成功的利益。就算他不动而与我国和睦，我国北伐就没有东顾之虑，魏国河南的军队也不能抽调到西线，这个利益就已经很大了。所以孙权的僭逆之罪，现在还不能公开声讨啊！"

于是派遣使节到吴国，祝贺孙权。孙权就与汉国结盟，约定将来中分天下。

汉与吴的结盟，是基于共同的战略利益，所以两国盟谊也颇为稳定，诸葛亮以后才得以北出汉中，而且也是唯一可行的讨伐魏国的途径。因为从东面出荆州讨伐的路线必定经过吴国领土，势不可能。由此可见若非诸葛亮、邓芝等有识之士，重申联吴的大战略构想，蜀汉是否能够立国，谁也不敢预料。及至旧盟重修，则以曹魏力量之强，竟也难在短时间内吞并二国，鼎足三分之势，至此不可动摇了。

当然，曹魏也知道这种情势，早在黄初四年三月，刘备还没去世之前，魏文帝曹丕就曾问过谋臣贾诩（xǔ）说："我想讨伐不从命的人以统一天下，应该先讨伐吴国还是蜀国呢？"

贾诩回答说："陛下根据天命而得天下，应该以文德服众，然后静待时局变化，则平天下并不难。吴、蜀虽然是蕞尔小国，但是依山阻水，刘备有雄才，诸葛亮善治国，孙权识虚实，陆逊懂兵势。他们据守险要，都很难一时平定。用兵之道，要先有胜的把握方准备开战，衡量敌人的情势才调派军将，这样才能不失算。臣认为我方群臣中没有刘备、孙权的对手，虽然以大军攻打，但没有必胜的把握，因此目前应采先文德而后武功的战略。"

第五章 魏 纪

一、三家归晋

司马光在《魏纪》记载魏文帝于黄初七年（226）夏五月病重，乃立曹叡为太子。丙辰这一天，召中军大将军曹真、镇军大将军陈群、抚军大将军司马懿入宫，并受遗命辅政。第二天丁巳，文帝去世。曹叡即位以后，由于他很少和朝臣见面，常潜思读书，所以群臣都没有见过他的风采，而渴望一见。魏明帝即位后几天，他只单独接见过侍中刘晔。刘晔辞出，外面的群臣就问他："怎样？"刘晔说："他是与秦始皇、汉武帝相似的君主，只是才具稍微比不上他们罢了。"这是司马懿辅政之始，由于明帝和其他辅政大臣能干，所以司马懿无法表现他的野心。

魏明帝太和元年（227）三月，汉丞相诸葛亮率军北驻汉中，临行上表给后主。司马光认为这道奏表很重要，就将这篇《出师表》全文转录，这是司马光写《资治通鉴》很少有的事。诸葛亮大意说："先帝创业未半，而中道崩殂，今天下三分，益州疲弊，

185

此诚危急存亡之秋也。臣本布衣，躬耕南阳。苟全性命于乱世，不求闻达于诸侯。先帝不以臣卑鄙，猥（wěi）自枉屈，三顾臣于茅庐之中，咨臣以当世之事，由是感激，遂许先帝以驱驰。先帝知臣谨慎，故临崩寄臣以大事。今南方已定，甲兵已足，当奖率三军，北定中原，攘除奸凶，复兴汉室，此臣所以报先帝，而忠陛下之职分也。"从此以后，遂驻军于汉中，屡屡北伐的事业至此展开。诸葛亮也开了一个先例。此后凡是蜀汉的执政者，常驻扎汉中，很少在成都理事，这也是造成后来后主亡国的原因。不过，采用以攻为守的战略，也从此成为蜀汉的国家战略。

诸葛亮的出师，魏国上下当然为之震恐，但是蜀汉国内群臣也有人不同意诸葛亮的战略。于是在太和二年冬十月，诸葛亮二度出师，再度上表给汉后主说："先帝深虑以汉、贼不两立，王业不偏安，故托臣以讨贼。以先帝之明，量臣之才，固当知臣伐贼，才弱敌强；然不伐贼，王业亦亡，惟坐而待亡，孰与伐之！"他又就"故王业不可偏全于蜀都，故冒危难以奉先帝之遗意"，进而分析非战言论的不对，指出赵云等人亡后，形势对北伐不利，愈后效果愈差，所以只好鞠躬尽瘁，死而后已。降至魏明帝青龙二年（234）八月，诸葛亮病逝于军中，汉国的国家战略仍然继续下去。

诸葛亮病逝的消息传到吴国，吴人恐怕魏人乘机征服汉国，于是在西线增兵，目的一欲以救援，二欲以事分割。汉人闻之，也在东线增防，汉主派使节至吴，吴主问道："东之与西，如像一家人，最近听说你们在东线增防，是为了什么原因呢？"

汉使回答："臣以为我国在东线增兵，与贵国在西线增兵，都是事势宜然，都不足以相问啊！"

吴主听了大笑，嘉许汉使的率直。不过司马光记载这件事，就表示汉与吴的联盟，互相都有警惕而不信任的意味，这也是三国后来分别被消灭的原因。

景初三年（239）春正月，魏明帝病重，司马懿从外地回到首都洛阳，入见明帝。明帝执着他的手说："我以后事交托给你，你与曹爽辅助少子。死可以忍，我忍着不死，等待你来，得到相见，我没有什么遗憾了！"于是召齐、秦二王出来拜见司马懿，指着齐王曹芳告诉司马懿说："这就是，你看真确一点，不要错误了！"又叫齐王上前，抱着司马懿的脖子。司马懿叩头哭泣。这一天，明帝就册立齐王为皇太子，跟着就死了。

司马光认为明帝算是能干之主，三十多岁就死了，交由曹爽与司马懿辅政，就是后来政归司马氏的原因。他引用孙盛的评论，指出明帝不思建德垂风，没有巩固维诚之基，是使大权旁落的因素。

新任皇帝年才八岁，曹爽辅政以后，假借天子的命令，将司马懿转拜为太傅，外表以名号尊之，内心却想将他排斥出权力中心。事后，曹爽大量任用他的弟弟们掌政，也起用了一些名士如何晏等人，这些人都有才名，但都是汲汲于富贵，趋时附势之人。从前魏明帝厌恶他们浮华，所以不起用他们。曹爽素来与他们亲善，于是加以提拔，引为心腹。

魏邵陵厉公（曹芳被废后的爵谥）正始六年（245），吴国因为继承问题，发生了冲突，酝酿成危机。朝廷大臣们，很多人卷进旋涡之中，连名臣陆逊也因而愤怒去世。至于汉国方面，此年冬十一月，汉国第一号执政者大司马蒋琬病逝，费祎（yī）与董允继承大任。第二个月，尚书令董允也死了，汉国的政治也因此发生问题。宦官黄皓是一个聪慧而奸诈的人，为汉主刘禅所宠爱。董允生前经常责备黄皓，黄皓畏惧，也不敢为非。这时董允去世，黄皓就与陈祗（qí）互为表里，开始预政，升迁为中常侍，操弄权威。汉国重现东汉以来宦官之祸。司马光就指出黄皓干政是"终以覆国"的原因。

正始八年（247）五月，司马懿因受到曹爽集团的排挤，对他们乱改朝政也无法阻止，于是称病不过问政事。这时魏帝喜欢游宴，曹爽等人也喜欢相偕出游，有人劝曹爽掌握机权，不应该全部出游，万一有人兵变，关闭首都城门怎么办呢？但是曹爽等人认为司马懿已经生病，不过问政事，哪有人会如此大胆。于是不听，游宴如故。这年九月，孙礼因管区的原因，得罪了曹爽，受处罚以后，改任为并州刺史。孙礼往见司马懿，容色愤怒而默默无言。司马懿说："卿嫌并州太小吗？埋怨管区的事情不公平吗？"

孙礼说："您说话怎么这样不近情理呀？我虽不德，岂会在意官位及往事呢？本来我以为您能效法伊尹、姜太公，匡复魏室，以报答明帝的嘱托，并且建立万世的勋业。如今社稷将危，天下动荡不安，这才是我不愉快的原因啊！"说罢，涕泪横流。

司马懿安慰说："不要哭了，暂时忍住那不可忍的事吧！"

司马光记载这段谈话，用意明显地表示司马懿想以退为进，阴谋对付曹爽。

曹爽集团当然也了解司马懿存在的危险性。这年冬天，曹爽的人李胜出任荆州刺史，去向司马懿拜辞。司马懿命两名侍女在旁，司马懿拿着衣服，衣服却跌落了；指着嘴巴表示口渴，婢女进汤，司马懿不拿杯而饮，汤都流到嘴外而沾污了胸膛。李胜见状，就说："大家认为您旧病复发，没有想到尊体如此病重！"

司马懿假装气息衰弱地说："年老枕疾，死在旦夕。君应该委屈为并州刺史，但是并州靠近胡人，你好好加以防备！我们恐怕不能相见了，所以我想把儿子司马师及司马昭兄弟拜托给你。"

李胜说："我是被任为荆州刺史，不是并州刺史。"

司马懿故意错乱其词，说："君才到并州？"

"我是到荆州。"

"年老急荒，不解君言。如今你回到荆州任上，盛德壮烈，好建功勋！"司马懿说。

李胜告退，报告曹爽："司马公尸居余气，形神已离，不足为虑了。"第二天，他又向曹爽等垂泪说："太傅病得很重，无药可救了。想来令人怆然！"于是曹爽等人就不再防备司马懿了。

这年十二月，司马懿秘密与他的两个儿子司马师、司马昭共同谋诛曹爽。

翌年春正月，司马懿父子乘魏帝与曹爽等去拜谒明帝的陵墓，假传皇太后令，关闭洛阳城门，发动兵变。有人劝告曹爽兄弟，挟着天子到许昌，然后征召四方部队讨伐司马懿。曹爽犹疑不决，最后竟然说：“我向司马懿屈服，也不会失掉做一个富家翁的机会。”于是将皇帝送回洛阳，向司马懿投降。司马懿收捕了曹爽等人，从此大政在握。

司马懿掌政以后的第二年，也就是嘉平二年（250），东吴再因继承权的纠纷，产生了很大的政潮。吴主把竞争的二子废掉，牵连了不少臣僚，乃在十一月立另一儿子孙亮为太子。以后魏、吴的政局屡有风潮，也屡有兵变，只有蜀汉政局较为稳定。至于三国之间的交战，也因政局的波动而常常发生。

司马懿父子都效法曹操，不便在生前篡位。嘉平三年八月，司马懿去世，长子司马师继续掌政。这时魏国陷于两面作战。但是东吴限于内政不良，北伐屡攻无效，蜀汉则因后勤补给困难，作战也没办法成功。司马师内逢兵变，外遇强敌，竟也应付裕如。到了正元元年（254）九月，局势稍微稳定，司马师乃废掉魏帝为齐王，另立高贵乡公曹髦为皇帝，曹髦这时才十四岁。同年十月，曹髦即位，他很爱读书，深思好学，一直对司马氏有恶感。第二年司马师病死，其弟司马昭继续掌政。直到景元元年（260）夏四月，魏帝任命司马昭为相国，封晋公，加九锡，于是司马氏的权威就更盛了。

曹髦看见司马氏威权太重，在同年五月召见心腹臣子说："司马昭之心，路人皆知。我不能坐受废辱。今天要与你们诛讨他们。"结果其中有臣子报信给司马昭，司马昭的部下就与皇帝的部下大战，杀死了皇帝曹髦，另立常道乡公曹奂为皇帝，曹奂这年十五岁，就是魏元帝。这时蜀汉宦官黄皓乱政，吴国则屠杀群臣，两国均内政不修，是司马昭统一的大好机会。

景元四年司马昭大举伐汉，汉人求救于吴，吴国动员军队，但没有采取有效的行动。这年冬十月，魏将邓艾偷袭成功，蜀汉投降，结束了三国鼎立的其中一国。蜀汉投降时，国有二十八万户，人口九十四万，军队十万二千，官吏四万。人口、兵力不弱，而不战迎降，可见后主之无能。后主事后被解送到洛阳，封为"安乐公"。这时司马昭也已经晋封为晋王，设宴招待蜀汉后主刘禅，命令歌妓演奏蜀国的音乐舞蹈。刘禅的随从都为之感伤，只有刘禅嬉笑自如。司马昭告诉贾充说："人居然有这样无情的！虽然有诸葛亮在，也不能永远辅助他啊，何况姜维呢！"有一天，司马昭又问刘禅："你是否思念蜀国呢？"刘禅说："此间乐，不思蜀！"

由此可见，刘禅配上黄皓，就足以成为亡国的直接原因了。

魏元帝咸熙二年（265）八月辛卯，司马昭死，太子司马炎继承为相国、晋王。同年十二月壬戌，曹丕篡汉的故事重演，魏帝禅位于晋。四天以后，司马炎即皇帝位，是为晋武帝，改元泰始，距蜀汉之亡仅两年。

晋武帝有灭吴之志，只因建国未久，朝议未定，而吴有大将陆抗扼守前线，所以才延迟统一行动，不过已经秘密进行作战部署。

吴的内政一直衰乱，降至泰始十年（274）秋七月，大司马陆抗病逝，国防上遂出现空隙。两年以后（晋咸宁二年，276）的冬十月，司马光详细记述了晋朝前线指挥官羊祜（hù）伐吴之议。羊祜详析双方战略形势，料定必可克吴，但为朝中非战派所阻，事情又再寝压下来。咸宁四年十一月辛卯，羊祜病死前，推荐杜预继任遗职，统一行动乃逐渐展开。翌年秋天，前线诸将王浚、杜预等先后上表，分析形势，要求大举南征，指出吴主孙皓昏乱，应该马上征伐，否则他一旦死去，吴人另立贤主，眼前形势顿然会变。就在此年冬十一月，武帝决心全面作战。

第二年（太康元年，280）三月，吴主出降。晋朝平定江南，接收了四州，四十三郡，五十二万三千户，二十三万兵力，距离蜀汉亡国仅十八年，曹魏被篡仅十六年，中国再度统一。

武帝封孙皓为归命侯，大会群臣而接见亡吴君臣一行问道："朕设此座以待卿，等了很久啦！"

孙皓回答："臣于南方，亦设此座以待陛下！"

"闻君在南方，"宰相贾充在旁询问孙皓，"挖人的眼睛，剥人的面皮，这是哪一等的刑呀？"

"人臣有弑其君及奸回不忠者，就加以此刑！"孙皓前后对答，犹且略无怍（zuò）色。他与刘禅比较，真是不相称的一对活宝，即使陆抗不死，大概也不会长保吴国。

二、魏晋风气

晋太康元年（280），吴亡。吴主孙皓一行北上洛阳归命。晋武帝对吴地有名望的人，都加以随才拔用。司马光在太康三年年末条下，记载北上名士薛莹死后，有人询问另一名士陆喜说："薛莹在吴士之中，应当是第一号人物吗？"

"薛莹只能在四五之间，怎么可以算为第一！"陆喜继续辩说，"孙皓无道，吴国之士中，那些沉默潜伏，不出而用世之士才是第一流；避尊位而做卑官，食禄以代耕的人是第二流；侃然体国，执正不惧的人是第三流；斟酌时宜，偶然也贡献微益的是第四流；温良修慎，不作谄媚之首的是第五流；过此以往，已经不足评论。所以他们上等之士，多沦没归隐而远避悔吝；中等之士则有声名位望，而接近祸殃。观察薛莹的处身本末，又怎么可以称得上第一啊！"

陆喜的评论，不但仅是评论吴国之士，事实上可以视为评论魏晋以降士风的标准。司马光对此人才风气的丕变甚为关注，经常提到这方面的问题。他记载了远在汉献帝建安四年（199）十二月，名士华歆葛巾迎降于孙策的事情，寻即引用名史家孙盛的评论，批评华歆无伯夷等高尚的志节，缺乏王臣不屈的操守，桡（náo）心于邪儒之说，交臂于陵肆之徒，位夺节堕，实有莫大之罪。

华歆、管宁都是名满天下之士，前者与孔融、杨彪等一干名士，屈辱于曹操之下，尸居余气，顶多不过是陆喜口中的第五流人物；像管宁这类第一流之士，早已见机不仕，退而归隐了。因此，吴亡的士风，实自汉末已经出现。志士丧气，当然与政治黑暗有关，但是野心家的激扬，例如曹操等，更是造成风气丕变之因。

写到建安十五年（210）时，司马光节录了曹操所下的十二月《己亥令》，大意是自述本非名士，恐怕世人待之如凡愚之人，所以好作政教以立名誉；后因除残去秽，整顿地方，而为强豪所仇恨，恐怕招致大祸，因此归隐读书，欲等二十年，待天下澄清然后才出仕。但事与愿违，寻即被朝廷征为典军校尉，遂因而改变志向，欲为国家讨贼立功；若死后墓碑题为"汉故征西将军曹侯之墓"，于愿已足。

既而兴义兵讨伐董卓，平定黄巾，讨击袁术，摧破袁绍，复定刘表，遂平天下。贵为宰相，人臣至极，早已超过原来的意望。假如国家没有孤（曹操自称），不知几人称帝，几人称王？有人看到孤强盛，妄说孤有不逊之志，因此耿耿于心，下此命令向天下表白肺腑之言。

但若要孤解除权力，归回武平侯国（曹操的封邑），实为不可。因为恐怕缴还兵权以后，会被他人所害。为了子孙打算，又考虑到己败则国家倾危，所以不能解权归国，做那些慕虚名而处实祸之事！至于兼封四县，倒可以让还其中三县，仅保留武平一国就够了。希望因此而能塞谤议，使孤减少一些责难。

曹操自述，实为当时野心家们共同的心态，尽管他自述初志可以相信，但是他的言行却有点不大合一。陈寿《三国志》记载了该年春天曹操所下的《求贤令》，表面上是征求隐居不名的贤人君子，实际却欲效法齐桓公的霸政，要求有才之士，不论是否"盗嫂受金"（指违乱道德、贪赃枉法的人），只要出山相助，他都举而用之。

同一年之中，年头公开征求败德而有才之人，来助他完成霸政；年尾却一反此言，自述志欲佐汉澄清天下，否认有不逊之志。思想意识，显然大有问题。观察此后的发展，曹操显然是本着《求贤令》的目标去实践的。那么，司马光不取《三国志》所载的《求贤令》，而节录魏武故事所载的《己亥令》，识见不是有所未到吗？

司马光写到建安十七年（212）春正月，曹操西征韩遂、马超而还，天子诏令曹操赞拜不名、入朝不趋、剑履上殿。

同年冬十月，董昭告诉曹操："自古以来，人臣匡世，未有今日之功；有今日之功的人，也不会久处人臣之势。如今明公（曹操）耻有惭德，乐保名节；然处大臣之势，使人以大事怀疑于自己，真是不可不认真考虑啊！"于是，董昭与列侯诸将商量，建议丞相（曹操）应该晋升公爵，加九锡，以表彰殊功。

曹操手下第一谋主荀彧反对，认为曹公本兴义兵以匡扶国家，秉忠贞之诚，守退让之实。君子爱人以德，不应这样子做。曹操听后不悦，命令他出去劳军，中途赐他服毒自杀。

司马光对此大加评论，大意是说齐桓公之行犹如猪狗，管仲不羞而相之，是因为非桓公则生民不得而济，所以孔子大赞管仲之仁。汉末大乱，生灵涂炭，自非高才不能济天下，因此荀彧不得不屈事于曹操。汉末四海板荡，尺土一民皆非汉有，荀彧佐曹操转弱为强，化乱为治，十分天下而有其八，功劳不低于管仲。管仲不殉身故主之难，而荀彧却为汉室殉节，其仁更在管仲之上了。有人批评荀彧此举无异教盗穴墙，而又不想与盗同污，司马光却认为，假如曹操当了皇帝，荀彧当与萧何同功；他岂会不利于为佐命元功，而甘愿舍身以邀名呢？

司马光推断荀彧是殉汉而死，表示一向求贤，内中颇有忠贞于汉室之士，因为感于曹操类似《己亥令》自述其志之事，误认曹操是扶汉英雄，所以屈事于他。司马光没有对此再加深入评论，不过就此却可以了解到几点重大的意义：

第一，曹操的志向不仅止于掌权，屈居武平侯国一县而已。荀彧死后七个月，曹操就成为魏公，食封十郡之多，而且加九锡以尊耀殊功。九个月后，曹操纳三女为献帝的贵人，成为外戚；后来弑害伏皇后，让次女曹节成为新皇后。以后追求的名位官爵，亦愈来愈尊贵了。

第二，曹操自述志向，不论是否提到要做齐桓公，都已经欺骗了不少有尊中央、清天下之大志的名士。这些人后来虽然发现曹操真正的意向，但已受制于人；除非他们想学荀彧，否则谁也不敢表示态度。他们较佳的态度，一就是学徐庶，终身不为曹操策划；再就是像杨彪，面恭而心不同。至于像华歆之徒，苟且唯诺，安位偷生，但内心之中，却也未必真正拥戴曹操。曹操之所以放慢篡汉步骤，不便及身称帝，大约就是因此而有所顾忌。

司马光写到建安二十四年（219）十一月，孙权向曹操称臣，上书请曹操称帝。曹操公开展示权书，告诉群臣说："此儿想把我放在炉火上嘛！"陈群认为孙权的意见很对，建议曹操"宜正大位"。曹操却婉拒道："如果天命在我，我当周文王好啦！"曹操为何不愿意自己当皇帝，而让儿子来干那篡位的勾当呢？司马光评论认为这是东汉教化风俗成功之处，曹操是为了顾虑世之"名义"，而不敢废汉自立。

司马光为此极力推崇东汉的社会风气，连呼"教化安可慢，风俗安可忽哉"！是则像《求贤令》那样败坏人伦风俗的文献，他当然不愿再加转述；至于像《己亥令》那样可以败露奸雄言行不一的文献，虽然正史不载，他则"义不容辞"地加以节录。

第三，前述第一点，表示启发了魏晋南北朝众奸雄篡弑相仍的行为动机；第二点表示了陆喜所说第一流人才沉默潜伏，第二流以下对黑暗政治的通常反应之根本因素；于是魏晋所用人才，多为"盗嫂受金"（偷嫂嫂，受贿赂，指乱伦贪污之事）之人。奸雄之主与奸诈之臣，遂造成以下风气转移败坏的原因。

曹操虽然拔用"盗嫂受金"之士,但尚爱惜"名义",到了其孙魏明帝,则连"名义"也想抛弃。司马光写到景初元年(237)冬十月,说明帝深疾浮华之士,竟然指示吏部尚书(选拔人才的长官)卢毓说:"选举人才不要录取有名之士,名如画地作饼,不可以食啊!"

景初三年春正月,明帝将死,诏令曹爽与司马懿辅立齐王曹芳,后者即为老奸巨猾之人。曹爽掌政,排忌司马懿,提拔了一些有才名而急于富贵、趋时附势的人,如何晏、丁谧等。这些人经常宴游,不大关心政治,翌年改年号为正始。十年以后(正始十年,即嘉平元年,249),司马懿发动兵变,将曹爽集团一举覆灭。司马光批评何晏等人说:"何晏个性自喜,注意美容,粉白不离手,走路也顾影自怜;尤好老、庄之书,与夏侯玄、荀粲及王弼之徒,竞为清谈,崇尚虚无,竟说六经是圣人的糟粕。由于天下士大夫争慕效法,遂成风气,不可矫正过来。"这种风气,可以说是士大夫对黑暗政治的逃避与反响,对人伦教化的反动,历史上称为"正始之风"。

降至晋武帝篡位(泰始元年十二月,265)的同月,谏官傅玄上疏说:"臣闻先王之御天下,教化隆于上,清议行于下。近者魏武帝(曹操)爱好法术,遂使天下崇尚刑名;魏文帝(曹丕)慕悦通达,遂使天下轻贱守节。其后纲维不整,放诞盈朝,遂使天下无复清议。陛下龙兴受禅,弘扬尧、舜的教化,惟未举拔清远有礼之臣以敦风节,未退虚鄙之士以惩不恪,臣所以犹敢拜表上言。"武帝虽嘉纳其言，然亦不能改革，遂种下五胡乱华这衰世之因。

晋朝第二任君主惠帝时代，王衍为尚书令（皇帝秘书长），乐广为河南尹（首都所在州的长官），司马光于元康七年（297）九月条下记载说：王戎（王衍的弟弟，为司徒）这个人与世浮沉，无所匡救，事务都交给僚属处理，而与乐广两人皆善于清谈，宅心事外，名重当世，使朝野之人争相慕效。两人都喜欢评鉴人物，举世以为仪范准则。王戎、王澄与阮咸、阮修（咸侄）、胡毋辅之、谢琨、王夷、毕卓等人，皆以任情放纵为通达，至于醉狂裸体而不以为非。他们都推崇何晏等老、庄之学，由是朝廷大夫都以浮诞为美，弛废职业，蔚成风气。

名臣裴頠（wěi）写了一篇《崇有论》，猛烈地批评他们"立言借于虚无谓之玄妙，处官不亲所职谓之雅远，奉身散其廉操谓之旷达"的歪风，欲砥砺风气，复兴名教。但习俗已成，不能挽救了。

除了这种崇尚虚无，做官而不理事，毁败名教的风气之外，这时代的权门贵族另有几种风气：一是淫逸纵欲，二是穷奢极侈，三是争权夺利。司马光在晋代的历史上，写不绝书。在永嘉三年（309）三月条下，司马光借着追述武帝时代大臣何曾的谈话，指出了世变的危机。他说何曾经常侍宴于武帝，某次宴罢，回家预告子弟们说："主上开创大业，但我屡次宴见，从未听他讨论过经国远图，只有说些平生常事，这不是做子孙模范之道；国家变乱之局大概及身不会出现，不过后代一定危险啊！你们或许也看不到了。"指着孙子辈又说："他们那一辈的必定蒙难。"

司马光力赞何曾之明，但也力斥他身为宰相，知其君之过而不以告，不是一个忠臣。事实上，这时候晋朝外戚、皇后、宗室之乱早已发生日亟，五胡乱华的形势也早已形成了。两年之后，怀帝就被匈奴所俘，洛阳焚烬，创下中国历史上第一个被边疆民族毁灭生擒之例。又过了五年，立足于长安的愍帝也被匈奴俘虏北去。此时五个少数民族横行黄河流域，晋政府只能退保长江流域而已。

司马光详引《搜神记》作者干宝的评论，指出在愍帝蒙难（建兴四年冬十一月乙未，316）后内乱外患、二帝蒙尘的主因，是由于"四维不张而苟且之政多"，为"国之将亡，本必先颠"此语的应验。

晋室南渡以后，风气因循不革，不但无力北伐，兼且篡夺屡兴，不遑宁处，遂终于为北朝步步进逼，慢慢吞灭了。

三、五胡乱华的背景

汉朝与匈奴长期征战的结果，匈奴降服，大部分入居塞南，结束了长期的战争。东汉中期以后，又长期与西方的羌族作战，耗损国力很大，种下了亡国之因。

献帝建安二十一年（216）夏五月，曹操晋爵为魏王，乌桓（今山西省北部）三部臣服。秋七月，南匈奴单于（匈奴元首官称）呼厨泉入朝于魏。东汉以来北匈奴被击溃后，南匈奴入居塞内已久，人户繁盛，地方官府渐难禁制，议论者都提醒朝廷，预先做好防范措施。曹操趁此机会，羁留呼厨泉于邺都（在今河北省，这时汉都许都，魏都于邺），另命匈奴右贤王去卑监国，分南匈奴为五部，居住于并州（今山西省一带）境内，各立他们的贵人为帅，而选汉人为司马以监督之。

司马光在魏文帝黄初二年（221）条下，记载魏朝设置护鲜卑校尉与护乌桓校尉二官，分别镇抚此两族。由于曹操曾征服过乌桓，故乌桓较弱；但鲜卑各部落则较强大，占据塞北地区，中原战乱，中国人常常逃亡归附于他们，鲜卑也往往为患边疆。

降至魏明帝青龙三年（235），魏幽州刺史（幽州最高行政长官）王雄，秘密派遣刺客刺杀鲜卑雄主轲比能。自后鲜卑种族部落离散，互相侵伐，强者远遁，弱者降服，边陲才安定下来。

到了魏邵陵公嘉平三年（251）八月，司马懿死，其子司马师掌政。城阳太守邓艾上言，指出朝廷羁留单于在中央，使匈奴部落失去统治，合散无主，与单于的关系日益疏远。左部诸部之中最为强大，左部帅是左贤王刘豹，近来有部下叛乱，可趁此将他的部落分割为二。另外要求进行迁徙羌、胡（指匈奴）出塞居住的政策，把华、夷混杂的局面澄清。他的建议，都被司马师所采纳。

过了十年（魏元帝景元二年，261），原居于北荒，从未交聘中国的鲜卑索头部大人拓跋力微，突然遣子入朝，而且南迁于匈奴故地，定居于定襄郡已经荒弃的盛乐县地带。由于部众强盛，塞北各部都畏惧他。到了晋武帝咸宁元年（275）夏六月，幽州刺史卫瓘（guàn）运用金赂外交，收买并离间拓跋氏的诸部大人。这种政策非常有效，于是鲜卑等上下猜疑，部族离散，拓跋力微在两年后忧郁而死，享寿高达一百岁，国势遂衰，北方政局大致稳定下来。

晋武帝咸宁五年春正月，晋军在凉州（约今甘肃省河西走廊地区）与羌族树机能等作战失利，凉州失陷，司马光开始记载匈奴雄主刘渊的事迹。

刘渊是刘豹之子，他们因为祖先是汉朝的外孙，所以改姓刘氏，刘渊幼而隽异，因为父亲是部落主，遂留居晋京作为人质。他师事名学者崔游，博习经史，兼学武艺，胸怀大志，常耻汉初功臣周勃、陆贾等人不能文武兼资。晋朝宰臣王浑等人器重他，屡次向武帝推荐。武帝召见谈话，也非常欣赏他。王济（王浑之子，亦任要职）建议说："刘渊有文武长才，陛下任以东南之事，孙吴不足平了！"

孔恂、杨珧（yáo）反对："非我族类，其心必异。刘渊才器确实少见，却不可以委以重任。"

凉州沦没消息传至，武帝请李憙（xǐ）推荐将领。李憙建议说："陛下如果能够征召匈奴五部之众，给刘渊一个将军的名义，命他西征，树机能之首必定指日而枭。"

孔恂又阻止说："刘渊果真能斩树机能的头，则凉州之患会更加危祸。"于是晋武帝才打消任用刘渊的主意，改派名将马隆出征。

刘渊常因王浑、李憙以同乡而称荐（二人均今山西省人），恐怕为自己招来大祸。齐王司马攸是晋朝首相，了解刘渊，向武帝建议说："陛下不除刘渊，臣恐怕并州不能维持长期治安。"

王浑却道："大晋才以信用怀柔外族，奈何因无形之疑而杀人的侍子呢？为什么度量这样狭小呢？"

武帝说："是啊，王浑说得对！"刚好刘豹死讯传至，武帝就任命刘渊继任左部帅。

太康元年（280），孙吴降服，中国统一，结束了三国鼎立之局。这年政府档案记载，全国共有十九州，一百七十三郡，二百四十五万九千八百四十户。汉、魏以来外族降附者，多安置于塞内诸郡，户口也不少。他们常与地方人士冲突，杀害官府人员，渐渐出现危机。侍御史（监察官）郭钦有鉴于此，提出了著名的"驱戎论"，上疏给朝廷说："戎狄强犷，历古为患。魏初安置他们于西北边郡，至今已普及于内郡腹地。现在他们虽然服从，若百年之后，一旦有所风尘之警，胡骑不三日即能使太行山以西变为虏廷。当今之计，应该趁平吴之威，把内郡杂胡迁回边疆，严格限制夷狄的往来，这才是万世的长策。"武帝不接受。匈奴陆续自塞北来降者，仍然安置于塞内各郡。

太康十年（289）夏四月，辽东鲜卑因混战，慕容氏遣使请降。五月，晋朝册拜其领袖慕容廆（wěi）为鲜卑都督，慕容氏自此迁徙至辽西。同年，晋朝改匈奴五部帅为五部都尉，以刘渊为北部都尉。刘渊轻财好施，倾心接物，河北名儒多往归之。翌年（永熙元年）三月，武帝驾崩，自此至惠帝永兴元年（304）刘渊回归北部，十四年之间，晋朝历经皇后干政、外戚专权、八王之乱的局面，成为中国政治史上最黑暗的时代之一。司马光对此动乱，均加以详细记述；五胡事迹，亦多注意。他记载较重大的事件说：

永熙元年（290）冬十月辛酉，以刘渊为建威将军、匈奴五部大都督。这是刘渊成为五部最高领袖之始。

元康四年（294）十二月，鲜卑拓跋氏分其国为三部，晋朝避难至其国的人颇有增加，拓跋氏任以国政，国家日益强大。

元康七年秋九月，关中因氏族叛乱而饥荒，六郡流民涌至巴蜀，氏族豪杰李特等人救援赈济，甚得众心。李特至剑阁，感叹太息说："刘禅有这样的地方，竟然面缚投降，岂不是庸才吗！"为氏人建立成汉于四川的张本。

由于匈奴、鲜卑、羯（匈奴别种）、羌、氏常有乱子发生，元康九年（299）春正月，晋军平服关中氏乱时，太子洗（xiǎn）马（太子的侍从官）江统写了一篇《徙戎论》以警告朝廷，声言戎狄终必乱华，应乘兵威以徙戎，杜绝危机的渊源。文中列举事实，指出当时关中人口百余万，而戎狄居其半。并州的匈奴由一部分成三部，再因人口增加，遂分为五部，人口之盛过于西戎，骁勇善战倍于氐羌云云。但是朝廷仍然不注意其建议。

降至永宁元年（301），武帝死后第十一年，李特首先兴起，六郡流民拥护他为镇北大将军，与蜀民约法三章，经略巴蜀。两年以后，改元为"建初"，但寻被晋军袭杀，部众由其弟李流统领，继续乃兄未竟的事业。同年，李流病死，众人共推李特的幼子李雄为大都督、大将军、益州牧，此即成汉的奠基者。

永兴元年（304），晋朝诸王混战，尤以皇太弟、成都王司马颖及东海王司马越敌对为甚。匈奴右贤王刘宣告诉族人说："自汉亡以来，我单于徒有虚号，尺土也没有，其余王侯，降到与民户毫无差异。如今我们虽然衰落，但户仍不少于两万，为何向人低首服役，虚度百年哩！左贤王英武超世，上天如果不愿看见匈奴复兴，必不会白白降生此人给我们。现在司马氏骨肉相残，四海鼎沸，复兴呼韩邪（入降汉朝的匈奴名主）的事业，就在此时啦！"遂相谋推戴左贤王刘渊为"大单于"，派人至邺密告于他。

刘渊这时被司马颖表为冠军将军、监五部军事，在司马颖的大本营邺城带兵，不让他回到匈奴。刘渊一再请求，司马颖均不同意。于是密令来使先回，传令召集五部兵马及其他杂胡，声言助司马颖攻司马越。不久，趁着兵机危急，努力游说司马颖准他回部招兵以赴国难。司马颖悦而批准，八月，乃拜刘渊为北单于。参丞相（司马颖的官职）军事，让他回到左国城（今山西省吕梁市离石区东北）。

刘渊既至，刘宣等上大单于之号，集结五万兵力。这时司马颖为司马越与乌桓、鲜卑的联军击败，离邺奔亡。刘渊得报，叹息说："不用我的建议，让自己崩溃，司马颖真是奴才啊！但我对他有言在先，不可以不救。"遂准备发兵攻打鲜卑、乌桓。刘宣等反对说："晋人奴隶般地控制我们，如今他们骨肉相残，是天弃他们而使我们复兴呼韩邪的事业啊！鲜卑、乌桓，都与我们气类相同，可以互相援助，为何要攻击他们呢？"

刘渊道："好！大丈夫当为汉高祖（刘邦）与魏武帝（曹操），呼韩邪何足效法哩！"

此年冬十月，刘渊迁都于左国城，招纳胡人、晋人，声势日大，于是刘渊对群臣说："从前汉朝长久统治天下，恩结于民。我，是汉朝的女婿之国，曾约为兄弟之邦；兄亡弟继，不是很合理吗？"遂建国号为"汉"，依照刘邦故事，即汉王之位，并追尊刘禅为"孝怀皇帝"，建立汉朝三祖（汉高祖、世祖及昭烈帝刘备）、五宗（太宗、世宗、中宗、显宗、肃宗）的神主而祭祀。

司马光细心传述刘渊的言行，显示他刻意表示刘渊的国家目标及战略构想：（一）刘渊利用汉朝的旧有声威恩泽，希望做中国的皇帝，而不愿恢复匈奴旧业。（二）他想联络其他外族，联合摧毁晋朝。

同一个月，李雄也在巴蜀即"成都王"之位。氐人除去晋法，与民约法七章，也有效法汉高祖的意图。

综合司马光的记述，五胡乱华的各领袖，大多曾受中国的教化。他们各有建国目标及战略构想，互相激荡冲突，终于酿成大乱之局。但是，尽管领袖们受过中国文化的教育，他们的部族却大多未受教育，摧残毁灭乃是战争的特色，两者相合，遂使黄河流域化成鬼墟，中原元气大伤。

降至惠帝光熙元年（306）六月，李雄首先在蜀称皇帝，正式建立"大成"王朝，这是五胡中第一个出现的皇帝。氐人治蜀颇为成功，因此四川的政治也较为安定。

第二年（晋怀帝永嘉元年）秋七月十一日己未，晋朝任命琅邪王司马睿为安东将军，都督扬州、江南诸军事，坐镇建业（今南京），乃是东晋立国的张本。

这时八王之乱未止，同年十二月，辽西的慕容廆自称为"鲜卑大单于"，这是鲜卑慕容氏建立燕朝的张本。

永嘉二年（308）冬十月甲戌，刘渊称帝，正式建立汉朝，逐渐统有匈奴、羯、羌、氐诸族，声势最大。两年后，刘渊死去，辗转由其子刘聪继位，汉朝才发生分裂内乱。但是，刘渊死后第二年，匈奴终于攻破洛阳，生俘怀帝北还，创下中国皇帝第一个被俘北迁的纪录。怀帝死后第六年，匈奴再灭建朝于长安的愍帝，正式结束了历史上的西晋时代。自后局势，更呈混乱黑暗了。

司马光对西晋二帝的蒙难，分别借用荀崧、干宝的评论，大力批评西晋的政治黑暗及社会风气的败坏，指出二帝承败坏之余而被俘，最是冤枉之事。西晋"国之将亡，本必先颠"，二帝虽非昏乱之主，但也非命世之才，当然不能力挽既倒之势了。

我们今日看来，西晋永嘉、建兴之乱，怀、愍二帝之被俘，确实为大势之使然，不是二帝所能挽救。若以之比较司马光死后五十一年所发生的"靖康耻"，则晋之二帝，诚值让人掬下同情的眼泪，而觉得"靖康耻"真是咎由自取的，徽、钦二帝活该被捉。

四、由群雄角逐至南北对峙之局

晋愍帝建兴四年（316）冬十一月乙未，天子肉袒舆榇迎降于匈奴刘曜。二十天以后，亦即十二月一日乙卯，司马光记载晋丞相、大都督、督中外诸事、琅邪王司马睿的反应，说他闻知长安失守，乃下令军队出宿野外，亲摅甲胄，移檄四方，克日北征。

翌年二月辛己，弘农太守宋哲逃至建康，声称受愍帝诏，命令丞相司马睿统摄万机。三月，司马睿素服举哀三日，他的官属共上尊号给他，他不许。官属坚持固请，睿慨然流涕说："孤是罪人啊，诸贤见逼不已，孤只好回到琅邪去！"遂传呼奴仆，备驾将归琅邪国。官属不得已，请他依援魏、晋故事称晋王，他才允许而留下来；寻即晋王之位，大赦，改元建武，设立百官、宗庙、社稷。

建武元年（317）十二月，愍帝为汉主刘聪所害。翌年三月，凶问传至建康，晋王睿为之服丧，百官再度请上尊号，反复请求，晋王均不许。周嵩见状，于是上疏说："如今梓宫（指晋帝棺椁）

未还，旧京未清，义夫泣血，士女遑遑。正应开延嘉谋，训卒厉兵，先雪社稷大耻，副四海之心，则神器（指皇帝名位）还会落到谁的手上哩！"结果他的言论因此违忤了司马睿的意旨，被外放为地方官；后来又被控心怀怨望，坐咎抵罪。

凶问传至后第三天——三月丙辰，晋王即皇帝位，改元为大兴，赏赐文武，赐投刺劝进的群吏加位一等，投刺的人民都一律任用为吏，凡二十余万人。

司马光对东晋诸帝均不加以评论，可能认为乏善可陈，无足可观。他对晋元帝司马睿称帝之事，书写颇为用心，显然颇有意思突出元帝见死不救，拥兵自重，天子自为的私心。事实上，西京沦亡之际，晋朝方面大臣，如司马睿的人多的是，孤忠救危的忠义之士如刘琨等，屈指可数，晋室不亡，实违天理。东晋野心家颇多，篡弑频仍，固然是时代风气使然，其实元帝率身为榜样也难辞其咎。晋朝宗室、大臣犹且如此，五胡窥觊神器之事就无足深责。司马光身处君尊臣卑的时代，当然不敢轻易发挥这种评论，但是我们读《资治通鉴》，则不能不体会此弦外之意。司马光留心这些事情，而将之记载下来，显然认为此事有"善可为法，恶可为戒"的价值，我们不能因为他没有评论就忽略过去了。

元帝即位前后，中原仍有一些晋朝大臣拥兵保境，他们或有自重的野心，或为欲效力王室的忠义之士。根据司马光记载，太兴元年三月庚午，鲜卑慕容氏遣使来，朝廷拜慕容廆为龙骧将军、大单于、昌黎公。于是慕容廆任用来附晋人，击取附近弱小部落，颇有意乘乱逐鹿中原。

同年五月，司马光又记载，本来与鲜卑段氏结盟伐匈奴的名臣刘琨，为段匹磾（dī）所害，晋室遂痛失一忠勇努力之士。刘琨在并州时颇得夷狄之心，被害后，夷人与晋人皆不附于段氏；然而元帝朝廷认为匹磾尚强，希望利用他平定河朔，不但不为刘琨举哀，而且抑压群臣为刘琨讼冤的奏章，数年以后才追赠刘琨为太尉、侍中。这种行为，实令中原效忠晋室的豪杰丧气，华、夷为之心寒。后来晋朝北伐，中原响应不踊跃，大概与这些事情有关。

同年秋七月，司马光又记载，鲜卑拓跋氏西取乌孙故地，东兼勿吉以西，士马精强，雄于北方。拓跋氏此时对中原较无野心，但地广兵精，成为后来南下建立北魏的张本。

同年同月癸亥，汉主刘聪病逝，国内大乱。八月，坐镇长安的刘曜挥兵回京平乱，冬十月乱平，即位为皇帝，拜拥兵统治河北一带的羯人石勒为大司马、大将军、赵公（相当于最高统帅）。自后匈奴所建之汉，名为统一，内实分裂为两大部分。石勒之封赵公，是他建立赵朝的张本。这时由于战乱及强迫迁徙，黄河流域人民普遍大迁徙，五胡部族横行于河朔，但大体臣服于汉朝之下。

第二年（大兴三年，320）三月，汉主杀害石勒的使臣，石勒大怒说："孤事刘氏，早已超过人臣所应遵守的职分了。他的基业，都是我所建立的，现在已经得志，就想回头图谋于我。赵王

（这时石勒已晋爵为赵王）、赵帝，孤自为之，何必要他来封我！"于是刘、石两大集团决裂，战乱方兴未艾。

同月，汉主刘曜西还关中，定都长安。六月，建立宗庙、社稷，下诏说："我的祖先，兴起于北方。高祖（指刘渊）建立汉的宗庙，目的是收取民望。如今应该改国号，以单于为祖才是。"于是改国号为"赵"，以匈奴雄主冒顿配天，恢复匈奴政权的面貌，放弃以汉朝作为号召，历史上称为"前赵"。

赵王石勒虽统治华夷各民族，但他原是羯族人，见刘曜恢复匈奴事业，他也在官属劝进之下，于同年十一月自称为大将军、大单于、领冀州牧、赵王，以襄国（今河北邢台市桥东区）为大本营，依照刘备在蜀、曹操在邺的故事，粗创"后赵"政权。他以大单于的名义统治胡人，以赵王的名义统治华人；胡人称为"国人"，严厉禁止胡人欺侮衣冠华族。

鲜卑各族散在长城沿边，这时候的局面，大体上是刘赵、石赵以太行山为界，东、西对峙，而又南与晋朝鼎足三分的形势。石勒的优先选择是消灭晋朝遗留于黄河流域的藩镇，刘曜则以武力平服关陇的羯、羌、氐诸族，战乱仍不得稍止。

五胡在河朔横行，晋室在江南处境也不顺利。元帝大兴三年（320）冬十月，司马光记载说，元帝当初镇江东时，王敦与其从弟王导同心翼戴，所以元帝也推心任之，由王敦总征伐，王导专机政，王氏子弟布列要津，至有"王与马（司马氏），共天下"之语。稍后王敦自恃有功，而且宗族强盛，于是变得骄恣起来。

元帝对他畏惧而痛恶，却又不敢公开指责他，乃引刘隗（wěi）、刁协等人为腹心，稍抑王氏之权，连王导也渐见疏远。王敦为此益怀不平，遂生嫌隙。元帝后来知道王导忠心，仍加重用，但对王敦则刻意防范。

翌年七月，朝廷任命戴渊出镇合肥，刘隗出镇淮阴，名为讨胡，实在防备王敦。江北前线名将、素为石勒所畏惧的豫州刺史祖逖（tì），认为自己披荆剪棘地收复河南之地，准备作为北伐的基础，如今朝廷派毫无弘志远识的戴渊来作为都督，成为自己的顶头上司，心里怏怏不乐。又闻王敦与刘、刁等构隙，将有内难，心知北伐大业无法完成，因此愤激发病，延到九月而去世。祖逖之死，使石勒除去后顾之忧；王敦久怀异志，只是害怕祖逖，故祖逖死后，王敦益无忌惮了。

第二年（永昌元年，322）春正月戊辰这天，王敦举兵于武昌，上疏声讨刘隗、刁协之罪，声明"隗首朝悬，诸军夕退"（白天若斩刘隗的头悬挂起来，晚上立即退兵），并以伊尹放太甲之事自况。元帝大怒，下诏说："王敦胆敢狂逆，把朕比作太甲，想把朕幽囚起来，是可忍也，孰不可忍！如今朕亲率六军以诛大逆，有人能杀死王敦，封五千户的侯爵。"同时急征戴渊、刘隗两部入卫首都。

三月，王师大败，元帝遣使告诉王敦："公如果不忘本朝，就此息兵，则天下尚可共安；如果不然，朕当回归琅邪以避贤路！"王敦遂息兵驻扎。

辛未这天，元帝拜王敦为丞相、都督中外诸军事（全国诸军统帅）、录尚书事（地位相当于皇帝秘书长，但权力则等于宰相的职位）、江州牧，封武昌郡公。王敦推让不受，但任意迁黜群臣，改易制度，掌握实权。后来虽回藩镇，然而留下心腹人员在京，遥遥控制朝政。同年闰十一月，元帝忧愤成疾而死，由太子明帝即位，遗命王导辅政。自后王敦屡谋篡位，晋室风雨飘摇，直至太宁二年（324）秋七月，王敦病死，仍靠战争，才把王敦集团清除。此年年初，北方的二赵亦正式交兵打仗，民不聊生。

太宁三年闰七月，明帝死于二十七岁的英年，五岁的太子即位，是为成帝，由王导、庾亮、卞壸（kǔn）辅政，大事皆决于庾亮。根据司马光在元帝大兴元年三月庚午条下记载，庾亮风格峻整，善谈老、庄学说，是则此人颇好清谈玄学的风气。由于他是庾太后的哥哥，新皇帝的舅舅，故掌握大权。此后王导常称疾不朝，以避事权；卞壸则是一个廉洁实干之人，为名士们所轻视。当时贵游子弟多慕王澄、谢鲲为放达，卞壸曾厉色于朝批评此风说："悖礼伤教，罪莫大焉！中朝（指西晋）倾覆，实由于此。"他想整顿风气，推究放达之士，结果为王导、庾亮所阻。由此看来，东晋朝廷有政治冲突，社会仍然流行西晋亡国之风气，欲想北伐复国，真是万难之事。

庾亮本来也不是奸诈之人，只是专权急切，不惜排斥异己罢了。第二年（咸和元年，326）冬十月，庾亮想诛除有力的宗室南顿王司马宗，并想进而废黜其他执政，于是引起司马宗武力反抗。司马宗失败被杀后，其宗族被逼改姓为"马"氏，其他有名望的王室近属，庾亮也多加贬黜，这些行动连成帝也不知道。过了很久，成帝奇怪地询问庾亮："平常每天看到的白头公（指司马宗）哪里去了？"庾亮告以谋反伏诛。

成帝哭泣着说："舅舅说人做贼，就得以随便杀人；人家说舅舅做贼，那该当如何？"

庾亮想尽斥司马宗的朋友，于是力排众议，要除去历阳太守苏峻。同年年底，苏峻起兵反抗，直攻建康。翌年春正月，首都沦没于兵劫，庾亮出走，太后忧死。直至夏四月，众镇推征西将军陶侃为盟主，联兵指向建康，持久战至九月，才把苏峻之乱平定。

就在此年（咸和三年，328）秋七月，赵主刘曜亲统大军打败石虎（石勒从子），乘势进攻洛阳。冬十一月，石勒急统大军赴救。刘曜兵败被执，不久被杀，他的关中地盘闻讯大乱。翌年八月，石虎攻入关中，俘虏赵太子及王公卿校三千余人，实行大屠杀、大移民，前赵遂亡。降至晋成帝咸和五年（330）二月，石勒自称"大赵天王、行皇帝事"（代理皇帝），大封子弟百官。同年九月，在群臣一再劝进下，石勒乃正式即皇帝位，不久迁都于邺。至此，除了一些割据势力外，中国政局，大体上是（后）赵、晋南北对峙的形势。

成帝咸和八年（333）秋七月，赵主石勒病死，北方再度陷入大战乱，各族蜂起交争，一度由氐人苻坚所统一，建立秦朝。

降至晋孝武帝太元八年（383）淝水之战后，苻坚崩亡，各族又起而蜂争，混战五十余年，再度由鲜卑拓跋氏统一。拓跋氏建立魏朝，与南方的宋、齐、梁、陈对抗了一个半世纪，南、北双方终为隋朝所统一。这一个半世纪的对峙，历史上称为"南北朝"时代，但是南、北对峙的形态，应早在石勒称帝时代已经奠定了。

五、民族的同化融合

五胡各族在当时看来，与中华文化培育的华人，大异其趣，所以胡、华对称，华人视他们为异族。晋人说"胡"，广义的是泛指各异族，狭义则指匈奴族而言。至于"杂胡"，则往往指异族的混血儿而言。五胡之中，匈奴与中国交往时间最长，汉化也较深，他们在汉代，即往往遣送子弟来华留学。

司马光写到晋武帝咸宁五年（279）春正月时，首次记述匈奴刘渊的事迹，即交代刘渊是匈奴左部帅、左贤王刘豹之子，质押于中国为侍子（外国君长降附，中国政府往往征求他派遣一子来作人质，称为侍子）。刘渊在中国，师事学者崔游，博习经史，曾告诉同学朱纪、范隆说："随何、陆贾无武，灌婴、周勃无文，我常为他们感到羞耻。随、陆两人遇到汉高祖而不能立功封侯，灌、周两将遇到汉文帝而不能复兴文教，岂不是太可惜吗？"所以他兼学武事，成为文武兼备的人，晋朝宰相大臣多人，对他都器重及加以推荐。从他说的话，可见他确实了解中国的历史文化。

司马光介绍鲜卑族的雄主慕容廆，写到晋武帝太康十年（289）五月，晋朝拜廆为"鲜卑都督"时，司马光记述说，慕容廆谒见何龛，以士大夫之礼，巾衣到门。何龛命令晋军陈列戒严以延见，慕容廆于是改穿军服而入。有人问其缘故，廆道："主人不以礼待客，客人又能怎样呢！"何龛闻知，甚觉惭愧，自此对慕容廆深加敬异。如此看来，鲜卑慕容氏也有懂中国文化的人。

同年年底，司马光记载刘渊为匈奴北部都尉，五部豪杰及幽、冀名儒，多往归之。胡三省为此作注说："这是刘渊得众以移晋祚的张本。"值得重视的是，若非刘渊的学问才干很好，中国的名儒人才，绝不会此时投靠他的。

无独有偶，六年以后（晋惠帝元康五年，295）的十二月，鲜卑拓跋氏分其国为三部，代郡人卫操及其侄卫雄，与同郡人箕澹往依之，劝其部主猗㐌（yī yì）招纳晋人。猗㐌大为高兴，任以国事，晋人来靠附者稍增。是则拓跋氏任用晋人，了解中国文化，不待后来建立北魏才开始。

匈奴、鲜卑都在中国北方，中国西南方的氐族，是最早建立政权的一族。晋惠帝永宁元年（301）冬十月，氐族豪杰李特兄弟等，为关中六郡流民及巴氏所推，自称"行镇北大将军"。他设置官僚采用晋朝制度，并不以少数民族的部落政权面貌出现，而且推行的措施，有点像汉王刘邦当年。李特在两年后被杀，其弟李流、其子李雄相继成为领袖，建立成朝以后，特别注重采用汉、晋的体制。

司马光在晋惠帝永兴元年（304）八月条下，介述刘渊之子刘聪，说他骁勇过人，博涉经史，善于属文，能弯三百斤之弓；二十岁游于洛阳，名士莫不与他相交，所以皇太弟、丞相司马颖拜他为积弩将军。其父当时官拜冠军将军，因此父子皆为晋官，而且都在名士学者之中具有名望。刘渊似乎汉化甚深，他鄙视本族的名主呼韩邪单于（西汉时来降，汉帝赠以王昭君的人），声言大丈夫当为汉高祖与魏武帝（曹操），因而建立"汉朝"，自称汉王。至于他接受"大单于"的尊号，只是为了安抚族人要求复兴呼韩邪事业的心理而已。"汉朝"的制度，亦遵行中国的体制。

建立后赵的羯族人石勒，在晋怀帝永嘉三年（309），官拜"汉朝"的安东大将军，此年三月，他进攻巨鹿等地，众至十余万，于是选择衣冠人物另成一营，号称"君子营"。其部以匈奴及羯族为多，但重要谋臣却是晋人张宾。张宾好读书，阔达有大志，常自比张子房（张良）。当石勒来攻时，张宾告诉亲友："我历观诸将，无人能比得上此胡将军（指石勒），我可与他共成大业！"于是提剑至军门求见，后为石勒所奇，终生对他敬重听从，终成帝王之业。

石勒、石虎（石勒从子）两人，乃是最喜欢杀人的胡人。但在司马光的笔下，也介绍了他们聪明理智的一面。

晋怀帝永嘉五年（311）三月，晋朝的实际统治者东海王司马越病逝，部众共推以清谈玄学著名的大臣王衍等，十余万人护送他的灵柩回归东海国。夏四月，石勒率轻骑追之，大败晋军，纵令骑兵围困晋军而射，十余万人相践如山，无一人得免。他俘虏了王衍等大臣，坐之幕下，问晋情故。

王衍具陈祸败之由，推卸责任，自谓计不在己，自少无宦情，不预闻世事；兼且劝石勒称尊号自立，希望免于被杀。石勒怒斥他："君少壮登朝，名盖四海，身居重任，怎说得上无宦情哩！破坏天下，不是君还有谁？"下令扶王衍出去。余俘见状畏死，多自陈不是，只有襄阳王司马范神色俨然，顾视同伴而呵斥道："今日之事，何必如此纷纭！"

石勒对大将孔苌说："我纵横天下多了，从未见过这种人，可以存他一命吗？"

"他们都是晋朝王公，终不为我所用。"孔苌答。

"虽然这样，"石勒道，"总要不可加以锋刃才好！"于是乘夜使人推倒墙壁，把他（王衍）压死。

石勒又剖破司马越的灵柩，焚毁其尸，说："乱天下的就是此人，我为天下向他报仇，所以焚其骨以祷告于天地。"

东晋元帝大兴二年（319）十一月，官属劝石勒脱离匈奴所建之汉自立。他自称为大将军、大单于、赵王，以赵王身份统治华人及州郡，朝会时则采用中国式的天子礼乐、衣冠、仪物等，也遣使劝课农桑。对于胡人，他则以大单于名义统治之，另成一系统，重禁胡人欺负华人。这种二元政治及制度，由刘渊创始，他族也颇采用。例如愍帝建兴二年（314），由于中原混战，中国流民数万家投奔辽西慕容廆。廆以冀州人为冀阳郡，豫州人为成周郡，青州人为营丘郡，并州人为唐国郡，分别以中国郡县方式治理，另成一系统。所以三年以后（元帝建武元年，317），元帝拜他为"都督辽左杂夷、流民诸军事、龙骧将军、大单于、昌黎公"。杂夷指辽西各族，流民指晋朝人民，各以大单于及晋朝官职分别治理。

石勒与慕容廆都是著名的胡族领袖，性格不一样，但敬重中国士大夫则无大异。大兴二年十二月，慕容廆擒获高瞻，欲用他为将军。高瞻称疾不就职。廆多次临候，抚着他的胸膛说："君的疾病在这里，不在其他地方呀！如今晋室丧乱，孤欲与诸君共清世难，翼戴帝室。君是中州望族子弟，应该和我的志愿相同，为何因华、夷之异，介于疏远我呢？立功立事的大业，惟问平生志略如何罢了，何足斤斤计较华、夷之别呢？"虽然高瞻始终不应命做官，但慕容廆也没有因此加害于他。

翌年春正月，另一与晋朝友好的鲜卑段氏内战，段末杯打败段匹磾。匹磾向邵续说："我本夷狄，因慕义而破家（他是亲晋的段氏大领袖）。君如果不忘旧好，请相与共击末杯如何？"邵续出兵助攻大捷，乘势欲光复段匹磾被石虎所攻没的地盘。二月，石虎俘虏了邵续，要他至城下劝降。邵续向守城的侄子邵竺高呼："我志欲报国，不幸至此。你们努力奉匹磾为主，勿有贰心！"

石虎将他解送给石勒。石勒以为忠，释放而礼遇他，用他为官；并因而下令说："从今以后，攻克敌军，俘获人士，不得擅

219

杀，必须生擒送来。"

司马光对这些事情均不加评论，事实上，当时诸族君长敬重中国文化，起用中国读书人帮助统治，已经颇有汉化的倾向。有些部族华、夷相处良好，如成朝氏族的李氏、鲜卑段氏等；有些则华、夷之间颇有介心，有民族主义意识，如匈奴的刘汉、羯族的石赵等。通常来说，诸族君长多倾向汉化，民族意识较淡；但其族民多未受过中国文化教育，民族意识较浓。

黄河流域所建的胡族政权，在战乱之中，较江南的晋朝更早注意到文化教育的推行。晋元帝大兴三年（320）六月，前赵主刘曜下诏挑选神志可教的人民一千五百人，选择儒臣以教育他们。根据司马光的记载，在惠帝永安元年（304），刘渊的族子刘曜，此时已仪表魁伟，性格拓落高亮，与众不同；他好读书，善属文，常自比为乐毅及萧何、曹参。刘渊对他甚为器重，竟夸奖说："永明（曜之字）这孩子，即使比于汉光武帝及魏武帝之流，那几个人又何足道哉！"是则他成为五胡中第一个兴办教育的君主，也非偶然之事。

刘曜在长安兴办教育后两个月，后赵主石勒也在襄国下令张宾主理选举事宜，初定五品等级，后改为九品，乃是模仿晋朝的九品中正制度；命令公卿及州郡每年举秀才、至孝、廉洁、贤良、直言、武勇之士各一人。

降至晋成帝咸和元年（326），石勒又命令王波典定九流，创立秀才、孝廉等科考试经义的制度。两年之后，石勒消灭前赵，晋朝也因王峻之乱而宫阙灰烬、民物凋残，元气大伤。此时考选制度，以后赵推行最力。

咸和五年秋九月，石勒正式称帝。司马光在咸和七年春正月记载说，石勒虽然不学，但喜欢命令诸生读书给他听，时以其意评论古今得失，闻者莫不悦服。辛未那天大宴群臣，石勒问徐光道："朕可以与古代何等君主比较？"

"陛下神武谋略过于汉高祖，后世无人能比。"

"人岂不自知，卿讲得太过分了！"石勒笑道，"朕如果遇上汉高祖，当北面事之，与韩信、彭越比肩称臣罢了。如果遇上光武帝，朕当可与他并驱中原，未知鹿死谁手。大丈夫行事应该光明磊落，像日月一样皎然，绝不能学曹孟德（曹操）、司马仲达（司马懿）欺人孤儿寡妇，狐媚以取天下啊！"

光武帝乃是中国提倡文教气节的名君，观石勒的志气与目的，真令人有感于此羯族虎狼之君。第二年秋七月，石勒病逝，壮志未展，他用武力缔造的政权，自后亦陷于武力变乱之中，终至亡国。

胡族在北方推动文教，南方的晋朝在庾亮领导下，清谈之风甚盛。根据司马光在石勒死后一年（咸和九年，334）的六月辛未日记载，庾亮坐镇武昌，辟殷浩为记室（秘书）。殷浩与褚裒（póu）、杜乂（yì）等人，皆以识度清远，善谈《老子》和《易经》，擅名江东，其中尤以殷浩最为风流所宗。降至成帝咸康三年（337）春正月，国子祭酒（相当于教育部部长）袁瑰与太常（相当于文

221

化部部长）冯怀两人，才以江左渐安为理由，请求兴建学校。成帝批准，于是才正式建立太学，征集生徒（学生）。然而士大夫习尚老、庄学术，儒术始终不振。

数年以后，王导、庾亮相继死去。降至成帝咸康七年（341），鲜卑燕王慕容皝（huàng，慕容廆之子）因屡次约晋进攻中原，晋朝反应不佳，乃派刘翔为特使，赴建康联络。二月，刘翔抵晋京，痛恨江南士大夫的骄奢酗纵风尚，在某次朝贵大宴时，质询宰相何充说："四海板荡已经超过三十年，宗社为墟，黎民涂炭，这真是朝廷焦虑之时，忠臣毕命之秋啊！然而诸君宴安江左，肆情纵欲，以奢靡为荣，以傲诞为贤；没有闻说謇谔之言，没有看到征伐之功，你们准备用什么办法来尊显主上，救济生民呀？"晋朝贵臣为之甚惭。

晋朝贵臣之中，庾翼（庾亮弟）、桓温都是实干雄才、主张北伐之士，何充及会稽王司马昱，则是清谈玄学的名人。谈玄之风以殷浩、杜乂才名最盛。成帝咸康九年（即康帝建元元年，343）二月，司马光记载，庾翼批评谈玄之士说："这些人应该束之高阁，等到天下太平，然后再慢慢商量他们应该担任什么官职！"庾翼的言论，招致何充、司马昱一派的反感及抵制，这是后来不断政争，桓温废帝的张本。

江东谈玄风盛，软弱奢靡；北方石虎篡位后，则以屠杀为喜。不过，此时有两种发展值得重视：一为石赵的信佛，一为慕容燕倡导文教。

司马光在晋成帝咸康七年九月条下，追述石勒生前信佛，敬事天竺（印度）僧人佛图澄。石虎受他感染，即位后事奉尤谨，赐佛图澄穿绫锦，乘雕辇；朝会之日，由太子、诸公扶他上殿，当司仪呼唱："大和尚到。"满朝文武均为之起立致敬。上有所好，下有甚焉，所以国人率多事佛；他们争造寺庙，削发出家。石虎认为真假杂糅，有些人是为了逃避赋役的，于是下诏咨询中书："佛，国家所尊奉，乡里小人没有官爵，他们应该事奉佛教吗？"

王度呈奏建议书说："王者祭祀什么神，典礼已经记载得很清楚。佛是外国之神，不应为天子、华人所事奉的。汉朝佛教初传入时，只让西域人（中亚人）在都邑立寺以事奉，汉人皆不得出家，魏世也是这样。如今应该禁止公卿以下，不得诣庙烧香、礼拜；赵国人已出家为沙门的，都必须还俗。"

石虎知悉后，又下诏决定说："朕生自边疆，忝为中国之主，至于飨祀，理应遵从本俗。至于夷、赵（指汉人）百姓乐事佛教的人，特许他们信奉。"

石氏信佛，使黄河流域华夷群起信奉，后来江南也极为流行。佛教在这时流行起来，有调和民族信仰意识、缓和民族冲突屠杀之功；对两百多年以后，民族融合、政治统一两大事业，均有甚大贡献。佛、老两大思想学说，并驰而又相激，对于日后中国学术文化的发展，也有极大影响。可惜司马光对此不加评论，无由了解他的认识。

鲜卑慕容氏拥有辽河流域，中国人归附甚众，慕容廆甚重用中国士大夫。慕容皝继承父志，与晋保持良好关系，咸康七年派刘翔南来，为皝求得"使持节、大将军、都督河北诸军事、幽州牧、大单于、燕王"的官爵，燕之基础大定。

慕容皝南攻石赵，东兼高句丽，北取鲜卑宇文氏，拓地三千里；惟雅好文学，常亲临学校讲授，考选学生至千余之多，颇有妄滥的情况。晋穆帝永和元年（345）春正月，记室封裕上书谏他，建议学生三年无成，则应淘汰，回乡为农，以免阻塞其他英才上进之路。由此可见，文教功能，也早已被鲜卑所重视，他们设立学校，培养人才，盛况可观。慕容皝听从封裕的建议，下令裁择学生，严加考试。

由于自己能培养人才，加上与江东悬隔万里，政治及风气均不受晋朝影响，所以同年十二月，慕容皝另建年号，开始不用晋朝正朔。石虎死后，华人与诸胡再度在中原混战，晋穆帝永和八年（352）九月，当殷浩准备乘乱北伐，而借口军费浩大，因此罢遣太学生徒之时，燕人即部署自立。这年十一月丁卯，创定百官制度；第二天戊辰，慕容儁（皝子，皝已死）正式即皇帝位。当时刚好有晋使来到，燕主儁告诉晋使说："你回去禀告你的天子，说我承人乏，为中国所推，已经称为皇帝了！"

所谓"为中国所推"，意思就是表示他自己才是中国人所推戴的天子。观司马光写殷浩废学校，竟说"学校由此遂废"，反观燕朝多年来兴学的努力，就可以知道燕主自谓中国之主，确实不嫌夸张。

五十年以后，二度统一北方的氐族苻氏政权（前秦），因淝水之战而崩毁，中原第三度爆发大混战。原已亡国的鲜卑拓跋氏，在拓跋珪领导下，于晋孝武帝太元十一年（386）复兴代国。拓跋氏（原在内蒙古一带）较晚接触中国文化，至此亦因卷入中原政局而日渐受到熏陶。翌年夏四月，代王珪改称魏王，成为建立拓跋魏（北魏、元魏），统一北方的张本。降至晋安帝元兴二年（403），魏主拓跋珪始命有关机关制定冠服，草创法度。创制虽然多不稽古，却显示拓跋氏政权自此汇入中国的文化圈。这年十二月，正是楚王桓玄篡晋、江东政局变动不安的一年；而拓跋珪则早已在五年前正式称帝，迁都于平城。

自建魏号八十四年以后（宋明帝泰始七年，471），魏献文帝（珪五代孙）由于爱好黄、老、佛之学，经常引见朝士及沙门共谈玄理，淡薄富贵，有遗世之心，乃于此年八月，禅位给五岁大的儿子——著名的孝文帝。从此，北魏统治下的胡族，汉化的速度就有计划地加快了。北魏孝文帝太和十八年（齐明帝建武元年，494），魏都迁至洛阳，希望取得中原正统的地位；他努力推行汉化的最后工作，禁止胡服胡语，改定氏族姓氏，强化文教功能，使魏朝俨然变成华夏王朝。

由于民族文化的大融合，政治社会的大整顿，终于孕育出即将来临的隋唐盛世。司马光对此大变动惜墨如金，评论阙如；反而对南方政权（晋、宋、齐、梁、陈）重要性不及此事的事情，往往加以评论。这种重华轻夷的态度，似乎受到时代风气的熏陶。

因为宋朝一直为辽、夏所欺凌，士大夫多有仇夷尊华的思想意识。司马光大概也有这种"当代意识"吧。不过，司马光曾评论孝文帝赦免三个违法军人的死罪，他一方面批评孝文帝屈法赦免是细微之仁，非人君之体；另一方面则惋惜孝文帝为"魏之贤君"，犹且如此随便屈法。是则，孝文帝实为对胡族汉化事业贡献最大的贤君，司马光对此，似乎也予以肯定。

第六章　隋　纪

一、最后一次的欺人孤儿寡妇及南北统一

陈宣帝太建十二年（580）五月，（北）周"天元皇帝"（即周宣帝）崩殂，鲜卑宇文氏所建的北朝政权，充满了风雨欲来之势。"天元皇帝"宇文赟（yūn）年才二十二岁，却于去年让皇帝位给太子，自己退为太上皇，以游心佛、道。太子阐即北周静帝，年才七岁。"天元皇帝"死后，杨坚——他五个皇后之一杨后的父亲——秘密部署，控制了军权，成为左大丞相，将百官总己以听，切实掌握朝政，并进行夺权篡位的阴谋。

翌年（陈宣帝太建十三年，周静帝大象三年）二月甲寅（三日），杨坚的篡位工作已经完成，遂晋位为相国、隋王。他的幕僚庾季才等人，劝他在此月甲子（十三日）"应天受命"，于是周主下诏逊位，出居别宫。十三日，杨坚即位，此即隋文帝，改国号为隋，改元为"开皇"。尽管文帝为颇染胡风的汉人，但经历五胡乱华大动乱、大分裂二百七十八年以来，黄河流域至此才出

现了一个较像样的汉族政权。

当一些朝臣伪造圣旨命令杨坚辅政时，杨后虽然没有参与计划，但也因为静帝幼冲，恐怕大权落在他人手中；及至听说由其父辅政，内心甚喜。后来知道其父密有异图，意颇不平，至形于言色。及至杨坚受禅，杨后愤惋更甚，隋主内心甚为惭愧，改封她为乐平公主。过了一段日子，更想要她改嫁，因为公主坚决不答允而止。

大臣窦毅之女，听说杨坚受禅，遂自投堂下，抚膺叹息说："恨我不是男子，拯救舅家（窦氏与周室有姻戚关系）之难！"窦毅与其妻襄阳公主急掩其口说："你不要妄言，使我们招致灭族大祸！"但是窦毅由此器重这女儿，待她长大后，将她嫁给了唐公李渊。司马光在许多大事之中，记载了一段这样的小事，用意似在一面用以表示部分周朝臣子对杨坚篡周的反应；一面则介绍唐高祖李渊夫妇，及其后来废隋建唐心理发展的张本。事实上，司马光在此介述李渊夫妇，确实别出心裁。

隋主杨坚即位之后，一面整顿内政，一面早在翌月（开皇元年三月），分别任命名将贺若弼为吴州总管坐镇广陵，韩擒虎为庐州总管坐镇庐江。司马光记载说，隋主有吞并江南之志，问将帅人选于宰相高颎。高颎推荐此两人，所以把他们用于南方前线，命令他们秘密筹备经略江东的军事。是则杨坚想统一中国，消灭南朝陈的政权，意志及行动很早就已决定。

宰相虞庆则劝隋主尽灭北周宇文氏，高颎等大臣亦依违从之，不敢反对。另一宰相内史令（中书省长官）李德林固争，以为不可。隋主作色说："君是书生，不足与议决此事！"于是北周王族先后被杀，而李德林也因此十多年不再升迁。五月，隋主秘密害死周静帝，才认为大事已定。他的做法，比曹操篡汉与司马氏篡魏，显得更不磊落光明，更为卑鄙黑暗。

诛灭宇文氏以后，隋朝已无后患之忧，乃于同年九月，派遣长孙览、元景山并为行军元帅，"发兵入寇"，而由宰相高颎为最高指挥官。司马光所说的"入寇"，是指进攻陈朝而言。他用"入寇"两字来描述此事，显示了司马光有浓厚的正统观念；这种观念与他前面论述三国正统的说法颇不一致。因为如果平等的两国相争，照例只能用攻战等字眼，不能说谁寇谁，谁征谁。司马光惯例写北朝南攻为寇侵，南朝北攻为征伐；又称南朝天子为帝，称北朝天子为主。例如隋是正统王朝之一，一统天下前，司马光仅称杨坚为隋主，灭陈后始称之为帝；反过来，一统之前称陈朝天子为帝，灭亡后称之为陈主。他在前面曾一再强调没有轻视分裂之国，认为正统之争无甚意义；事实上，他实际撰述时却分别得很清楚，理论与实际不一致的。宋朝知识分子特重夷、夏之辨与正统主义观念，司马光显然已在有意无意之间，借用撰述《资治通鉴》，把此两大道理表现出来了。

陈朝太建十四年（隋开皇二年，582）春正月，宣帝崩殂，陈朝发生兵变；后来兵变被敉（mǐ）平，陈后主叔宝即位，稍后遣使请和于隋。高颎依照"礼不伐丧"的惯例，奏请罢兵休战。

二月，隋主诏令高颎等班师回朝，使统一行动延迟下来。此后隋朝专力对抗北方的突厥，采取先北后南的策略。

司马光介述了不少征伐突厥的战略家与名将，特别详述长孙晟的分化政策是导致突厥内乱、隋朝成功的原因。他更介述了若干隋军的英勇事迹，例如至德元年（隋开皇三年，583）六月，突厥入寇幽州，总管李崇率领步骑三千迎战。转战十余天，将士伤亡颇多，遂退保砂城。突厥围攻此城。此城荒颓，不可防守，隋军全天候作战，军粮缺乏，于是每夜突袭敌营，抢得六畜作为军粮。敌军畏惧，严加防备，反过来每夜结阵以待隋军。隋军苦于饥困，出击则动辄遇敌，死亡略尽，奔还者亦多因重伤，不堪再战。突厥意欲隋军投降，遣使向李崇说降。李崇自知不能免于难，下令于士卒说："我使军队伤亡惨重，罪当万死，今日效命以谢国家。你们待我死后，可以伪降于贼军，待机逃亡，努力还乡。将来有机会看见至尊（指隋文帝），请把我的心意表白给他。"于是挺刃冲锋，为突厥乱箭所杀。

又如太建十四年（582）十二月记载说，达奚长儒领二千兵与突厥沙钵略可汗在周槃遭遇。沙钵略部众十余万，众寡相差过悬，隋军大惧。长儒神色慷慨，且战且行，多次为敌所冲，散而复聚，四面抗拒。三天转斗下来，日夜凡十四战，武器装备用尽，士卒至以拳头奋战，手皆骨见，杀伤万计。突厥为之气夺，隋军终于解围而去。通计是役，达奚长儒身上五处受伤，通中者有两处，死亡战士高达十之八九。

隋军如此忠勇骁悍的特写颇多，这样的军队，正是克胜突厥、灭亡南朝的基础。

至德二年（隋开皇四年，584），二月，突厥达头可汗（西突厥元首）请降于隋。九月，沙钵略可汗（东突厥元首）也因屡败而请求和亲，竟致送国书给隋主说："从天生大突厥天下贤圣天子、伊利居卢设莫何沙钵略可汗致书大隋皇帝……自今子子孙孙，乃至万世，亲好不绝。上天为证，终不违负！此国羊马，皆皇帝（指隋主）之畜；彼（指隋）之缯彩，皆此国之物。"并向隋称臣。

同年，司马光也叙述陈朝的政治。他说这时陈后主内宠甚多，江总等十余个文人狎客，日夕与天子及后宫宴乐，荒怠政事。由于大事营建宫苑，国库空虚，于是增加关市之税，广事聚敛，士民为之嗟怨。孔范这些文人，又自谓文武才能举朝莫及，经常处罚诸将，并剥夺将领的兵权分配给文吏。由是文武解体，以致覆灭。司马光在记述东、西两突厥请和之同年，对南朝政局做了这样的综述，诚如胡三省注所说："《通鉴》具叙陈氏亡国之由。"让人对南北朝的发展、兴衰的轨迹，可以做一次明白的比较。

祯明元年（隋开皇七年，587）八月，隋主废掉偏居汉水、长江中游的梁朝，应是南征的先期行动。自从隋朝建立以来，隋、陈两国的邦交大体笃好，隋朝对来附的陈朝官员，大都拒绝其庇护的要求；对陈朝的间谍，逮捕后也能礼遣他们回江南，以免影响邦交。但是国书来往，陈朝往往文辞骄慢，这是激发隋主加速南征行动的原因之一。司马光在此年记载，隋主某次读陈朝国书而不高兴，交给朝臣们看。大臣杨素认为主辱臣死，于是再拜请罪。隋主向高颎讨论取陈之策，高颎策划游击战术，沿边突击破坏陈朝的社会经济，陈朝从此困厄。

当隋朝将相大臣争献平陈之计，并进行公开的部署时，陈朝君臣还在醉生梦死。章华不满朝政，曾上书极谏，大意说："陛下（指陈后主）即任，于今五年，不思先帝之艰难，不知天命之可畏；溺于嬖（bì）宠，惑于酒色……老臣宿将，弃之草莽；谄佞谗邪，升之朝廷。今疆场（yì）日蹙，隋军压境，陛下如不改弦易张，臣见麋鹿复游于姑苏矣！"后主大怒，即日将章华斩首。

翌年三月戊寅，隋主下诏出师江南，以玺书揭露陈后主二十恶，散写为三十万份，遍谕江南，发动了政治作战。冬十月，隋主在寿春设立淮南行省，以次子晋王杨广为尚书令，统筹大局。五日以后，发表以晋王广、秦王俊、清河公杨素为行军元帅，分三线南征，而以晋王广为最高指挥官；动员部队凡九十军，五十一万八千兵力，旌旗舟楫横亘数千里。

隋朝大军临江压境，陈朝君臣犹欲陈兵举行郊祀祭天之礼，不调兵戒严。江总等被隋朝收买，每次议论国防部署，群臣均议论纷纷，久不能决。

陈后主曾从容告诉侍臣说："王气在此。从前齐（指北齐）兵三次来寇，周（指北周）师两度南下，都无不摧败。他（指隋主）又能有何作为呢！"

都官尚书孔范奉承说："长江天堑，自古就是南北的限隔，今日虏军（指隋军，江南人称北人为虏）岂能飞渡呢！边防将领想取功劳，妄言事急。臣每患自己官职低卑，虏如渡江，臣一定可以立功作太尉（百官之首的官职）公！"陈后主笑以为然，故不为深备，仍然奏伎、纵酒、赋诗不辍。

开皇九年（589），由于隋朝统一陈朝，所以司马光自此采用隋文帝的年号，称他为帝。此年春正月乙丑朔日（初一），隋军乘大雾掩护，飞越长江天堑。两天以后，陈后主才召集公卿商议军事，并征调僧尼与道士执役。七日辛未，隋军进据钟山，当时建康城尚有部队十余万；但陈主怯懦，只知日夜啼泣，政事交由文人施文庆等指挥。施文庆等犹且排斥将领，将领凡有建议，率皆批驳不许。当最重要的将领萧摩诃（hē）与任忠，分别向贺若弼和韩擒虎投降后，城内文武百官都逃遁一空，后主身边只有袁宪。后主感慨地对袁宪说："我一向对卿的礼遇比不上他人，今日但觉后悔万分。如今亡国，不单是朕的无德，亦是江东衣冠道尽啊！"

韩擒虎挥军入建康，在宫苑井中搜获后主与贵妃张丽华等人。隋朝于是分命臣工至江南各地招抚，南北分裂两百余年，至此终告复合。

二、开皇之治

杨坚以后父身份，伪称受到北周"天元皇帝"要他辅政的遗诏，切实控制了军队，并将百官总己以听，于是由左大丞相、都督中外诸军事、丞相、相国等名义，专制朝政。司马光在陈宣帝太建十二年（周静帝大象二年，580）八月戊辰日条下，记载了奉使周朝而回的梁朝（后梁）特使柳庄，向梁主提出的建议。这时上距"天元皇帝"之死仅仅三个月，周朝有些方面大员举兵反对杨坚专政，梁朝诸将也纷纷提议举兵联盟周朝起兵的大员，认为进可共图关中，退可席卷山南（指华山以南汉、沔流域）。柳庄反对说："周朝起兵诸大员，都属昏老庸下的人，缺乏匡合之才。在中央（长安）的将相，则多为自己打算，竞效节于杨氏。以臣的预料推之，起兵大员终会失败覆灭，随（杨坚称帝后才改称为隋）公必会篡位成功。本朝不如保境安民，以观其变。"梁主采纳，众议遂止。

柳庄的建议，反映了杨坚政权的特质及北周中央的政情，这是汉末以来，最后一次挟天子以令诸侯，曹操与司马懿形式篡权成功的事例。

太建十三年二月十三日，杨坚称帝建隋，改元开皇。司马光即日记述了隋主改革周朝官制，采用汉、魏旧制的大事。隋朝建立三师（太师、太傅、太保）、三公（太尉、司徒、司空）、五省（尚书、门下、内史、秘书、内侍）、二台（御史、都水）、十一寺（太常等）、十二府（左、右卫等）的新体制，不单用以达成开皇之治，而且开创了唐代优良的官制基础。司马光不只注意到此致治的基础，而且也注意宰相的人选与才干，他们大多是一时之选，为政治的原动力。

高颎出任尚书左仆射（尚书省长官，相当于首相），固属允当之选。高颎推荐的另一宰相苏威，亦是极有才干的第一流人物。同年三月，隋主任命太子少保苏威兼任纳言（门下省长官）及度支尚书（相当于财政部部长）。苏威之父苏绰在西魏（为北周所篡的关中王朝）时代，曾因国用不足，制定颇重的征税法，既而感叹说："今天所为，就像张开弓箭一样，不是太平盛世的法规啊。后之君子，谁能够改革过来！"苏威闻言，遂以宽弛税政为自己的责任，故他视事后，寻即奏减赋役，务从轻简，隋主完全批准他的改革计划。

由于渐见亲重，苏威遂得与高颎参掌朝政，两人乃成隋史上最好的宰相。开皇初，苏威身兼五职，御史梁毗认为他贪恋权位，抗表弹劾。隋主对他说："苏威朝夕孜孜，志存远大，为什么突然向他施加压力！"因而又告诉朝臣："苏威如果不是遇到我，他将无以策划各种计划；如果我得不到苏威，又怎样可以行其道呢？杨素才辩无双，至于斟酌古今，助我宣化，哪里可以比得上苏威哩！"

高颎、苏威同心协力襄助文帝。事无大小，文帝也都与此二相谋议，然后才颁诏施行。所以革命（指隋受周禅）数年之间，天下称平。

太建十三年九月以后，司马光记述了几件与政治有关的事情：

该月，朝廷推行货币改革措施，将北朝历来流行通用的民间私铸钱及古钱禁止使用，更铸良好的五铢钱作为统一货币。这种五铢钱，每一千个规定重四斤二两，民间运用方便，为社会经济奠下良基。

冬十月，隋主下诏废削杂格严科（格为隋唐法令的一种，科即法令条文，这里指废削杂乱严苛的法令条文），颁行新律。建国之初，隋主鉴于北周律令比北齐繁杂，于是诏命高颎、裴政等人更加修订。修订者决定采择魏、晋、宋、齐、梁南朝一系的旧律，酌情审定，对北朝混杂的胡族法律加以澄汰。于是制定死、流、徒、杖、笞五刑，废除了前代的枭首、轘（huàn）裂等酷刑；规定百姓得依照司法程序，可以向县、郡或州提出控诉，地方政府若仍不受理，甚至得诣阙申诉（向皇帝申诉）。这种理性而又人道的法律及司法体制，遂为后世多所遵用。

隋主夫妇都是善于猜疑别人的人，但是他们却颇能自制，而且甚为节俭，司马光也加以记述。某次，隋主对一郎官生气，于殿前笞之。谏官刘行本上前说："此人素清，其过又小，希望稍加宽贷。"隋主不理会。行本于是正当帝前，正色说："陛下不以臣不肖，置臣于左右。臣的说话如果对了，陛下怎能不听！若果错了，就应该依法处罚。"因而把朝笏（hù）放在地上而退下。隋主见状，敛容谢罪，就原谅那郎官了。

独孤皇后家世贵盛，而能谦恭，雅好读书（隋主不好读书），言事多与隋主意见相合；帝对她极为宠爱与忌惮，宫中称为"二圣"。隋主每次临朝，皇后辄与他并辇而进，至殿阁乃止；又使宦官伺候隋主，政有所失，随即匡谏；及至退朝，她又与隋主同返寝殿。某次，她的表兄弟崔长仁犯死罪，隋主因皇后的缘故，想加赦免。皇后竟说："国家之事，焉可顾私！"终处长仁死刑。

独孤皇后素来俭约，某次隋主要配泻药，须用胡粉一两。宫内因为不用，竟求之不得。某次想赐刘嵩妻织成的衣领，宫中也没有。

隋主非常注意吏治，对地方长官严加考核及奖励。新丰县令房恭懿的政绩为三辅（京兆、扶风、冯翊为首都附近三郡，称为三辅）之冠，隋主赐以粟帛。雍州（首都所在州）各县县令朝谒，隋主见恭懿，必定呼至榻前，咨以治民之术。某次，隋主召见各地至京汇报政情的特使，告诉他们说："房恭懿志存体国，爱养我民，此乃上天宗庙之所佑。朕如果将他忽视而不赏，上天宗庙必当责我。卿等应该拿他做榜样。"因而擢升恭懿为海州刺史（州长）。由是地方官吏多称职，百姓富庶。

降至至德元年（隋开皇三年，583）三月，朝廷迁都至新落成的大兴城（即唐之长安），隋主同时下令，命令人民以二十一岁成年，不但把服役年龄后延三年，而且改革每年服役三十六天为二十天，每户出调由一匹绢减为二丈；北周官卖、官营的酒与盐制度，至此也并加取消，由人民自由经营。在文化方面，君臣鉴于屡经丧乱之后，官藏书籍合计不过一万五千卷而已，于是下诏购求遗书，民间每献一卷则酬以缣（jiān）绢一匹。

同年十一月，河南道行台兵部尚书杨尚希启奏："窃见当今郡县比古代倍增，有些地方不满百里，却同时设置诸县来管辖；有些地方户数不到一千，却分由二郡来统领。官员已众，政费日多；吏卒增倍，租调岁减；民少官多，十羊九牧。当今的急务，应该是存要去闲，并小为大，使国家岁用不亏，易于选举贤能。"苏威亦请精简地方行政组织。隋主同意，遂撤销郡级建制，使地方行政变为州、县两级制度，对政治发挥了重要影响。

翌月，隋主亲阅刑部奏案，发现讼案犹至万宗，认为是法律严密所造成，于是命令苏威、牛弘大量删改法律，只简留五百条文，使刑网简要，疏而不失。同时又在大理寺创置律博士与弟子员，讲授律学，培养法治人才。

御史柳彧见隋主勤于听政受事，百官奏请也流于繁碎，于是上疏谏诤，阐析尧、舜垂拱而治的道理，并说："近来见到陛下留心治道，不惮疲劳，这也是由于群官惧怕负责，不能自行裁决，动辄取判于天旨之故。这么多的呈奏，甚至连营造细小之事，出纳轻微之物，陛下也要在一日之内，酬答百官；因而至于日旰（gàn）忘食，夜分未寝，圣躬忧劳于文簿。伏愿察臣至言，减少烦务，若经国大事，不应由臣下裁决的，伏愿陛下详决；其余细务，则应责成有关机关决行。"

隋主览而嘉之，称赞说："柳彧直士，真是国之瑰宝！"不过司马光借柳彧之言，似是为了表示开皇之治，与隋文帝的勤政忧民有关。

开皇之治的基础，大都在隋朝建国初期即已奠定。开皇九年（589）平陈统一后，隋朝又推行了若干良好措施。

开皇九年二月，平陈后一个月，苏威奏请建立乡里自治制度。文帝接纳，诏令五百家为乡，百家为里；乡置乡正，里置里长，赋予自治权。三月，文帝又下诏，除必要的国防措施与部署外，裁汰武人，禁止私藏武器，推行偃武修文政策。

翌年五月，下诏军人改隶州县管辖，垦田、籍账一与民同，裁汰了不少军事基地，推行兵农合一政策。翌月又将庸役（劳动役）年限降低，人民年满五十岁即可免役收庸。

十二年八月，文帝认为官员援用法律多所乖错，往往罪同而罚异，人民生命缺乏安全保障，于是下诏各地死罪不能径行议决，必须移送大理寺复审；复判完毕，尚需送呈尚书省及皇帝奏裁。

根据司马光记载，截至此年为止，由于施政得法，国库皆满，很多财物都充积于廊庑 (wù) 之间。文帝得报，问有关官员说："朕减税薄赋，又大经赏赐，怎样还会这样呢？"官员报告由于每年国库收入常多于支出所致。文帝一面下令另建左藏院以做储藏，一面下诏说："宁积于人，无藏府库。河北、河东（今山西省一带）今年田租三分减一，兵减半功，调全免。"于是发使均天下之田，彻底推行租庸调的为民制产及藏富于民政策，终于缔造了历史上政治的奇迹。

不过，司马光也不忽略隋文帝的缺点，总结他的缺点，计有不喜文学词华，喜欢专政而不责成各级官员处理政事；个性猜忌而不悦学，既以智诈夺权而又喜以严刑驭下，经常揭发群臣过失，甚至当廷杖打或杀死他们。

上述的缺失都非常严重，文帝统治下的盛世，是一个法律严肃、社会经济良好的时代，而不是一个文经飞跃，礼法整然的时代，这是后来唐朝贞观之治与开元之治名气超过他的原因。

　　文帝不学无术，善于猜忌而好恶任情，于是宗室子弟、名臣元勋，屡遭惩罚甚至舍身族灭之祸。开皇二十年（600）冬十月，竟至猜忌及厌恨太子杨勇，遂废太子而另立虚伪狡猾的晋王杨广为继承人，此即著名的暴君隋炀帝。这年是"开皇"年号最后的一年，也是隋朝亡国祸根种下的一年。四年之后，文帝终亦死于太子杨广的兵变大祸之中，结束了颇富传奇的一生。

　　司马光没有对开皇之治或文帝一生加以评论，他对隋朝的唯一评论是针对文帝父子之间的猜忌关系而发。隋文帝由于畏惧而又敬爱独孤皇后，所生五子皆由皇后诞育，因而引为自豪，曾向群臣夸言："前世天子，溺于嬖幸，嫡庶分争，遂有废立，或至亡国。朕旁无姬侍，五子同母，可谓真兄弟，岂有此忧邪！"于是使诸子分据大镇，专制方面，权侔帝室。结果却造成父子互相猜忌迫害，兄弟互相竞争残杀的惨况。

　　司马光评论此事说："从前辛伯告诉周桓公说：'内宠并立为皇后，外宠政出贰门，嬖子势位匹敌于嫡子，诸侯势力抗衡于上国，都是致乱之本。'人主真能慎于此四者，乱从哪里产生呢？隋高祖（文帝庙号）徒知嫡、庶之多争，孤弱之易摇，曾不知势钧位逼，虽同产至亲，不能无相倾夺。考辛伯之言，高祖真是得其一而失其三吧！"司马光之言，可谓一针见血，能掌握重点了。

第七章 唐 纪

一、唐初继承问题

隋恭帝（杨侑，炀帝孙，侑，音 yòu）义宁元年（即炀帝大业十三年，617）夏四月，司马光开始介述李渊家属的事业。他说唐公李渊当初娶窦毅之女，生四男一女，儿子依次为建成、世民、玄霸、元吉。其他三子司马光不再介述，仅专力介述次子李世民，此即后来的唐太宗，这是发生偏差的主因。

世民聪明勇决，识量过人，见隋室方乱，暗中有安天下之志；于是倾身下士，散财结客，大家都很爱戴他。依照中国计算法，世民这年刚好二十岁。

晋阳宫监裴寂，某日与其友晋阳县令（晋阳县即今太原，晋阳宫则在晋源区）刘文静同宿，见城上烽火，因而感叹万分："贫贱如此，又逢乱世，将有什么好办法可以自存下去！"

文静笑道："时事可知，我俩感情相得，何必忧虑贫贱哩！"他看见李世民后，对他有特别印象，想办法深自结纳，同时也告诉裴寂说:"这是非常之人,豁达像汉高祖,神武像魏太祖(曹操),年纪虽少,真是命世之才啊!"

刘文静与起兵反隋的李密是姻戚,因而连坐下狱。世民赴狱探视,文静说:"天下大乱,非汉高祖、光武帝之才,不能平定。"

世民说:"怎么知道没有这种人,只是大家都不认识他罢了。我来探望你,不是为了儿女之情,而是想与君共议大事呀,有什么好办法没有?"

"如今主上(指炀帝)巡幸江淮(指扬州一带),李密围逼东都(洛阳),群盗殆以万数。当此之际,有天命真主能驱驾而用之,取天下简直易如反掌。"刘文静分析道:"太原百姓皆入城躲避强盗,我做县令数年,知道哪些人是豪杰,一旦动员,可得十万人;尊公(指李渊)又统兵数万,一言出口,谁敢不从!运用这些力量乘虚攻入关中,号令天下,不过半年,帝业就可以成功了。"

"君言正合吾意。"世民笑道,于是秘密部署宾客,连李渊也不知道此事。

司马光做上述记载,显示太原起义的策动,实以李世民为主,刘文静是首谋,李渊则是后而知之的被动者。这是世民兵变即位后,唐朝的官方历史说法,真实性颇堪怀疑。司马光撰述《资治通鉴》,遇到值得怀疑的异说异证,他都加以研讨分析,另外编成《资治通鉴考异》一书。司马光对多条史料记载李世民说服其父起事一事,存有保留的态度,在《考异》中即指出"恐此亦非太宗之谋也，今皆不取"，唯独对太原起义首议一事，似深信而不置疑。

六月，李渊自称大将军，任命长子建成为陇西公、左领军大都督；次子世民为敦煌公、右领军大都督，全部起义部队分为三军，父子三人各带一军；少子李元吉则充当太原留守，坐镇根据地太原。三军十三万人旋即出发，西攻长安。

九月，在西攻途中，将佐们共推李渊为太尉。十一月即攻克首都长安，劫持京城留守，年才十三岁的代王侑为皇帝，此即恭帝，并遥尊炀帝为太上皇；李渊则假恭帝的诏命，自为假黄钺、使持节、大都督内外诸军事、尚书令、大丞相、唐王，建成为唐国世子，世民为京兆尹、秦公。翌年春正月，唐王以建成为左元帅，世民为右元帅，督师救东都。不久，江都兵变消息传至，炀帝被弑，遂在同年五月受恭帝之禅，建立唐朝，改元武德，寻任其子世民为尚书令。翌月，立建成为皇太子，世民为秦王，元吉为齐王。

司马光的记载，最起码含有两种意义：

第一，李渊由起义至称帝，颇曾效法其姨父隋文帝的故智，不同的地方主要在公开起义，及劫持天子时恭帝未算孤儿寡妇之局面而已。换句话说，李渊的废隋建唐，手段并未完全的黑暗；但是他运用匡扶帝室做表面的理由，粉饰其篡位夺权的实际行为，对于随侍在身边的李世民，影响不可谓不大。

第二，从太原起义的发展轨迹看，建成、世民、元吉三子

（玄霸早死），均是李渊的左、右手，建成的皇位继承权在建国时即已确定。

根据惯例，皇太子不实际处分朝政，而且常在京居守，很少带兵作战的。唐朝建国初年，群雄割裂并争，于是在朝则处理政务，在外则带兵作战，其责任遂落在首相（唐朝的尚书令相当于首相）李世民身上。武德四年（621）冬十月，唐高祖因秦王世民一举平定王世充及窦建德，功勋极大，前代的官职都不足以表彰其功，唐高祖于是特创"天策上将"一官来酬庸他。"天策上将"是实际的最高统帅，位在王公之上，可以说是超级将军。这还不重要，更重要的是，世民当时也兼领若干地位崇高或握有实权的官职。照他当时的权力与地位看，他其实仅居一人之下而已，皇太子的声势也比不上他。如果世民日后再立大功，要不就是让帝位给他，要不就是压抑着不晋封，因为世民官位至此，已无可再加的了。

这种情况，世民父兄是了解的，所以同年年底，刘黑闼（tà）复兴窦建德的势力，高祖即同时任命秦王世民与齐王元吉两兄弟，前往征伐，后又命太子亲征，使世民没有专功的机会。此后每当突厥入寇，高祖常分命太子与秦王统兵北上防御，一方面为培植太子的声望，另一方面则让太子分担秦王之功。司马光虽然没有阐明此意义，但他透过史实的撰述，就可观察到高祖此政策性的决定。

写到武德五年（622），司马光追述一件秘密。他说，当初高祖起义于太原，都由秦王世民所策动。高祖告诉世民说："如果事成，则天下都是因为你而得到的，当以你为太子。"世民拜且辞。及至攻入长安为唐王，将佐亦请以世民为世子（诸侯的继承人），李渊将立之，因为世民坚决推辞而止。他又记述说，太子建成个性宽简，喜好酒色及游猎；齐王元吉则多过失，高祖对此两人都不宠爱。由于世民功名日盛，高祖常有意以他取代建成为太子；建成内心不安，乃与元吉协谋，共同对付世民，于是各树朋党相竞争。这种在太宗即位后的官方实录，司马光倒是深信不疑，不再慎思考异了。

不过，司马光虽然不疑李世民首谋起义与高祖欲易太子二说，却也保留了一些对世民不利，让后人能够考证翻案的史实。例如同年同段，他又记载说，李世民平定洛阳后，部属但遵秦王教令，而不接受皇帝的诏敕。唐高祖曾因此发怒，责备世民说："我的手敕比不上你的教令吗？"他日，又告诉宰相裴寂说："这个儿子长期典兵在外，为书生所教，不再是从前的儿子了！"

这段事实，显示出此时唐高祖与秦王世民父子之间，早已有摩擦存在。加上秦王与高祖的妃嫔相处不好，妃嫔们因而先后投诉于高祖说："皇太子（建成）仁孝，陛下把妾母子托付给他，必能保全我们。"由是高祖打消改换太子的心意，对待建成、元吉日亲，对待世民日疏。既然如此，以后又记载高祖答应立世民为太子之事，显然极为可疑。

李元吉及魏征等，都了解秦王世民的政治优势及野心，力劝太子建成早日诛之，但屡次为仁厚的建成所否决。这种事实，司马光也加以记述，没有偏袒之意。反过来，秦王世民等欲据洛阳反叛，并又策动在京兵变，司马光也条缕分明。不过，在司马光的笔下，是建成与元吉先争取主动，加害世民，而世民则定被逼自卫反抗，而且在部属的教唆下，终于爆发武德九年（626）六月四日的玄武门兵变。

世民在玄武门弑太子、齐王两兄弟，连带把两人儿子、家属及左右百余人杀害，断绝亲属关系，抄没其家。兵变发生后，世民命令尉（yù）迟敬德擐甲持矛，带兵保卫高祖。

高祖见敬德带兵前来保护，竟然大惊道："今日是谁发动叛乱？卿来这里有何目的？"敬德报告秦王命令前来保卫。高祖无奈地询问随侍的裴寂："想不到今天看见此事，应该怎样办才好？"

宰相萧瑀与陈叔达答道："建成、元吉本来没有参与起义的策划，又无功于天下，妒忌秦王功高望重，共为奸谋。如今秦王已讨而诛之。秦王功盖宇宙，全民归心，陛下如果将他立为太子，委以国事，就没有问题啦！"

萧、陈二相之言，显然都是违心怕事之论。高祖对此弑兄逼父的事，司马光居然写道："高祖说：'好！这正是我一向的心愿！'"高祖对此事再不追究，即日册立秦王为皇太子，交出统治权，也不挽救他的孙子们（建成与元吉诸子）；到了八月九日，更下诏让位给世民。这些反应实是大违人情的行为，里面黑幕重重，司马光不但泰然不疑，而且还下了对唐朝的第一个评论。

他说，礼的正常规范是立嫡以长，但是唐高祖之所以有天下，皆因太宗之功而成；隐太子（建成后来的封谥）以庸劣的才德居于太宗之上，地位嫌疑，权势逼近，两人必不相容。假使从前高祖能够选贤而立，隐太子能够让位于弟，太宗也能够有让国的风节，则祸乱从何而生呢？既然不能这样做，太宗当初本想等建成先动手，然后自己才反击他，如此的话，尚属事非得已，不过还是过分了。既而太宗为属下所迫，遂至喋血禁门，推刃于同气，贻笑千古，真可惜呀！身为创业垂统之君的人，必为子孙所模仿效法，后来中宗、玄宗、肃宗、代宗的继承事件，岂不都有所援例以作为口实吗？

现代已经有学者考证此事，认为玄武门兵变的主因，在秦王世民自恃功高，想夺取太子的地位。当他的意图与行动一再被太子建成打消以后，世民最后遂运用兵变之非常手段来达到目的。姑且无论太宗如何篡改历史，司马光又如何深信不疑，要之司马光的评论，实有欠当之处。

宗法上的继承制度，规定必以妻之长子为嫡子，是第一继承人，其目的着眼于社会的和平与安全。既然"立嫡以长"是"礼之正也"，则显然表示不论他子如何圣贤，均不得越次而夺嫡。如此，则司马光怎么可以批评唐高祖不选贤而立，李建成不谦让于弟呢？从这个角度看，唐高祖与李建成两人，都是守法的人啊。何况建成从起义至被弑，军事与政治方面都有所表现，实在未至"庸劣"的地步，起码司马光的笔下记述，并未显示出这种情势，反而一再称述建成的"仁厚"。这样看来，司马光抨击唐高祖无"文王之明"，太子建成"庸劣"而无"泰伯之贤"，目的似在表示太宗理应继位，显然有偏袒曲护之意。这种暗示，假如是司马光误信《唐史》而来，则表示他治学未明辨，是无意之失；假如他确实有意如此陈述及评论，则表示他态度不中正。这两种错误都是史家的大忌。

弑兄弟、逼父亲与害储君、劫天子两种行为，再怎么说，都为人伦所不容。司马光在儒学昌明之世，当亦不好过分为唐太宗辩护；但他对太宗的行为，仅责以"贻讥"与"惜哉"而已，并未对此大唐著名君主严加贬谪，是则史家所标榜的"贬天子、退诸侯"之《春秋》精神，至此已隐晦不明。

史家要么就不评论，评论则必须中肯、中正。秦王世民即使功勋再大，断断不能成为可以篡弑的理由。唐朝以后诸君主，多以兵变即位为常，非但是子孙在效法太宗此"创业垂统之君"；其实此动乱的大根源，更是在高祖与建成守法合理、太宗则是乱臣贼子的大道理，已经隐没不明。若说历史有教训功能，可以为后人的借鉴，是则必须先有中正平允的史义与史评才成。

无独有偶，唐太宗自以"周公诛管、蔡"的理由来粉饰其弑兄逼父、夺嫡犯君的勾当后十七年（贞观十七年，643），他的儿子也来一次依样画葫芦，几乎把太宗攀了下来。

长孙皇后为太宗生了李承乾、李泰、李治三个儿子。太宗即位后，就册立了八岁大的承乾为皇太子。承乾长大后，为人活跃奔放，身体颇有缺憾，故太宗并不喜爱他，但也不至于厌恶他。太宗最爱的是长孙氏所生的次子，在所有儿子中排行第四的李泰。李泰由于颇有文学名气，又最为父皇所宠，因此蕴有夺嫡之心。对于此事，不少臣子已曾上章论谏警告，太宗自然更为了解。

贞观十七年春正月条下，司马光记载太宗对群臣说："听说外面士人以为太子有足疾，魏王（李泰）颖悟而多从游幸，遂生异议，有些侥幸之徒，已经开始附会巴结。你们需知道，太子虽有足疾，但并不妨碍他的行动；而且依照礼制规定，嫡子死则立嫡孙。太子的儿子已经有五岁大了，朕终不会以孽子来取代宗子，开启窥窬皇位的渊源啊！"

太宗讲终归讲，既然仍是如此宠异魏王，别人是否了解他维持继承法的决心，显然已是另外一回事。同年二月，皇三子齐州都督、齐王李祐兵变，他对皇位也有野心，但在翌月即被李世勣统兵敉平，逮至京师赐死。然而李祐这位兄弟的兵变，对原已紧张的太子与魏王之关系，刺激诱导甚大，太子遂有兵变的计划。

根据司马光记载，三月，太子密养刺客、壮士百余人，只是畏惧魏王之逼，想刺杀魏王而已。使太子把武力对象移向唐太宗的，厥为侯君集、皇弟元昌、李安俨、驸马杜荷等人，这些人之中，侯君集是太宗发动玄武门兵变的第一功臣，李安俨则是隐太子李建成的死党，杜荷则是玄武门兵变另一功臣杜如晦之子。

反过来，帮忙魏王的要人韦挺则是隐太子建成的心腹，杜楚客则是太宗心腹杜如晦之弟。他们以金钱贿赂权贵，声言魏王聪明，理应成为太子。

双方干部，都有太宗与建成两人原先主要干部或其子弟，而且当时多已位居冲要。幸好在四月有人告密，兵变才被预先扑灭。从各人的身份、背景及其行事来看，唐太宗以唐皇的理由来粉饰黑暗的勾当，泯灭大是大非，正是造成这次不成功兵变的重要原因，也是魏王想夺嫡的主因。

太子承乾既被幽废为庶人，魏王泰每日入宫侍奉，太宗允许立他为太子。元舅（指天子嫡亲舅舅）长孙无忌则请立晋王李治。司马光对此没有分析，其实依照继承法，应当是要立魏王泰的，太宗所以烦恼到要自杀，可能就是为此。因为太宗曾亲自面责李承乾，承乾道："臣贵为太子，还要希求什么！只因为被李泰所图，时常和朝臣谋求自安之术，遂被那些不逞之人教坏罢了！如今李泰假如当了太子，臣可以说是落到他的陷阱里面去了。"因此太宗一再与大臣商量，决心越次册立李治为太子，遂召集百官宣布，指出承乾悖逆，李泰也凶险，皆不可以立为太子。

议定后，太宗又向侍臣说："我如果立李泰，则是太子之位，可以经营而得。自今太子失道、藩王窥伺者，皆两弃之，传诸子孙，永为后法。而且，李泰得立，承乾与李治都不安全；李治得立，则承乾与李泰都会安全无恙了。"

写到这里，司马光评论说："唐太宗不以天下大器私其所爱，以杜祸乱之原，可谓能远谋矣！"寥寥数字的评论，可以看出司马光对此实是史识不很高。

因为根据司马光所述太宗告诉侍臣的话，太宗舍李泰而立李治，是基于下面的考虑：第一，要杜绝太子之位可以经营而得的歪风。第二，册立李治可以保全承乾与李泰，册立李泰则承乾与李治俱危。他要"传诸子孙，永为后法"的久安之道，不是正面确立及肯定嫡长子的继承制度。

所谓"太子失道，藩王窥伺者，皆两弃之"，含有如下的意义：第一，太子必须贤，不贤而失道者则可以废之。第二，藩王不可以经营太子之位，否则也得废之。

唐太宗兵变即位，是诬赖太子建成不肖，高祖早有立他之心。是则他必须保留"太子失道"可得而废之的理由，而把重点放在父皇没有册立之心，而藩王窥伺经营此一行为上。但是，"太子失道"可以废，正是刺激"藩王窥伺"的根本原因啊，魏王泰集团散播太子承乾不肖，想取而代之，不正是这样子的吗？唐太宗何曾杜绝了祸乱之源呢？而且他哪里能够否定自己得位的意义，有正本清源的远谋呢？

远的不说，安史之乱前后，废弑兵变乃是常事；就以玄宗以前为例，此七十年之间，唐太宗的嫡长孙、皇太子李弘，死得不明不白；嫡次孙皇太子李贤，被母后武则天所废所弑。另二嫡孙中宗、睿宗分别被废，终使武则天兵变代唐。稍后中宗兵变复位，又死于韦后的事变，太子更早就被废杀。睿宗兵变复位，皇太子则以选贤的原则，交给了李隆基（玄宗）。隆基地位几乎被姑姑太平公主所推翻，靠冒险兵变而稳固下来。不过他晚年失政，也为儿子肃宗的不流血兵变所推翻。是则司马光称赞太宗所谓"能谋远矣",显然未能把握重心要点,可以断言,他的偏差早在评论玄武门兵变就注定了。从另一方面看,唐太宗对两次夺嫡兵变的态度,实已产生偏差及不良的教训效果,唐朝以后中央政局的动乱,应即造端乎此。

二、武则天的篡位

贞观十一年(637),此年记事截至十一月止,此后记载武则天入宫事。依照《资治通鉴》编修义例,一年中,最后一个月记事完毕,而另又有事附记,即表示此事不知月、日,只知在此年发生。司马光写道:"故荆州都督武士彟(huò)女,年十四,上闻其美,召入后宫为才人。"胡三省注引用《资治通鉴考异》,指出关于武则天年寿及入宫时间,有多条不同的记载,《考异》最后选择说:"据武氏入宫年十四,今从吴兢《则天实录》为八十二(岁),故置此年。"本书上编介绍《资治通鉴考异》此书,就是这种分析鉴别,解释选择史料理由之书。

吴兢是盛唐著名史学家,他修撰官方的《则天实录》,理应有所根据。据此,推知武则天是大臣之女,生于唐高祖武德七年(624),少年时代即以美丽见称,因而被太宗召入宫为才人。才人是皇帝中级媵妾的一种官称,可见她入宫不是做宫女。

唐高宗永徽五年（654）三月庚申，诏令加赠武德（高祖）功臣十三人的官爵，武士彠亦在名单之内。司马光追记加赠功臣的理由说，当初王皇后（高宗妻）无子，萧淑妃（高宗妃）有宠，王皇后妒忌她。皇上（指高宗）当太子时，入宫伺候太宗，见才人武氏而悦之。太宗崩逝，武氏随众妃妾的惯例，入感业寺为尼。忌日，皇上赴寺行香，看到武氏，武氏泣，皇上亦泣。王皇后闻之，秘密命令武氏重新长头发，劝皇上纳她为后宫，想利用她分散淑妃之宠。武氏为人巧慧、多权术，入宫之初，卑辞屈礼以事奉皇后。皇后对她喜爱，多次在皇上面前称美武氏。不久，武氏大为皇上宠爱，拜为昭仪（仅次于妃的媵妾），皇后与淑妃均失宠，于是两人共同谗毁武昭仪，皇上都不听从。武昭仪想追赠其父，但事出无名，其父是开国功臣之一，于是借口褒赏功臣，追赠其父及另外十二名功臣之官。

从贞观十一年至此，已经中隔十七年，司马光二度记述武则天事迹时，她已经是三十一岁的成熟妇人，高宗则比她小四岁。武则天的家庭背景、生活片段、与高宗及王皇后的关系等问题，历史均乏记载，司马光除了根据官方的实录之外，似亦乏善可陈。武则天的早期发展既然无可奉告，司马光只能介绍此年她成为昭仪得宠后，竟然能够使高宗追赠其父的官职之事。

同年六月，王皇后之舅、宰相柳奭（shì），因王皇后失宠而内心不安，请求辞掉宰相，高宗核准他，罢为吏部尚书。是岁，武昭仪倾心结纳宫人，监视王皇后、萧淑妃等人。武昭仪生女，皇后怜而逗弄，事后离去，昭仪遂秘密扼杀此亲生女儿，诬告皇后下毒手。皇后无以自明，高宗遂有废后之心。武昭仪亦争取首相长孙无忌（高宗亲舅）等大臣的支持，但遭拒绝。

永徽六年九月，退朝后，高宗多次召请宰相团入内商议废立皇后之事，长孙无忌、褚遂良、韩瑗、来济四相坚决反对，于志宁不表态度，李勣则声言："这是陛下家事，何必更问外人！"

武昭仪的心腹、礼部尚书许敬宗，也宣言于朝说："乡巴佬收入增加了十斛麦子，尚且想换一个媳妇，何况天子要立皇后，关大家什么事，而妄敢表示异议！"昭仪命令左右将此宣言报告给高宗。同月，反对最力的褚遂良首先被贬。

冬十月十二日己酉，高宗下诏废黜王皇后、萧淑妃为庶人，家属皆褫（chǐ）夺官爵，流放岭南。十八日乙卯，百官上表请立中宫，高宗下诏说："武氏出身高差，门华族，先帝将她赐给了我，可以立为皇后。"于是在十一月一日，由李勣主持典礼，正式册封武昭仪为皇后。

根据高宗的"立武氏为皇后诏"，显示高宗与武氏均欲掩饰他们通奸乱伦的勾当，诿称太宗早已把武氏赐予高宗。父亲再糊涂，怎会把自己的媵妾赐给亲生儿子呢？高宗的皇帝诏令，仅是掩耳盗铃的行为而已，《则天实录》根据这些资料来修撰，可靠性也是令人怀疑的。司马光没有对此事加以考异，忠实地录用官方文献，大概是要让读者自己去分析吧？

废后王氏、废妃萧氏同囚于别院，高宗旧情未断，曾秘密行至囚所，见密室深闭，只有墙壁开凿一孔以通食物，内心恻然伤感，呼唤道："皇后、淑妃在哪里？"

"妾等得罪为宫婢，怎能再有此尊称！"废后哭泣着说，"至尊若念旧情，使妾等重见天日，乞求赐此院为'回心院'吧！"

高宗安慰地答道："朕即有处置！"

武后接到报告，大怒，遣人各杖王、萧二氏一百，砍去手足，丢到酒瓮中，并声言道："让她们骨头也醉吧！"数日之后，二人死去，武后又下令斩之。

这件事在武氏册为皇后不久发生，司马光记载下来，目的是让读者了解武后的性格心态，高宗的软弱屈服，及武后情报系统的运用。后来高宗大权旁落，反对派群臣纷遭整肃，太子诸王迭受迫害，无人能够控驭武后，此事件可说是具体而微的例子。

到了显庆四年（659），长孙无忌等反对派大臣陆续被夺职、流放、杀害，连依违中立的于志宁也罢官还第，武后心腹许敬宗、李义府等拜相执政，横行朝廷。降至麟德元年（664）十二月，宦官王伏胜密告武后为厌胜之术，想诅咒皇帝。高宗当初因武后能屈身忍辱以奉顺他，故立她为后；但武后立为皇后后，即专威作福，动辄控驭高宗，使高宗不胜忿怨。遂因密告，密令宰相上官仪起草废后诏书。左右奔告于武后，武后径见高宗，高宗畏羞，复和好如初；他还恐怕武后怨怒，因此自我卸罪说："我最初没有此心，都是上官仪教我！"

上官仪与王伏胜都曾侍奉过陈王李忠（高宗长子、废太子），于是武后指使许敬宗诬告三人谋大逆，均赐死抄家。宰相刘祥道坐与上官仪亲善，亦罢相职；与上官仪结交的朝臣，也连坐贬黜了很多人。

从这事件发生后，自是高宗每上朝听政，武后都垂帘坐于其后，政无大小都加参与，大权悉归中宫；群臣的黜陟、生杀，均由武后一言而定，天子拱手摆样子而已。因此，全国称呼高宗、武后两人为"二圣"。

利用诬告方式迫害情敌，武后未成为皇后以前，已能纯熟运用；运用同一方式整肃百官，她当了皇后以后即已大肆进行。皇后宠妃、元舅首相、顾命元老（先帝遗命辅政的宰相），都抵抗不了武后的势力，先后身死命丧。高宗软弱，受制于武后，坐视他们一一赴死而不能救。实则在上官仪案以前，武后已隐然是幕后天子，自此则正式步上幕前罢了。这年她才四十一岁。直到八十二岁而死，她实际在幕前当真君主，前后总共是四十二年。

上元元年（674）秋八月，全国进一步尊称高宗"天皇"，武后为"天后"，武后的权威又拓升了一级。翌年三月，高宗生病，准备委托天后单独摄政，幸亏宰相郝处俊反对才止。这时，天后多引用文学之士，为她撰写书文如《列女传》《臣轨》《百僚新戒》等书，这是一种"圣训"，她利用文字来塑造意识形态，巩固个人的权威；同时，这些文士时称"北门学士"，天后密令他们参决朝政，以分削宰相之权。

弘道元年（683）十二月，高宗崩逝，遗命宰相裴炎辅政，尊天后为皇太后，临朝听政。

第二年（中宗嗣圣元年，睿宗文明元年，皇太后光宅元年），即位才一个多月的中宗，想拜他的岳父韦玄贞为宰相，裴炎固争。中宗怒说："我把天下让给韦玄贞有何不可！难道还吝惜这个宰相的官职吗？"

裴炎大惧，禀奏太后。太后本就不想还政给中宗，于是以此为借口，在二月命令裴炎等带兵入宫，宣读太后令，废中宗为庐陵王，强扶下殿。中宗质问太后："我有何罪？"

"你想把天下让与韦玄贞，何得无罪！"太后说完，命令将废帝幽禁于别处。

第二天，另立幼子豫王李旦为帝，但太后不还政，睿宗只能居于别殿，不得干预政事。

同年，李绩之子英国公徐敬业（李绩原姓徐，赐姓李氏）举兵讨武，骆宾王作《讨武曌（zhào）檄》，公开指责武后"人非温顺""秽乱春宫"（指与高宗通奸）；又揭露她"包藏祸心，窃窥神器"，要求唐皇旧臣起而伐罪。裴炎这时也了解武后野心，利用徐敬业起事来要挟还政。结果不久，徐敬业被平定，裴炎被杀，株连文武甚众。

司马光写到这里，认定有一条资料叙述不妥，而加以删弃。在《资治通鉴考异》中，他则全录这条重要资料，加以评鉴。《考异》说，根据《唐统纪》记载，太后解决徐敬业、裴炎等对抗行为后，仍然极为震怒。遂召集群臣质问："朕（临朝太后皆自称朕）于天下无负，群臣都知道吗？"

"是！"群臣答。

"朕事奉先帝（高宗）二十几年，最忧虑天下啊！"太后说，"公卿富贵，都是朕赏与的；天下安乐，是朕长期培养出来的。及至先帝舍弃群臣，以天下托顾于朕；朕不爱自己而爱百姓。如今兵变的领袖都出于将相群臣，为什么负朕这样深啊！你们有顾命元老、倔强难制超过裴炎的人吗？有将门贵种、能纠合亡命胜过徐敬业的人吗？有握兵宿将、攻战必胜优于程务挺（支持裴炎的名将）的人吗？这三人都是一时人望，不利于朕，朕能戮之。你们有人能够胜过此三人，则应当趁早反对朕；不然，必须革心事朕，不要为天下所笑！"

群臣闻言，顿首不敢仰视，都说："听从太后指挥。"

司马光不录用这条极能表现武后专制独裁意识的资料，唯一的理由是："恐武后亦不至轻浅如此。"事实上，武后一生，轻浅超过此事的，尚有很多，司马光的理由不能算是理由。这大概是司马光的道德史观作祟，使他的论断有所偏差吧？这种情况，类似的尚不少见。

武后利用《臣轨》《百僚新戒》等书教导群臣，此时又公开严厉警告，声明百官必须"革心事朕"，然后她会赏与富贵；否则，"不利于朕，朕能戮之"。那一群轻佻无赖、谄媚附势之徒，于是纷纷献力交心，帮助武后完成"革命"，掀起天翻地覆的政潮。

两年后（垂拱二年，686）春正月，太后假装还政，下诏复政于睿宗。睿宗知太后不是诚心，坚决推辞。太后核可，复临朝听政。同年三月即建立匦（guǐ）检制度，公开鼓励臣民告密言事，投函于匦（铜箱子）中。于是情报特务系统建立，告密之风大炽，政治案屡屡发生，整肃行动肆意展开；反对者，或不支持者，纷纷遭到迫害。

垂拱四年五月，假借神道迷信，自认上承天意，称为"圣母神皇"。载初二年（690）又假借佛教，宣言神皇受命之事，在九月九日壬午，革唐命为周，改元"天授"，加号"圣神皇帝"；把睿宗降为皇嗣（皇位继承人），改姓武氏，与其儿子、侄子们，分别被幽禁起来。

司马光对此史无前例的变局，中国唯一的女皇帝，没有加以任何评论。不过，他不承认武则天所建立的周朝，也不承认她是皇帝，只是援用她的正朔（即正月一日。古代朝代交变，有改换正朔之事，故正朔是政权的象征）年号，俾人知道此一变局而已。因此，《资治通鉴·唐纪》之中，没有杂以"周纪"的名称，笔法写成："《唐纪》若干（卷数），则天顺圣皇后若干。"仅称则天为皇后，而不称她为皇帝，显然在此含有《春秋》的褒贬精神，发挥"贬天子"与"正名分"的意义。这种笔法，是援用王莽之例而来。

三、从开元之治至藩镇之乱

睿宗景云元年（710）冬十月丁酉，《资治通鉴》记载说，以幽州镇守、经略、节度大使薛讷为左武卫大将军兼幽州都督。节度使之名自讷始。

节度使一职，相当于今之军区司令官，其指挥管辖的范围就是节度区。由于边疆驻有重兵，所以设立此一区域性最高指挥部，统筹指挥管辖区内的军事。因为节度使初设，数目不多，任之者多非宰相元老，所以不构成严重的问题。

先天二年（713）秋七月，已即帝位的玄宗，发动了一场类似政变的行动，肃清了武则天以来动乱政局的余波，年底改元"开元"，遂得以展开复辟唐太宗时代的政治活动，召回曾两次拜相的姚元之（崇），让他重为宰相，主政中央。

开元初期政局，几由姚崇与卢怀慎两相主持。当时有人视姚崇为"救时之相"，姚崇也以天下为己任。事实上，司马光在开元三年（715）春正月条下曾写道，卢怀慎清谨俭素，不营产业，不善于处理政事，曾因姚崇丧子请假十余日，竟使政事堆积而不能裁决。怀慎惶恐入宫向玄宗谢罪，玄宗说："朕把天下委托给姚崇，以卿坐镇雅俗罢了！"因此，这时的政局，实际上由姚崇一人主持。

怀慎得知玄宗真正的心意，也自以为才干不及姚崇，所以每有政事，都推给姚崇裁决，时人笑他为"伴食宰相"。

司马光对此看法不同，他评论说，以前鲍叔之于管仲，子皮之于子产，都位居其上，能知贤而委屈自己，将权力交给他们，所以得到孔子的赞美。曹参自谓比不上萧何，乃能一遵萧何制定之法，终成汉朝大业。对着用事的不肖之人，同僚若爱身自保而屈服，不顾国家的安危，这才真是罪人啊！贤智之人用事，同僚若愚惑以扰乱其治，专固以分削其权，妒忌以谗毁其功，愎戾以窃取其名，这也是罪人。姚崇是唐的贤相，怀慎与他同心努力，以济玄宗太平之政，又有何罪呢？《秦誓》说："人之有技，若己有之，人之彦圣，其心好之，不啻如自其口出，实能容之，以能保我子孙黎民，尚亦有利哉。"就是指卢怀慎这种人啊。

是则司马光认为开元之治，是因为玄宗能专委姚崇，姚崇以能天下自任，而卢怀慎能虚怀以助人之美，开创出来的。开元四年闰十二月，姚崇罢相，宋璟、苏颋（tǐng）同日拜相。宋璟作风类似姚崇，苏颋作风则略似怀慎，应皆出于玄宗的特意安排。于是尽管姚、宋两人志操不同，但均能协心治国，使赋役宽平，刑罚清省，百姓富庶，缔创出致治之世。以后接任诸相，虽才性各不同，但大体上均是一时人才，与姚崇、宋璟相比，不会过分失色。

开元中期以后，边防驻军司令官往往入升为宰相，宰相亦往往外调为司令官，甚至在开元九年（721）九月，天兵军（驻太原一带）节度大使张说（yuè），再度入拜为兵部尚书、同中书门下三品（以国防部部长本官为宰相）；翌年夏四月加兼知朔方军

（驻今陕西省北部）节度使。是则出现了司令官入为宰相，再以宰相本职兼边防驻军司令官的现象。节度使地位的提高，权力随之加强，这是造成安史之乱与藩镇割据的原因之一。

根据开元十年秋八月记载，宰相兼朔方军节度使张说巡视边防回京，把全国六十余万边防驻兵裁减为四十万左右，被裁汰的二十余万人解甲归农。同时，由于府兵制已破坏，张说采用募兵制，招募了十三万人为中央军，兵、农自此分开。募来的中央军素质日下，战力甚差，数量亦少；反过来，边防军数量超过中央军，战力亦强，于是形成内轻外重之局。这种局势的发展，也是促使安史之乱与藩镇割据的原因之一。

天宝元年（742）春正月，安禄山迁为平卢节度使。全国至此一共有十个节度使，镇兵凡四十九万人，平卢节度区（约今河北省东北部）镇兵有三万七千五百人。翌年三月，禄山兼任范阳节度使，节度区（约今河北省北部）兵力有九万一千四百人。是则安禄山身兼两镇，掌握兵力达十二万余，占全国镇兵约三分之一。不单安禄山如此，王忠嗣等也常身兼两三镇，兵力优于中央军。

天宝六年（747），司马光记述说，自唐兴以来，边帅皆用忠厚名臣，不久任，不遥领，不兼统，功名著者往往入为宰相。及至开元中，天子有吞并四夷之志，十余年不易边将，开始久任的现象；同时由皇子、宰相遥领，镇帅兼统等情况也陆续出现。宰相李林甫想杜绝边帅入相之路，以胡人不知书、骁勇善战、孤立无党为借口，尽用胡人为节度使，精兵多驻在北边，产生偏重之势，终使安禄山倾覆天下。至天宝十年（751）二月，禄山又兼任河东节度使（驻太原一带），控制兵力近二十万，部下将领多是番将，于是在十四年十一月，起兵造反，玄宗仓皇西撤入蜀。

肃宗即位反攻，来降的安禄山、史思明将领，也多授以节度使之职，以做安抚姑息。经八年征战之后，安史之乱虽平，但节度藩镇转多；他们多不奉朝廷命令，等于割地自立状态。

肃宗乾元元年（758）十二月，已归附的平卢节度使王玄志死，肃宗派遣中使前往安抚将士，且视察军士想立何人为帅，然后授以旌节，正式册拜此人为节度使。裨（pí）将高丽人李怀玉，杀玄志之子，推玄志的大将侯希逸为平卢军使（平卢节度区原有平卢与卢龙两军，军使即军长），朝廷因而遂拜希逸为节度副使。司马光说，节度使由军士废立，自此开始。

朝廷无力改换藩镇，藩镇常由军区内的将士废立，割据之势，随此风气的盛炽，更形根深蒂固，不可动摇，终至造成五代十国之局。司马光对此历史改变的契机极为注意，故在此事之后，加以长篇评论。

司马光认为，民生有欲，无主则乱，所以才有圣人出现，制定礼法以为治理，从天子至诸侯、卿、大夫、士、庶人，尊卑有分，大小有伦，好像纲条般相维，好像臂指之相使，因此人民服事其君上，而臣下无觊觎之心。大凡人君所以能控制其臣民，是因为他掌握了八种权柄（即控制臣民的爵、禄、废、置、杀、生、予、夺八种刑赏）罢了。如果人君舍弃此八柄，则彼此势均，用什么来指挥他的臣下哩！

　　肃宗遭逢中衰之局，幸而复国，这时正宜端正上下之礼以整顿四方；怎会反而偷取一时之安，不思永久之患。任命统帅以统兵作藩维，是国家的大事啊，竟轻率到委派一介之使，徇从行伍之情，不问贤或不肖，只要是将士所欲拥立的人，就加以正式的任命。从此以后，积习为常，君臣因循适用，以为得策，其实应称为姑息才对。积习的恶化，乃至于偏将士卒，动辄杀逐主帅，亦不治他们应得的罪，反而正式授以统帅之位。那么，爵、禄、废、置、杀、生、予、夺，此八种权柄，皆不出于上而出于下，大乱之生，哪里会有终极啊？

　　而且，统治国家的人，赏善而诛恶，所以使为善者得到鼓舞，为恶者受到惩罚。在下位的人而杀逐其上官，恶孰大焉！竟然使之正式为帅，统理一方，这是奖赏啊。用奖赏来鼓舞为恶，为恶当然无所不至了。由是在下位者常常针对其上官，若有机会则攻而诛灭他；在上位者常常畏惧他的属下，内心惴惴，一有机会则掩而屠杀他们；上、下皆争取先发制权以逞其志，缺乏相互保养、共谋利益而长久共存的计策，像这样子而想求天下安定，可以求得吗？迹其厉阶，即肇于此。

　　古代治军必本于礼。如今唐朝治军而不顾礼，使士卒得以欺凌裨将，裨将得以欺凌主帅，是则将帅之欺凌天子，实为自然之势呀！

由此，祸乱继起，兵革不息，民生涂炭，无所控诉，凡二百余年，然后使大宋受命。太祖（宋太祖）开始制定军法，使以阶级相承，上下有叙，稍有违犯，就加诛杀，于是将士守法，秩序井然，用之以统一中国，以至于今（宋神宗朝）。这都是治军以礼的缘故，岂非诒谋之远哩。

换句话说，司马光认为肃宗推行姑息之政，允许军士推翻将帅，是则将帅欺凌皇帝，实为一定的"自然之势"，非到宋朝建立后大事整顿，局面是无法改善的。

第八章　后周纪

一、冯道——五代十国的一个典型官僚

唐昭宣帝天祐四年（907），汴州（开封）节度使朱全忠弑昭宣帝，建立梁朝，结束唐朝二百九十年国祚，开启五代十国纷争之局。

梁灭唐，唐朝原来呈半独立状态的节度使，多不承认其政权，起而与之争衡。他们或者仍然遵奉唐朝的正朔，或者也称王称帝，自己偏霸一方。可以说，五代十国的局面，仍为唐代藩镇之祸的延续局势罢了。司马光为了《资治通鉴》的系年，遂以（后）梁、（后）唐、（后）晋、（后）汉、（后）周为主宰，史称之为五代；其余均列属偏霸一方之国，待遇则与三国时代的（蜀）汉、吴两国相当。

梁朝龙德三年（923），唐河东节度使（治今太原）李存勖 (xù) 灭梁，结束梁朝政权，并建立唐的国号。这群突厥人所建的政权，政变频仍，四年后，李克用（存勖父）的养子李嗣源乘乱兵变，夺得政权，是为唐明宗，改元天成。

明宗是夷狄，目不知书，四方奏事皆令心腹重臣安重诲读之。安重诲亦不能尽通，于是在天成元年（926）五月，建议说："臣只靠忠实之心为陛下做事，得以掌管枢机（时任枢密使，相当于国家安全主管）。现在对事粗能晓知，但是至于古事，则非臣所能及。希望照前朝侍讲、侍读，近代值崇政院（梁枢密院称崇政院）、枢密院的制度，选文学之臣以备咨议。"于是创设端明殿学士之职，任命翰林学士冯道、赵凤为之。

冯道原是晚唐幽州节度使刘守光的参军，守光失败，乃投奔河东李克用，因有文学，逐渐升为河东节度使掌书记（书记官）。庄宗李存勖即位，用为户部侍郎（财政部副部长）充翰林学士。此时擢为端明殿学士，进入权力高层为顾问，这是他发迹之始。

翌年春正月，朝廷讨论宰相人选，竞争激烈，安重诲推荐崔协，任圜（huán）推荐李琪，争持不下。明宗说："宰相是重任，你们应当另加审议。我在河东时见冯书记，此人博学多才，不会与人冲突，可以做宰相吧？"安、任两相私下协调数天，双方仍各不让步，最后竟以冯道及崔协两人为宰相（中书侍郎、同平章事）；至于任圜，稍后被排挤退休，不久赐死。

冯道颇尽心辅助明宗，司马光在天成四年九月条下，记载君臣一段对话：

明宗与冯道曾从容谈及五谷屡年丰登，四方无事。冯道说："臣常常记得在先皇（指李克用）幕府时，曾奉命出使，途经井陉（xíng）之险，臣忧虑坐骑会失足，小心地执辔控驭，幸而无失。及至到得平路，放马自逸，霎时就跌倒了。凡是治国的人，都应该了解这个道理啊！"

明宗深表同意，又问："今年虽然丰收，百姓赡足吗？"

"农家遇到凶年则死于流殍，遇到丰年则伤于谷贱，只有农家才会不论凶年、丰年，都会产生弊病。"冯道继续说，"臣记得进士聂夷中的诗句说：'二月卖新丝，五月粜(tiào)新谷；医得眼下疮，剜却心头肉。'用字虽然鄙俚，却能道出田家的情实，农于士、农、工、商四民之中最为勤苦，人主不可以不知道啊！"

明宗大悦，命令左右录下此诗，常加讽诵。

是则冯道为人，也绝非庸才可比。不过，冯道对朝廷政事，常不表示意见，坐视后唐政乱兵变，导致国亡。后唐亡后，又做晋的宰相大臣。

晋为契丹所灭，耶律德光入汴京开封府称帝，冯道以节度使身份入朝。契丹主素闻其名，拜他为太傅，于枢密院做顾问。晋高祖石敬瑭本向契丹称"儿皇帝"，臣事甚谨。其子重贵继位后，少壮派军人极力反对臣事契丹，两国遂交恶交战。及至契丹主进入汴京，责备晋朝主战的将领刘继勋，当时冯道也在殿上，继勋急指冯道说："冯道是首相，他才是与景延广（主战派领袖）实际主持此策略的人，臣官位低卑，何敢发言！"

"这个老头不是多事之人，你不要诬妄牵累他！"契丹主也熟知冯道不与人争的性格，主动为冯道洗罪。

未几，契丹北还，河东节度使刘知远乘乱称帝，国号为汉，天福十二年（947），入据汴京。当时，耶律德光病死，冯道等人辗转南逃，回到汉朝，汉帝没有委以事权，仅拜他为太师。

四年之后，汉朝政变、兵变、隐帝（知远子）为郭威击败被弑！太师冯道与郭威有旧，率百官谒见郭威。郭威看到冯道，仍然拜见他，冯道亦受拜如常，徐徐说："侍中（指郭威）此行不易啊！"

郭威入京，与汉太后议立河东节度使刘崇（知远弟）之子刘赟，奏请派冯道等至徐州迎驾。同年（乾祐三年，950）年底，边防有契丹入寇警报；十二月一日，太后敕郭威统兵北征。二十日清早，将士突然发难，裂黄旗以被郭威之身，高呼万岁，拥簇南还。刘赟、冯道等一行，已行至宋州，准备赴京即位，突见郭威部属来到，不久又接郭威召还冯道的函信，均大惊。冯道向刘赟辞行，刘赟说："寡人此来所恃的人就是公，因为公是三十年旧相，所以才毫不猜疑地进京。如今我的卫兵正被郭威的部队缴械，事危了，公要怎样办？"

冯道默然。刘赟的客将数瞪冯道，想把他杀了。刘赟又说："你们不要鲁莽，这不关冯公的事！"

二十六日，太后诰令废刘赟为湘阴公，翌日命令郭威监国。百官向郭威劝进，郭威遂在翌年（广顺元年，951）春正月即位，改国号周，改元广顺。同月，郭威杀刘赟于宋州，其父刘崇即日在太原称帝，是为北汉。

后周建国，冯道兼为中书令，成为首相，直至显德元年（954）夏四月去世为止。他自后唐以来，累朝不离将、相、三公、三师之位，为人清俭宽宏，人莫测其喜怒；个性滑（gǔ）稽多智，浮沉取容，曾撰《长乐老叙》，自述历朝荣遇的情况，时人往往推崇他的德量。

写到这里，司马光发表了他在《资治通鉴》里倒数第二篇"臣光曰"，用以发挥"善可为法，恶可为戒"的大义。

他首先引用欧阳修的评论说：礼义廉耻，国之四维；四维不张，国乃灭亡。礼义是治人之大法，廉耻为立人之大节。何况为大臣而无所廉耻，天下哪有不乱，国家哪有不亡之理。欧阳修读《长乐老叙》，直斥冯道无廉耻，认为以这种人做宰相，天下国家可从而知也。因此，欧阳修修撰《新五代史》，特重全节之士及死事之人。结果前者搜得三人，后者搜得十五人，都是武夫战卒，一个读书人也没有，为此无限感叹，痛斥士大夫不自爱而忍耻偷生的风气。

司马光所引用的欧阳修评论，见于《新五代史·冯道传》。不过，司马光除了同意欧阳修的意见外，他自己也另有看法。

他说：圣人效法天地而创立礼法，内有夫妇，外有君臣。妇人从夫，终身不改；臣子事君，有死无贰；这是人道之大伦。如果此大伦崩废了，就会发生莫大之乱。

范质（后周及宋初宰相，宋太祖的老长官）称赞冯道厚德稽古，宏才伟量，虽然朝代改换，人家对他也无闲言，地位屹立得如大山一样，转而不可动。臣的意见不敢苟同，认为贞正之女不从二夫，忠心之臣不事二主。如果女不贞正，虽再有华色之美，织纤之巧，都不足以称贤；人臣不忠，虽有更多的才智，行为纵优，也不足以可贵。为什么？因为大节已亏了啊！冯道为相，经历五个朝代、八个不同姓的君主，就像逆旅之视过客，朝为仇敌，暮为君臣，改换面孔、改变辞色，都不感到惭愧；大节如此，虽有小善，又何足以称呢？

有些人认为那时世局动乱，国家兴灭得很快，虽是忠智之士，将有什么办法？又认为当时失节之士不只冯道一人，怎么可以独罪冯道哩！

臣愚蠢，认为忠臣忧公如私，见危致命；人主有过则强谏力争，国家败亡则竭节效死。才智之士，在国家有道时则出仕，无道时则归隐，或者灭迹于山林，或者优游于下僚。但是冯道宠遇则冠于三师（太师、太傅、太保）之官，权任则高居群相之首，国家存在时则依违拱默，尸位素餐；国家灭亡时则希图苟免于祸，对新主迎谒劝进。人君兴亡接踵，冯道却富贵自如，真是奸臣之尤，怎能与他人比较呢？

或者又有人说，冯道能在乱世中全身远害，这也难得啊！臣则认为，君子有杀身以成仁，无求生以害仁；怎能以全身远害，就认为是贤能，那么，盗跖（zhí）病死而子路菹醢（zū hǎi，剁成肉酱），到底是谁贤呢？

但是，这也不单是冯道的罪过，当时的人君也有责任。为什么？不正之女，中等以下的人都羞于娶她；不忠之人，中材的君主也羞于用他为臣。冯道为前朝宰相，说他忠吗？他则反君事仇，说他智吗？他则不能挽救社稷崩颓；后来之君，对他不加诛罚，也不加遗弃，仍用为相。这样一来，他又安肯尽忠于我而能获其效用哩！所以说，不单是冯道之罪，时君也要负责啊！

欧阳修的评论，是单方面严厉批评于人臣。司马光虽也批评人臣之节，却同时又批评人君之失于用人，作为后世君臣的炯戒。欧阳与司马两君子，既然深深了解此治乱之机，故两人立朝事君，都是"强谏力争""有死无贰"之人，大体上都能做到知行合一。

二、陈桥兵变的空白——《资治通鉴》的结束

后汉立国仅四年而亡，是五代为时最短、政局最动荡、统治最恐怖的朝代。郭威引兵北拒契丹入侵，于澶州发生军士裂黄旗加身，遂被拥护为帝。藩镇拥兵自重，将士废立主帅，乃是自唐朝安史之乱以来，近两个世纪的动乱无法的风气。不过，黄袍加身，却是首先出现的记录，这对九年后赵匡胤的黄袍加身，应有示范作用。

周太祖任用范质、李谷等人为相，皆一时才干之士，国政渐上轨道。他缓和了与南唐的敌对意识，专力对付契丹与北汉的军事同盟，采取先北后南的方针。

广顺二年（952）六月，太祖至曲阜谒孔子祠。既奠，将拜，左右劝说："孔子不过是陪臣（诸侯之臣是天子的陪臣）罢了，陛

下不当以天子之尊而拜之。"

"孔子是百世帝王之师，敢不尊敬吗？"说完便拜。

此举表示经长期丧乱之后，第一次出现尊孔尊师，提倡文教的趋向，这对结束五代藩镇武力战争之局，实具重大的意义。翌年六月，宰相冯道等努力多年，雕板印行九经，这是中国儒家经典首次雕印发行，虽在乱世，但九经传布甚广，对恢复文治极具贡献。

当苛法废除，财经、国防、文教渐上轨道之际，太祖却在显德元年（954）春正月病逝，由义子柴荣继位，是为世宗。

北汉闻丧，大喜，与契丹联兵大举入寇。世宗年轻有为，由于不是太祖亲子，想亲征建威，恢弘声望。群臣认为即位未久，国逢大丧，人心易摇，不宜轻动为谏。世宗说："刘崇（北汉皇帝）幸我大丧，轻视朕年少新立，有乘机吞并天下之心。这次他必定亲自领军而来，朕不可不亲自迎战。"

冯道力争，世宗说："从前唐太宗定天下，未尝不是亲自征伐，朕何敢偷安！"

冯道问："不知陛下能为唐太宗否？"

世宗又说："以我兵力之强，破刘崇必如泰山压卵！"

"不知陛下能为泰山否？"冯道又问。世宗大为不悦，但仍决意亲征。

三月，双方会战于高平（山西省高平市），周军右翼溃败投降，世宗眼见不利，自引亲军冒险督战。"太祖皇帝"时为禁军将领，告诉同僚说："主上如此危险，我们何不效死！"与张永德各引二千人进战。"太祖皇帝"身先士卒，冲锋陷阵，士卒无不以一当百死战，于是全军振奋，大败汉军。

所谓"太祖皇帝"，就是宋太祖赵匡胤。司马光首次记载赵匡胤的功勋，不敢直称他的姓名，只好称他为"太祖皇帝"。这场战争有几种意义：第一，北汉自此不敢轻易南犯，使世宗得以用武于南方。第二，鼓舞了世宗统一中国的意志，后来为宋太祖所遵行。第三，此战是赵匡胤发迹之始。第四，世宗鉴于右翼将士的溃败投降，事后加以论罪严处，精选将士，一改姑息之政，缔建了统一中国的武力。

战后，殿前都指挥使（殿前部队总司令）张永德，盛称太祖皇帝的智勇，世宗特擢太祖皇帝为殿前虞侯（殿前部队总监），赵匡胤才得跻身于大将之林。

写到该年五月，司马光注意到一件有关盛衰的发展：世宗力排众议大破北汉后，自是不听信群臣，政无大小皆亲自裁决，百官只能奉命行事而已。高锡上书谏道："四海之广，万机之众，虽尧、舜不能独自处理，必须选拔人才付以责任。如今陛下一身亲理，天下不会说陛下聪明睿智到足以身兼百官之任，而会说陛下褊迫疑忌不信任群臣。不如选能知人而公正者为宰相，能爱民听讼者为地方长官，能丰财足食者使掌财经，能原情守法者使掌司法，陛下只要垂拱考核，天下何忧不治？何必降尊而代臣职，屈贵而亲贱事，这无疑是不懂为政之本呀！"世宗不从。

司马光介述此事，可以解释何以世宗死后，赵匡胤能够欺负孤儿寡妇，兵不血刃地推翻北周的原因吧。

另一件发展就是同年冬十月，世宗鉴于历朝姑息，使老弱残兵服役，不敢淘汰；然而这种军队既然长食俸禄，于是也就骄蹇不用命，每逢大敌，不走即降，前代亡国主因即在于此。世宗下诏大加简汰，改编精锐为上军，羸弱者皆斥去之；又征选各藩镇的骁勇之士，改编为殿前诸班，加以训练，命令太祖皇帝主持其事。自后中央兵力强劲，所向皆捷。

赵匡胤奉诏主持殿前诸班（各部队）整训，正是他建立势力的好机会。中央军力强盛，相对的藩镇自此衰弱，也正是"强干弱枝"，消弭（mí）五代割据抗命的契机。

显德二年（955）三月，世宗愤恨唐僖宗以来，中国日蹙；及至高平大捷后，信心大增，遂慨然有削平天下的大志。夏四月，告诉宰相说："朕每思致治的方法，未得其要，寝食不忘。从唐以来，四方割裂，未能统一，理应命令近臣撰写《为君难，为臣不易论》及《开边策》各一篇，让朕览读学习。"

郎中（相当于司长）王朴献策，分析割裂的缘由，提出用兵的战略与战术构想。他主张先打其易，再取其难；先骚扰疲敌，然后乘势攻灭。整个大战略的构想是：高平之败后，北汉、契丹都不会再南犯，此间可先南后北，先取盘踞于江北与江南的南唐，然后岭南（南汉）、巴蜀（后蜀）可传檄而定。南方既定，则燕地（今河北省一带）必望风内附；若其不附，再移兵攻之，席卷可平。最后才是统一北汉（今山西省一带）。

这种战略构想，世宗欣然采纳，后来也是宋朝统一中国的基本方针。不过，用兵频繁，终究酿出禁军将领势力日大之祸。赵匡胤的力量在军中日渐兴起，正坐此因。

显德六年（959）六月，世宗病重而逝，是年才三十九岁，由七岁大的柴宗训继位。司马光在此月条下评论说，有人问臣："五代帝王之中，唐庄宗（李存勖）、周世宗皆称英武，二主孰贤？"臣认为庄宗善战，故能以弱晋（克用父子初为晋王）胜强梁（后梁）。既得天下，不数年即内外离叛，至于身死，那是由于不懂治天下之道的缘故。世宗以信令驾驭群臣，以正义责备诸国，宏规大度，岂得与庄宗同日而语呢？《书经》说："无偏无党，王道荡荡。"又说："大邦畏其力，小邦怀其德。"世宗接近这种标准了。

世宗死前，调太祖皇帝兼殿前都点检。恭帝柴宗训继立后翌月，调迁太祖皇帝领归德军节度使，仍兼殿前都点检，截至此年完毕，司马光不再介述北周的政治情况；《资治通鉴》记述也至此完毕，以下不再撰写。

本书上编介述司马光上不续《春秋》经，下不写大宋开国。前者的原因是避圣（孔子），后者的原因当在避嫌，因为宋太祖欺人孤儿寡妇，效法周太祖郭威黄袍加身，篡夺一个没有罪过的政权，总是不光彩，而且是难以究明之事。因此，不写则无过，多写则触犯时讳，刘恕极力建议撰写宋太祖至宋英宗五朝之事，司马光坚决不接纳，原因在此。

结　语

　　或许有人会问，《资治通鉴》既是集体完成的结果，为何仅由司马光单独领编著头衔？它的体例、笔法等是否前后一致？关于这两个问题，其实只有一个答案。

　　参与编著《资治通鉴》工作的，事实上不仅只有本书上编所述的司马光、刘攽、刘恕、范祖禹四人。元丰七年上《进〈资治通鉴〉表》中，司马光以"编集"职衔署名，副署者另有四人，即"同修"刘攽、刘恕、范祖禹和"检阅文字"司马康。五人联名进表，表示均为完成编著《资治通鉴》的主持人，其他尚应有若干实作人员没有资格联署上表。

　　表起首即以"臣光曰"为开端，末句又以"臣光诚惶诚惧，顿首，顿首，谨言"为结束。稍后神宗所颁奖谕诏书，亦径以司马光为敕示对象，是则司马光实为最高实际主持人无异。援引官修历史的惯例，由司马光领衔应属合理。

　　唐代以来，官修历史惯例由宰相大臣鉴修，书成后即以鉴修者领衔押名，不论鉴修者是否曾实际主持工作。及至欧阳修等人编修《新唐书》，觉得宋祁所撰《列传》部分甚佳，乃谦虚为怀，以两人名字分别领衔。司马光等编著《资治通鉴》，与上述情况不同。《通鉴》若分为搜集史料及研究、编写长编、完成定稿三阶段的话，则刘恕等人仅参与了第一阶段和第二阶段的工作，第三阶段工作诚由司马光独力完成。亦即刘攽等人为司马光铺好了路基即止，最后是由司马光来完成的。

由此看来，不论从主持及实作两方面看，司马光都是最高的主持者及最后的完成者。《资治通鉴》一书由他挂名编著，应为实至名归。刘恕、范祖禹诸人，即使选择史料、叙述史实、评论观点等，与司马光有所不同，但也不能径自抒发己见于《资治通鉴》中。他们表示一己之见的方式，就是私下另行选述一书，如刘恕的修撰《资治通鉴外纪》，范祖禹的自著《唐鉴》，均为其例。因此，若说《资治通鉴》是司马光的著作，显然也不算是太过分之事。

《资治通鉴》的选材、叙述和评论，既然都代表司马光一家之见，是则有一个重大问题，这里不妨略作解释。此即司马光是否在《通鉴》中发挥了《春秋》精神？

什么是《春秋》精神呢？孔子作《春秋》，门生弟子都说《春秋》贯穿了某种精神意思，使乱臣贼子恐惧，这种精神意思就是正名褒贬。汉代大史学家司马迁，在《史记》的自序中即曾申论过这种精神，笔者借用他的说法，于此稍加解释。

有一位名叫壶遂的上大夫问司马迁："从前孔子为什么而作《春秋》呢？"

司马迁："我听董先生（仲舒）说：'周道衰废，孔子当鲁国司寇之官，诸侯、大夫对他加以迫害压抑。孔子知道其言不用，其道不行，于是透过《春秋》这部史书，批判二百四十二年的人事，以作为天下的仪表；贬天子，退诸侯，讨伐大夫，目的在达到王事罢了。'孔子说过，我想空泛地议论事理，不及透过史实叙述那样来得深切著明。所以《春秋》是上明三王之道，下辨人事之纪，分别嫌疑，明辨是非，判定犹豫，表扬善者，贬黜恶者，赞美贤人，鄙视不肖之人，保存亡国，延续绝世，拯救弊坏，复兴废颓，弘大王道之书。《春秋》作用在辩论是非，所以特点是长于处理人事；《春秋》又以阐扬义理为主，拨乱世，反之正，其他经典的功能没有更像《春秋》一经的功能了。因此，《春秋》一经，实为维系礼义的大宗啊。"

司马光的这位同宗前辈史学家，对《春秋》精神的解释，可以说代表了中国后代史学家的一般认识。与司马光同时代而辈分较老的著名史学家欧阳修，撰史时所力倡的《春秋》精神，也就是这种精神。中国史学既有《春秋》精神此命脉，欧阳修又振臂倡导于当时，所以身为纯儒的司马光具有《春秋》精神的意识，也是很自然的事情。

中国史学往往有两种极端，一是过分强调某些主义精神，一是过分偏重客观历史的寻求。前者往往流于主观，排他意识甚浓；后者则接近客观，但却几如呆板的流水账，读来了无生趣。司马光的《资治通鉴》，大体能调和于两端，正文则倾向于后者，评论与构思则倾向于前者。

司马光在进呈《通鉴》之表中，提到他的构想只欲编集"历代君臣事迹"之书，撰作的原则为"专取关国家盛衰，系生民休戚，善可为法，恶可为戒"。"关国家盛衰，系生民休戚"乃是他述事的原则，"善可为法，恶可为戒"则是他议论的基础。前者在求内容的客观可信，后者则为发挥《春秋》精神的训诲作用，以便有助于治道。但是最初他与刘恕提到他的构想时，即表示这部史书要遵从《左传》的编年体裁，模仿荀悦《汉纪》的简要笔法，网罗众说，以成一家之言。换句话说，司马光最初的构想，不是想学欧阳修的《新五代史》般，极力强调《春秋》精神的。刘恕就曾为此提出相反的意见，鼓励他贬奸黜恶，上继孔子的《春秋》。

刘恕的意见不为司马光所认可，这是司马光避开渎经僭圣之嫌，从三家分晋写起的原因，也是《通鉴》不论正文和评论均倾向客观，与欧阳修的《新五代史》突出精神意识，主观意味浓烈的情况不同。大体上说，司马光是重视客观的史学家，在《通鉴》中，若非必要，他不加以稍带主观的评论；而他以"臣光曰"作为开始的评议，往往也力求客观，特别强调《春秋》精神的意识之处，不多也不浓。当然，这种意识不是没有，仔细阅读与思考，还是可以发现的，笔者在下编某些章节，亦对此特别剔出，让读者知悉。不过必须知道，司马光撰述的原则之一既为"善可为法，恶可为戒"，《春秋》的这种正名褒贬意识，可以在《通鉴》中找到，应是意料中之事。所以宋神宗在所颁的奖谕诏书中，亦特赞《资治通鉴》"褒贬去取，有所据依"。

世称"文章两司马"，均指西汉的两位大文豪而言，其一即是大史学家司马迁，另一位则是大文学家司马相如。事实上，司马光也擅长文章。他与司马迁可以称得上是"史学两司马"。司马光是编年体的大家，司马迁则是纪传体的祖师，两人均欲"通古今之变"，致力于通史的撰述。然而，《资治通鉴》与《史记》这两部通史有若干差异之处，其中即为决定断限的差异，由此亦可比较出"史学两司马"的精神和识见有所不同。

司马迁的《史记》，溯源起自五帝，终结止于"今上"（当今皇上，指汉武帝），从中国文化可知的开始，一直写到自己生活的当代，约计共有两千六百年历史。他不因孔子曾作《春秋》，就拘束地避免渎经僭圣之嫌，反而有继承孔子作《春秋》之志，声言要"厥协六经异传，整齐百家杂语"（即整理古代一切著作之意）。

《资治通鉴》与《史记》比较，实是一部不完整的通史。司马光因为东周以来的历史，孔子的《春秋》已经撰写了，孔子之经又不可以增删，所以他把五帝以来至春秋结束的史事，一笔勾销而不述了。甚至恐怕有渎经之嫌，他也不敢从《春秋》结束那年的第二年写起，而决定以三家分晋那年作为开端。由此看来，《通鉴》有"缺头"之憾，是由于司马光的拘迂而造成。两司马于此即可较出高下。

写当代史而不流于诌谀政府当局，这是大识见与大勇气的表现。《资治通鉴》于五代结束，司马光连宋太祖陈桥兵变也不写，更遑论写到他的当代（宋神宗时代）了。刘恕建议司马光把宋太祖至英宗等五朝也列入计划之内，真是白费气力，不了解司马光的心意。连本朝怎样开国也不敢写，司马光避免触犯时讳的心理可知。《资治通鉴》有"缺尾"之憾，自应不必惊诧。两司马的高下，于此亦可观察出来。

总括而言，《资治通鉴》在当时不能成为一部完整的通史，有缺头缺尾之憾，不应是参与修史者的过错，而应由司马光来独负其责，这也是良深可惜的地方。

《通鉴》共有二百九十四卷。若以卷数计算，《秦纪》仅三卷，占比例最少；《唐纪》有八十一卷，占比例最多。但是我介述本书，挑选内容并不依此比例，原因是：第一，有些朝代不一定曾经发生过极具历史意义的事情，或者很少发生过这类事情。第二，为了照顾阅读对象，我必须选择富有故事性的事情来介述。第三，后代的事情与前代类似，不必再度介述强调，如唐代宦官之祸，因在汉代已特立题目，读者对宦官问题已略有认识，故不必再介述。第四，本丛书限定了篇幅，笔者不便有所超逾，故某些问题不得不割爱。本书以《晋纪》涵盖南北朝各代，以后《周纪》涵盖五代各朝，原因亦在此。基于这些原因，笔者在本书下编仅介述了二十八个事件及其发展，但相信已足以让读者略窥《资治通鉴》于一斑。

介述一本书，理应首先注意其开始。《资治通鉴》既是极有意义之书，其开始与结束都不能随便忽略了。前面所提到的缺头缺尾之憾，即已代表了司马光的人格学识，于此昭然无隐。笔者特为三家分晋的唯一一句话，别立为一节，实因这句话的意义及其随后的长篇评论，均极为重要。三家分晋只此一句话，即已看出司马光对历史与世变的认识。周室名义上的承认韩、赵、魏，无异承认了礼教名分的破产，旧时代、旧秩序已告结束，新时代、新秩序正将来临。尤须注意的是，这句话的随后评论，显然表示司马光在告诉读者，他要强调的"关国家盛衰，系生民休戚，善可为法，恶可为戒"的原则，其根本即植于礼教名分，这也是全书最重要的中心问题。

　　才德论是司马光知人论人的理论基础，与上述的"名分论"，构成司马光知人论世的两大根基，读者应加注意。司马光的评论你尽管可以反对，但不能不知道他的知人论世的理论基础，否则你也会陷于主观的泥泞之中，而不明白司马光的心意。

　　知道这两种道理，你会对《资治通鉴》的选材、笔法、评论等许多问题，豁然而解。例如《通鉴》为何没有"新纪"（王莽所建王朝）与"周纪"（武则天王朝）？司马光对此似乎不是纯粹本着正统的原则来加以处理的。他主要的处理根据，实与上述两种基础理论有莫大关系。换句话说，司马光不承认新、周两朝，不让两者在《通鉴》中占一席位，是发挥了贬天子的精神，认为王莽与武则天乃是冒名犯分的有才无德者，理应予以贬退。《资治通鉴》全书中，类此例子尚不少见，本书下编二十八个章节，大都可以发现类此例证。

总而言之，《资治通鉴》确是一部上乘好书，它帮助你了解中国文化各问题，认识中国历史的发展，提供了统治中国的学识，也协助你明白做人处世之道，从而可以使你发现自我，以及完成自我。司马光在《进〈资治通鉴〉表》中，自诩地要求神宗皇帝说："希望陛下你时赐省阅，鉴前世之兴衰，考当今之得失，嘉善矜恶，取是舍非，足以懋稽古之盛德，跻无前之至治，俾四海群生，咸蒙其福！"

撇开政治管理的角度而看，事实上，你要认识中国，做一个地道的中国人，在中国生存及发展，这真是一部好的参考书，可惜是篇幅庞大，常令人有难以卒读的感慨！笔者承乏介述此书，目的只是帮助读者了解此书的大概及其精要的地方。这只是入门的途径，概略的描述，有志者何不因此而进读原典，获取更多的收益？当你有朝一日读完原典后，恐怕我这本介述性的小书，已经不足以入你法眼了。届时，你所蒙受《资治通鉴》的福赐，大概也会比我强多了。

附录　原典精选

資治通鑑卷第一

朝散大夫諫議大夫權御史中丞判梁樞使護軍賜紫金魚袋臣司馬

光奉、

勅編集

周紀一　起著雍攝提格盡玄

　　　　黓困敦凡三十五年

威烈王

二十三年初命晉大夫魏斯趙籍韓虔為諸侯

臣光曰臣

聞天子之職莫大於禮禮莫大於分分莫大於名何謂禮紀綱

是也何謂分君臣是也何謂名公侯卿大夫是也夫以四海之

廣兆民之衆受制於一人雖有絕倫之力高世之智莫敢不奔

走而服役者豈非以禮為之綱紀哉是故天子統三公三公率

諸侯諸侯制卿大夫卿大夫治士庶人貴以臨賤賤以承貴上

之使下猶心腹之運手足根本之制支葉下之事上一手足之

《资治通鉴》卷第一

朝散大夫权御史中丞充理检使上护军赐紫金鱼袋

臣司马光　奉敕编集

后学天台　胡三省　音注

《周纪》一

起著雍摄提格（戊寅），尽玄黓（yì）困顿（壬子），凡三十五年。

威烈王二十三年

初命晋大夫魏斯、赵籍、韩虔为诸侯。

臣光曰：臣闻天子之职莫大于礼，礼莫大于分，分莫大于名。何谓礼？纪纲是也。何谓分？君、臣是也。何谓名？公、侯、卿、大夫是也。

夫以四海之广，兆民之众，受制于一人，虽有绝伦之力，高世之智，莫不奔走而服役者，岂非以礼为之纪纲哉！是故天子统三公，三公率诸侯，诸侯制卿大夫，卿大夫治士庶人。贵以临贱，贱以承贵。上之使下犹心腹之运手足，根本之制支叶；下之事上犹手足之卫心腹，支叶之庇本根，然后能上下相保而国家治安。故曰天子之职莫大于礼也。

文王序《易》，以乾、坤为首。孔子系之曰："天尊地卑，乾坤定矣。卑高以陈，贵贱位矣。"言君臣之位犹天地之不可易也。《春秋》抑诸侯，尊王室，王人虽微，序于诸侯之上，以是见圣人于君臣之际未尝不惓惓（juàn）也。非有桀、纣之暴，汤、武之仁，人归之，天命之，君臣之分当守节伏死而已矣。是故以微子而代纣则成汤配天矣，以季札而君吴则太伯血食矣，然二子宁亡国而不为者，诚以礼之大节不可乱也。故曰礼莫大于分也。

夫礼，辨贵贱，序亲疏，裁群物，制庶事，非名不著，非器不形；名以命之，器以别之，然后上下粲然有伦，此礼之大经也。名器既亡，则礼安得独在哉！昔仲叔于奚有功于卫，辞邑而请繁缨，孔子以为不如多与之邑，惟名与器，不可以假人，君之所司也。政亡，则国家从之。

卫君待孔子而为政，孔子欲先正名，以为名不正则民无所措手足。夫繁缨，小物也，而孔子惜之；正名，细务也，而孔子先之；诚以名器既乱则上下无以相故也。夫事未有不生于微而成于著，圣人之虑远，故能谨其微而治之，众人之识近，故必待其著而后救之；迨其微则用力寡而功多，救其著则竭力而不能及也。《易》曰："履霜，坚冰至。"《书》曰："一日二日万几。"谓此类也。故曰分莫大于名也。

呜呼！幽、厉失德，周道日衰，纲纪散坏，下陵上替，诸侯专征，大夫擅政，礼之大体什丧七八矣，然文、武之祀犹绵绵相属者，盖以周之子孙尚能守其名分故也。何以言之？昔晋文公有大功于王室，请隧于襄王，襄王不许，曰："王章也。未有代德而有二王，亦叔父之所恶也。不然，叔父有地而隧，又何请焉！"文公于是惧而不敢违。是故以周之地则不大于曹、滕，以周之民则不众于邾、莒，然历数百年，宗主天下，虽以晋、楚、齐、秦之强不敢加者，何哉？徒以名分尚存故也。

至于季氏之于鲁，田常之于齐，白公之于楚，智伯之于晋，其势皆足以逐君而自为，然而卒不敢者，岂其力不足而心不忍哉，乃畏奸名犯分而天下共诛之也。大夫暴蔑其君，剖分晋国，天子既不能讨，又宠秩之，使列于诸侯，是区区之名分复不能守而并弃之也。先王之礼于斯尽矣！

或者以为当是之时，周室微弱，三晋强盛，虽欲勿许，其可得乎！是大不然。夫三晋虽强，苟不顾天下之诛而犯义侵礼，则不请于天子而自立矣。不请于天子而自立，则为悖逆之臣，天下苟有桓、文之君，必奉礼义而征之。今请于天子而天子许之，是受天子之命而为诸侯也，谁得而讨之！故三晋之列于诸侯，非三晋之坏礼，乃天子自坏之也。

呜呼！君臣之礼既坏矣，则天下以智力相雄长，遂使圣贤之后为诸侯者，社稷无不泯绝，生民之类糜灭几尽，岂不哀哉！

初，智宣子将以瑶为后，智果曰："不知宵也。瑶之贤于人者五，其不逮者一也。美鬓长大则贤，射御足力则贤，伎艺毕给则贤，巧文辩慧则贤，强毅果敢则贤，如是而甚不仁。夫以其五贤陵人而以不仁行之，其谁能待之？若果立瑶也，智宗必灭。"弗听。智果别族于太史，为辅氏。

赵简子之子，长曰伯鲁，幼曰无恤。将置后，不知所立，乃书训诫之辞于二简，以授二子曰："谨识之！"三年而问之，伯鲁不能举其辞，求其简，已失之矣。问无恤，诵其辞甚习，求其简，出诸袖中而奏之。于是简子以无恤为贤，立以为后。

简子使尹铎为晋阳，请曰："以为茧丝乎？抑为保障乎？"简子曰："保障哉！"尹铎损其户数。简子谓无恤曰："晋国有难，而无以尹铎为少，无以晋阳为远，必以为归。"

及智宣子卒，智襄子为政，与韩康子、魏桓子宴于蓝台。智伯戏康子而侮段规。智国闻之，谏曰："主不备难，难必至矣！"智伯曰："难将由我。我不为难，谁敢兴之！"对曰："不然。《夏书》有之曰：'一人三失，怨岂在明，不见是图。'夫君子能勤小物，故无大患。今生一宴而耻人之君相，又弗备，曰'不敢兴难'，无乃不可乎！蚋（ruì）、蚁、蜂、虿，皆能害人，况君相乎！"弗听。

智伯请地于韩康子，康子欲弗与。段规曰："智伯好利而愎，不与，将伐我，不如与之。彼狃于得地，必请于他人；他人不与，必向以兵，然则我得免于患而待事之变矣。"康子曰："善。"

289

使使者致万家之邑于智伯。智伯悦。又求地于魏桓子，桓子欲弗与。任章曰："何故弗与？"桓子曰："无故索地，故弗与。"任章曰："无故索地，诸大夫必惧；吾与之地，智伯必骄。彼骄而轻敌，此惧而相亲；以相亲之兵待轻敌之人，智氏之命必不长矣。《周书》曰：'将欲败之，必姑辅之。将欲取之，必姑与之。'主不如与之以骄智伯，然后可以择交而图智氏矣，奈何独以吾为智氏质乎！"桓子曰："善。"复与之万家之邑一。

智伯又求蔡、皋狼之地于赵襄子，襄子弗与。智伯怒，率韩、魏之甲以攻赵氏。襄子将出，曰："吾何走乎？"从者曰："长子近，且城厚完。"襄子曰："民罢力以完之，又毙死以守之，其谁与我！"从者曰："邯郸之仓库实。"襄子曰："浚民之膏泽以实之，又因而杀之，其谁与我！其晋阳乎，先主之所属也，尹铎之所宽也，民必和矣。"乃走晋阳。

三家以国人围而灌之，城不浸者三版。沉灶产蛙，民无叛意。智伯行水。魏桓子御，韩康子骖乘，智伯曰："吾乃今知水可以亡人国也。"桓子肘康子，康子履桓子之跗，以汾水可以灌安邑，绛水可以灌平阳也。絺疵谓智伯曰："韩、魏必反矣。"智伯曰："子何以知之？"絺疵曰："以人事知之。夫从韩、魏之兵以攻赵，赵亡，难必及韩、魏矣。今约胜赵而三分其地，城不没者三版，人马相食，城降有日，而二子无喜志，有忧色，是非反而何？"明日，智伯以絺疵之言告二子，二子曰："此夫谗人欲为赵氏游说，使主疑于二家而懈于攻赵氏也，不然，夫二家岂不利朝夕分赵氏之田，而欲为危难不可成之事乎！"二子出，絺疵入曰："主何以臣之言告二子也？"智伯曰："子何以知之？"对曰："臣见其视臣端而趋疾，知臣得其情故也。"智伯不悛。絺疵请使于齐。

赵襄子使张孟谈潜出见二子曰："臣闻唇亡则齿寒。今智伯帅韩、魏以攻赵，赵亡则韩、魏为次矣。"二子曰："我心知其然也；恐事未遂而谋泄，则祸立至矣。"张孟谈曰："谋出二主之口，入臣之耳，何伤也！"二子乃潜与张孟谈约，为之期日而遣之。襄子夜使人杀守堤之吏，而决水灌智伯军。智伯军救水而乱，韩、魏翼而击之，襄子将卒犯其前，大败智伯之众。遂杀智伯，尽灭智氏之族。惟辅果在。

臣光曰：智伯之亡也，才胜德也。夫才与德异，而世俗莫之能辨，通谓之贤，此其所以失人也。夫聪察强毅之谓才，正直中和之谓德。才者，德之资也；德者，才之帅也。云梦之竹，天下之劲也；然而不矫揉，不羽括，则不能以入坚。棠溪之金，天下之利也；然而不熔范，不砥砺，则不能以击强。是故才德全尽谓之"圣人"，才德兼亡谓之"愚人"，德胜才谓之"君子"，才胜德谓之"小人"。凡取人之术，苟不得圣人、君子而与之，与其得小人，不若得愚人。何则？君子挟才以为善，小人挟才以为恶。挟才以为善者，善无不至矣；挟才以为恶者，恶亦无不至矣。愚者虽欲为不善，智不能周，力不能胜，譬如乳狗搏人，人得而制之。小人智足以遂其奸，勇足以决其暴，是虎而翼者也，其为害岂不多哉！夫德者人之所严，而才者人之所爱；爱者易亲，严者易疏，是以察者多蔽于才而遗于德。自古昔以来，国之乱臣，家之败子，才有余而德不足，以至于颠覆者多矣，岂特智伯哉！故为国为家者苟能审于才德之分而知所先后，又何失人之足患哉！

三家分智氏之田。赵襄子漆智伯之头，以为饮器。智伯之臣豫让欲为之报仇，乃诈为刑人，挟匕首，入襄子宫中涂厕。襄子如厕心动，索之，获豫让。左右欲杀之，襄子曰："智伯死无后，而此人欲为报仇，真义士也，吾谨避之耳。"乃舍之。豫让又漆身为癞，吞炭为哑。行乞于市，其妻不识也。行见其友，其友识之，为之泣曰："以子之才，臣事赵孟，必得近幸。子乃为所欲为，顾不易邪？何乃自苦如此？求以报仇，不亦难乎！"豫让曰："既已委质为臣，而又求杀之，是二心也。凡吾所为者，极难耳。然所以为此者，将以愧天下后世之为人臣怀二心者也。"襄子出，豫让伏于桥下。襄子至桥，马惊，索之，得豫让，遂杀之。

襄子为伯鲁之不立也，有子五人，不肯置后。封伯鲁之子于代，曰代成君，早卒；立其子浣为赵氏后。襄子卒，弟桓子逐浣而自立，一年卒。赵氏之人曰："桓子立，非襄主意。"乃共杀其子，复迎浣而立之，是为献子。献子生籍，是为烈侯，魏斯者，魏桓子之孙也，是为文侯。韩康子生武子；武子生虔，是为景侯。

魏文侯以卜子夏、田子方为师。每过段干木之庐必式。四方贤士多归之。

文侯与群臣饮酒，乐，而天雨。命驾将适野。左右曰："今日饮酒乐，天又雨，君将安之？”文侯曰："吾与虞人期猎，虽乐，岂可无一会期哉！”乃往，身自罢之。

韩借师于魏以伐赵，文侯曰："寡人与赵，兄弟也，不敢闻命。”赵借师于魏以伐韩，文侯应之亦然。二国皆怒而去。已而知文侯以讲于己也，皆朝于魏。魏由是始大于三晋，诸侯莫能与之争。

使乐羊伐中山，克之；以封其子击。文侯问于群臣曰："我何如主？”皆曰："仁君。”任座曰："君得中山，不以封君之弟而以封君之子，何谓仁君！”文侯怒，任座趋出。次问翟璜，对曰："仁君。”文侯曰："何以知之？”对曰："臣闻君仁则臣直。向者任座之言直，臣是以知之。”文侯悦，使翟璜召任座而反之，亲下堂迎之，以为上客。

文侯与田子方饮，文侯曰："钟声不比乎？左高。”田子方笑。文侯曰："何笑？”子方曰："臣闻之，君明乐官，不明乐音。今君审于音，臣恐其聋于官也。”文侯曰："善。”

子击出，遭田子方于道，下车伏谒。子方不为礼。子击怒，谓子方曰："富贵者骄人乎？贫贱者骄人乎？”子方曰："亦贫贱者骄人耳，富贵者安敢骄人！国君而骄人则失其国，大夫而骄人则失其家。失其国者未闻有以国待之者也，失其家者未闻有以家待之者也。夫士贫贱者，言不用，行不合，则纳履而去耳，安往而不得贫贱哉！”子击乃谢之。

文侯谓李克曰："先生尝有言曰：'家贫思良妻，国乱思良相。'

293

今所置非成则璜，二子何如？"对曰："卑不谋尊，疏不谋戚。臣在阙门之外，不敢当命。"文侯曰："先生临事勿让！"克曰："君弗察故也。居视其所亲，富视其所与，达视其所举，穷视其所不为，贫视其所不取，五者足以定之矣，何待克哉！"文侯曰："先生就舍，吾之相定矣。"李克出，见翟璜。翟璜曰："今者闻君召先生而卜相，果谁为之？"克曰："魏成。"翟璜愤然作色曰："西河守吴起，臣所进也。君内以邺为忧，臣进西门豹。君欲伐中山，臣进乐羊。中山已拔，无使守之，臣进先生。君子之无傅，臣进屈侯鲋。以耳目之所睹记，臣何负于魏成！"李克曰："子言克于子之君者，岂将比周以求大官哉？"君问相于克，克之对如是。所以知君之必相魏成者，魏成食禄千钟，什九在外，什一在内；是以东得卜子夏、田子方、段干木。此三人者，君皆师之；子所进五人者，君皆臣之。子恶得与魏成比也！"翟璜逡巡再拜曰："璜，鄙人也，失对，愿卒为弟子！"

吴起者，卫人，仕于鲁。齐人伐鲁，鲁人欲以为将，起取齐女为妻，鲁人疑之，起杀妻以求将，大破齐师。或谮之鲁侯曰："起始事曾参，母死不奔丧，曾参绝之；今又杀妻以求为君将。起，残忍薄行人也，且以鲁国区区而有胜敌之名，则诸侯图鲁矣。"起恐得罪，闻魏文侯贤，乃往归之。文侯问诸李克，李克曰："起贪而好色，然用兵，司马穰苴弗能过也。"于是文侯以为将，击秦，拔五城。

起之为将，与士卒最下者同衣食，卧不设席，行不骑乘，亲裹赢粮，与士卒分劳苦。卒有病疽者，起为吮之。卒母闻而哭之。人曰："子，卒也，而将军自吮其疽，何哭为？"母曰："非然也。往年吴公吮其父疽，其父战不旋踵，遂死于敌。吴公今又吮其子，妾不知其死所矣，是以哭之。"

燕愍公薨，子僖公立。

二十四年　　王崩，子安王骄立。

盗杀楚声王，国人立其子悼王。

安王

元年　　秦伐魏，至阳孤。

二年，魏、韩、赵伐楚，至桑丘。郑围韩阳翟。韩景侯薨，子烈侯取立。赵烈侯薨，国人立其弟武侯。秦简公薨，子惠公立。

三年　　王子定奔晋。虢山崩，壅河。

四年　　楚围郑。郑人杀其相驷子阳。

五年　　日有食之。

三月，盗杀韩相侠累。侠累与濮阳严仲子有恶。仲子闻轵人聂政之勇，以黄金百镒为政母寿，欲因以报仇。政不受，曰："老母在，政身未敢以许人也！"及母卒，仲子乃使政刺侠累。侠累方坐府上，兵卫甚众，聂政直入上阶，刺杀侠累，因自皮面决眼，自屠出肠。韩人暴其尸于市，购问，莫能识。其姊嫈（yīng）闻而往，哭之曰："是轵深井里聂政也！以妾尚在之故，重自刑以绝从。妾奈何畏殁身之诛，终灭贤弟之名！"遂死于政尸之旁。

六年　　郑驷子阳之党弑缥公。宋悼公薨，子休公田立。

齐伐鲁，取最。郑负黍叛，复归韩。

九年　　魏伐郑。

晋烈公薨，子孝公倾立。

十一年　　秦伐韩宜阳，取六邑。初，田常生襄子盘，盘生庄子白，白生太公和。是岁，齐田和迁齐康公于海上，使食一城，以奉其先祀。

十二年　　秦、晋战于武城。齐伐魏，取襄阳。鲁败齐师于平陆。

十三年　　秦侵晋。齐田和会魏文侯、楚人、卫人于浊泽，求为诸侯。魏文侯为之请于王及诸侯，王许之。

十五年　　秦伐蜀，取南郑。魏文侯薨，太子击立，是为武侯。

武侯浮西河而下，中流顾谓吴起曰："美哉山河之固，此魏国之宝也！"对曰："在德不在险。昔三苗氏，左洞庭，右彭蠡，德义不修，禹灭之。夏桀之居，左河济，右泰华，阙在其南，羊肠在其北；修政不仁，汤放之。商纣之国，左孟门，右太行，常山在其北，大河经其南；修政不德，武王杀之。由此观之，在德不在险。若君不修德，舟中之人皆敌国也！"武侯曰："善。"

魏置相，相田文。吴起不悦，谓田文曰："请与子论功可乎？"田文曰："可。"起曰："将三军，使士卒乐死，敌国不敢谋，子孰与起？"文曰："不如子。"起曰："治百官，亲万民，实府库，子孰与起？"文曰："不如子。"起曰："守西河，秦兵不敢东乡，韩、赵宾从，子孰与起？"文曰："不如子。"起曰："此三者子皆出吾下，而位居吾上，何也？"文曰："主少国疑，大臣未附，百姓不信，方是之时，属之子乎，属之我乎？"起默然良久，曰："属之子矣！"

久之，魏相公叔尚主而害吴起。公叔之仆曰："起易去也。起为人刚劲自喜，子先言于君曰：'吴起，贤人也，而君之国小，臣恐起之无留心也。君盍试延以女，起无留心，则必辞矣。'子因与起归而使公主辱子，起见公主之贱子也，必辞，则子之计中矣。"公叔从之，吴起果辞公主。魏武侯疑之而未信，起惧诛，遂奔楚。

楚悼王素闻其贤，至则任之为相。起明法审令，捐不急之官，废公族疏远者，以抚养战斗之士，要在强兵，破游说之言纵横者。于是南平百越，北却三晋，西伐秦，诸侯皆患楚之强，而楚之贵戚大臣多怨吴起者。

秦惠公薨，子出公立。赵武侯薨，国人复立烈侯之太子章，是为敬侯。韩烈侯薨，子文侯立。

十六年　　初，命齐大夫田和为诸侯。赵公子朝作乱，奔魏，与魏袭邯郸，不克。

十七年　　秦庶长改逆献公于河西而立之；杀出子及其母，沉之渊旁。齐伐鲁。韩伐郑，取阳城；伐宋，执宋公。齐太公薨，子桓公午立。

十九年　　魏败赵师于兔台。

二十年　　　日有食之，既。

二十一年　　楚悼王薨。贵戚大臣作乱，攻吴起；起走之王尸而伏之。击起之徒因射刺起，并中王尸。既葬，肃王即位，使令尹尽诛为乱者，坐起夷宗者七十余家。

二十二年　　齐伐燕，取桑丘。魏、韩、赵伐齐，至桑丘。

二十三年　　赵袭卫，不克。齐康公薨，无子，田氏遂并齐而有之。是岁，齐桓公亦薨，子威王因齐立。

二十四年　　狄败魏师于浍。魏、韩、赵伐齐，至灵丘。晋孝公薨，子靖公俱酒立。

二十五年　　蜀伐楚，取兹方。子思言苟变于卫侯曰："其才可将五百乘。"公曰："吾知其可将，然变也尝为吏，赋于民而食人二鸡子，故弗用也。"子思曰："夫圣人之官人，犹匠之用木也，取其所长，弃其所短；故杞梓连抱而有数尺之朽，良工不弃。今君处战国之世，选爪牙之士，而以二卵弃干城之将。此不可使闻于邻国也。"公再拜曰："谨受教矣！"

卫侯言计非是，而群臣和者如出一口。子思曰："以吾观卫，所谓'君不君，臣不臣'者也！公丘懿子曰："何乃若是？"子思曰："人主自臧，则众谋不进。事是而臧之，犹却众谋，况和非以长恶乎！夫不察事之是非而悦人赞己，暗莫甚焉；不度理之所在而阿谀求容，谄莫甚焉。君暗臣谄，以居百姓之上，民不与也。若此不已，国无类矣！"

子思言于卫侯曰："君之国事将日非矣！"公曰："何故？"

298

对曰:"有由然焉。君出言自以为是,而卿大夫莫敢矫其非;卿大夫出言亦自以为是,而士庶人莫敢矫其非。君臣既自贤矣,而群下同声贤之,贤之则顺而有福,矫之则逆而有祸,如此则善安从生!《诗》曰:'具曰予圣,谁知乌之雌雄?'抑亦似君之君臣乎!"

鲁穆公薨,子共公奋立。韩文侯薨,子哀侯立。

二十六年　　王崩,子烈王喜立。魏、韩、赵共废晋靖公为家人而分其地。

烈王

元年　　日有食之。韩灭郑,因徙都之。赵敬侯薨,子成侯种立。

三年　　燕败齐师于林狐。鲁伐齐,入阳关。魏伐齐,至博陵。燕僖公薨,子桓公立。宋休公薨,子辟公立。卫慎公薨,子声公训立。

四年　　赵伐卫,取都鄙七十三。魏败赵师于北蔺。

五年　　魏伐楚,取鲁阳。韩严遂弑哀侯,国人立其子懿侯。初,哀侯以韩廆为相而爱严遂,二人甚相害也。严遂令人刺韩廆于朝,廆走哀侯,哀侯抱之;人刺韩廆,兼及哀侯。魏武侯薨,不立太子,子罃与公中缓争立,国内乱。

六年　　齐威王来朝。是时周室微弱,诸侯莫朝,而齐独朝之,天下以此益贤威王。赵伐齐,至鄄。魏败赵师于怀。齐威王召即墨大夫,语之曰:"自子之居即墨也,毁言日至。然吾使人视即墨，田野辟，人民给，官无事，东方以宁；是子不事吾左右以求助也！"封之万家。召阿大夫，语之曰："自子守阿，誉言日至。吾使人视阿，田野不辟，人民贫馁。昔日赵攻鄄，子不救；卫取薛陵，子不知；是子厚币事吾左右以求誉也！"是日，烹阿大夫及左右尝誉者。于是群臣耸惧，莫敢饰诈，务尽其情，齐国大治，强于天下。楚肃王臧，无子，立其弟良夫，是为宣王。宋辟公薨，子剔成立。

七年　　日有食之。王崩，弟扁立，是为显王。

魏大夫王错出奔韩。公孙颀谓韩懿侯曰："魏乱，可取也。"懿侯乃与赵成侯合兵伐魏，战于浊泽，大破之，遂围魏。成侯曰："杀罃，立公中缓，割地而退，我二国之利也。"懿侯曰："不可，杀魏君，暴也；割地而退，贪也。不如两分之。魏分为两，不强于宋、卫，则我终无魏患矣。"赵人不听，懿侯不悦，以其兵夜去。赵成侯亦去。罃遂杀公中缓而立，是为惠王。

太史公曰：魏惠王所以身不死、国不分者，二国之谋不和也。若从一家之谋，魏必分矣。故曰："君终，无适子，其国可破也。"

《资治通鉴》卷第二百九十四

端明殿学士兼翰林学士太中大夫提举西京嵩山崇福宫

上柱国河内郡开国公食邑二千六百户食实封一千户

臣司马光　奉敕编集

后学天台　胡三省　音注

《后周纪》五

起著雍敦牂（戊午），尽屠维协洽（己未），凡二年。

世宗睿武孝文皇帝下

显德五年

春正月，乙酉，废匡国军。唐改元中兴。

丁亥，右龙武将军王汉璋奏克海州。

己丑，以侍卫马军都指挥使韩令坤权扬州军府事。

上欲引战舰自淮入江，阻北神堰，不得渡；欲凿楚州西北鹳水以通其道，遣使行视，还言地形不便，计功甚多。上自往视之，授以规画，当楚州民夫浚之，旬日而成，用功甚省，巨舰数百艘皆达于江，唐人大惊，以为神。

壬辰，拔静海军，始通吴越之路。先是帝遣左谏议大夫长安尹日就等使吴越，语之曰："卿今去虽泛海，比还，淮南已平，当陆归耳。"已而果然。

甲辰，蜀右补阙章九龄见蜀主，言政事不治，由奸佞在朝，蜀主问奸佞为谁，指李昊、王昭远以对，蜀主怒，以九龄为毁斥大臣贬维州录事参军。

周兵攻楚州，逾四旬，唐楚州防御使张彦卿固守不下，乙巳，帝自督诸将攻之，宿于城下，丁未，克之，彦卿与都监郑昭业犹帅众拒战，矢刃皆尽，彦卿举绳床以斗而死，所部千余人，至死无一人降者。

高保融遣指挥使魏璘，将战船百艘东下会伐唐，至于鄂州。

庚戌，蜀置永宁军于果州，以通州隶之。

唐以天长为雄州，以建武军使易文赟为刺史。二月，甲寅，文赟举城降。

戊午，帝发楚州；丁卯，至扬州，命韩令坤发丁夫万余，筑故城之东南隅为小城以治之。

乙亥，黄州刺史司超奏与控鹤右厢都指挥使王审琦攻唐舒州，擒其刺史施仁望。

丙子，建雄节度使真定杨廷璋奏败北汉兵于隰州城下。时隰州刺史孙议暴卒，廷璋谓都监、闲厩使李谦溥曰："今大驾南征，泽州无守将，河东必生心；若奏请待报，则孤城危矣。"即牒谦溥权隰州事，谦溥至则修守备，未几，北汉兵果至；诸将请速救之，廷璋曰："隰州城坚将良，未易克也。"北汉攻城久不下，廷璋度其疲困无备，潜与谦溥约，各募死士百余夜袭其营，北汉兵惊溃，斩首千余级，北汉兵遂解去。

三月，壬午朔，帝如泰州。

丁亥，唐大赦，改元交泰。

唐太弟景遂前后凡十表辞位，且言："今国危不能扶，请出就藩镇。燕王弘冀嫡长有军功，宜为嗣，谨奏上太弟宝册。"齐王景达亦以败军辞元帅。唐主乃立景遂为晋王，加天策上将军、江南西道兵马元帅、洪州大都督、太尉、尚书令，以景达为浙西道元帅、润州大都督。景达以浙西方用兵，固辞，改抚州大都督。立弘冀为太子，参决庶政。弘冀为人猜忌严刻，景遂左右有未出东宫者，立斥逐之。其弟安定公从嘉畏之，不敢预事，专以经籍自娱。

辛卯，上如迎銮镇，屡至江口，遣水军击唐兵，破之。上闻唐战舰数百艘泊东沛州，将趣海口扼苏、杭路，遣殿前都虞侯慕容延钊将步骑，右神武统军宋延渥将水军，循江而下。甲午，延钊奏大破唐兵于东沛州。上遣李重进将兵趣庐州。

唐主闻上在江上，恐遂南渡，又耻降号称藩，乃遣兵部侍郎陈觉奉表，请传位于太子弘翼，使听命于中国。时淮南惟庐、舒、蕲、黄未下，丙申，觉至迎銮，见周兵之盛，白上，请遣人渡江取表，献四州之地，画江为境，以求息兵，辞指甚哀。上曰："朕本兴师止取江北，尔主能举国内附，朕复何求！"觉拜谢而退。

丁酉，觉请遣其属阁门承旨刘承遇如金陵，上赐唐主书，称"皇帝恭问江南国主"，慰纳之。

戊戌，吴越奏遣上直指挥使。处州刺史邵可迁、秀州刺史路彦铢以战舰四百艘、士卒万七千人屯通州南岸。

唐主复遣刘承遇奉表称唐国主，请献江北四州，岁输贡物十万。于是江北悉平，得州十四，县六十。

庚子，上赐唐主书，谕以："缘江诸军及两浙、湖南、荆南兵并当罢归，其庐、蕲、黄三道，亦令敛兵近外。俟彼将士及家属就道，可遣人召将校以城邑付之。江中舟舰有须往来者，并令就北岸引之。"辛丑，陈觉辞行，又赐唐主书，谕以不必传位于子。

壬寅，上自迎銮复如扬州。

癸卯，诏吴越、荆南军各归本道；赐钱弘俶犒军帛三万匹，高保融一万匹。

甲辰，置保信军于庐州，以右龙武统军赵匡赞为节度使。

丙午，唐主遣冯延巳献银、绢、钱、茶、谷共百万以犒军。

己酉，命宋延渥将水军三千溯江巡警。

庚戌，敕故淮南节度杨行密、故升府节度使徐温等墓并量给守户；其江南群臣墓在江北者，亦委长吏以时检校。

辛亥，唐主遣其临汝公徐辽代己来上寿。

是月，浚汴口，导河流达于淮，于是江、淮舟楫始通。

夏，四月，乙卯，帝自扬州北还。

新作太庙成。庚申，神主入庙。

辛酉夜，钱唐城南火，延及内城，官府庐舍几尽。壬戌旦，火将及镇国仓，吴越王弘俶久疾，自强出救火；火止，谓左右曰："吾疾因灾而愈。"众心稍安。

帝之南征也，契丹乘虚入寇。壬申，帝至大梁，命张永德将兵备御北边。

五月，辛巳朔，日有食之。

诏赏劳南征士卒及淮南新附之民。

辛卯，以太祖皇帝领忠武节度使，徙安审琦为平庐节度使。

成德节度使郭崇攻契丹束城，拔之，以报其入寇也。

唐主避周讳，更名景，下令去帝号，称国主，凡天子仪制皆有降损，去年号；用周正朔，仍告于太庙。左仆射、同平章事冯延巳罢为太子太傅，门下侍郎、同平章事严续罢为少傅，枢密使、兵部侍郎陈觉罢守本官。

初，冯延巳以取中原之策说唐主，由是有宠。延巳尝笑烈祖戢兵为龌龊，曰："安陆所丧才数千兵，为之辍食咨嗟者旬日，此田舍翁识量耳，安足与成大事！岂如今上暴师数万于外，而击球宴乐无异平日，真英主也！"延巳与其党谈论，常以天下为己任，更相唱和。

翰林学士常梦锡屡言延巳等浮诞，不可信，唐主不听，梦锡曰："奸言似忠，陛下不悟，国必亡矣！"及臣服于周，延巳之党相与言，有谓周为大朝者，梦锡大笑曰："诸公常欲致君尧、舜，

305

何意今日自为小朝邪！"众默然。

自唐主内附，帝止因其使者赐书，未尝遣使至其国。己酉，始命太仆卿冯延鲁、卫尉少卿钟谟使于唐，赐以御衣、玉带等及犒军帛十万，并今年钦天历。

刘承遇之还自金陵也，唐主使陈觉白帝，以江南无卤田，愿得海陵监南属以赡军。帝曰："海陵在江北，难以交居，当别有处分。"至是，诏岁支盐三十万斛以给江南，所俘获江南士卒，稍稍归之。

六月，壬子，昭义节度使李筠奏击北汉石会关，拔其六寨。乙卯，晋州奏都监李谦溥击北汉，破孝义。

高保融遣使劝蜀王称藩于周，蜀王报以前岁遣胡立致书于周而不答。

秋，七月，丙戌，初行大周刑统。

帝欲均田租，丁亥，以元稹《均田图》遍赐诸道。

闰月，唐清源节度使兼中书令留从效遣牙将蔡仲赟衣商人服，以绢表置革带中，间道来称藩。

唐江西元帅晋王景遂之赴洪州也。以时方用兵，启求大臣以自副，唐主以枢密副使、工部侍郎李征古为镇南节度副使。征古傲狠专恣，景遂虽宽厚，久而不能堪，常欲斩征古，自拘于有司，左右谏而止，景遂忽忽不乐。

太子弘冀在东宫多不法，唐主怒，尝以球杖举之曰："吾当复召景遂。"昭庆宫使袁从范从景遂为洪州都押牙，或潜从范之子于景遂，景遂欲杀之，从范由是怨望。弘冀闻之，密遣从范毒之；八月，庚辰，景遂击球渴甚，从范进浆，景遂饮之而卒，未殡，体已溃；唐主不之知，赠皇太弟，谥曰"文成"。

辛巳，南汉中宗殂，长子继兴即帝位，更名鋹（chǎng），改元大宝。鋹年十六，国事皆决于宦官玉清宫使龚澄枢及女侍中卢琼仙等，台省官备位而已。

甲申，唐始置进奏院于大梁。

壬辰，命西上阁门使灵寿曹彬使于吴越，赐吴越王弘俶骑军钢甲二百，步军甲五千及他兵器。彬事毕亟返，不受馈遗，吴越人以轻舟追与之，至于数四，彬曰："吾终不受，是窃名也。"尽籍其数，归而献之。

帝曰："晃之奉使，乞丐无厌，使四方轻朝命。卿能如是，甚善；然彼以遗卿，卿自取之。"彬始拜受，悉以散于亲识，家无留者。

辛丑，冯延鲁、钟谟来自唐，唐主手表谢恩，其略曰："天地之恩厚矣，父母之恩深矣，子不谢父，人何报天，惟有赤心，可酬大造。"又乞比藩方，赐诏书，又称："有情事令钟谟上奏，乞令早还。"唐主复令谟白帝，欲传位太子。

九月，丁巳，以延鲁为刑部侍郎、谟为给事中。唐主复遣吏部尚书、知枢密院殷崇义来贺天清节。

帝谋伐蜀，冬，十月，己卯，户部侍郎高防为西南面水陆制置使，右赞善大夫李玉为判官。

甲午，帝归冯延鲁及左监门卫上将军许文稹、右千牛卫上将军边镐、卫尉卿周廷构于唐。唐主以文稹等皆败军之俘，弃不复用。

高保融再遗蜀主书，劝称臣于周，蜀主集将相议之，李昊曰："从之则君父之辱，违之则周师必至，诸将能拒周乎？"诸将皆曰："以陛下圣明，江山险固，岂可望风屈服！秣马厉兵，正为今日。臣等请以死卫社稷！"丁酉，蜀主命昊草书，极言拒绝之。

诏左散骑常侍须城艾颖等三十四人分行诸州，均定田租。庚子，诏诸州并乡村，率以百户为团，团置耆长三人。帝留心农事，刻木为耕夫、蚕妇，置之殿庭。

命武胜节度使宋延渥以水军巡江。

高保融奏，闻王师将伐蜀，请以水军趣三峡，诏褒之。

十一月，庚戌，敕窦俨编《大周通礼》《大周正乐》。

辛亥，南汉葬文武光明孝皇帝于昭陵，庙号中宗。

乙丑，唐主复遣礼部侍郎钟谟入见。

李玉至长安，或言："蜀归安镇在长安南三百余里，可袭取也。"玉信之，牒永兴节度使王彦超，索兵二百，彦超以为归安道阻隘难取，玉曰："吾自奉密旨。"彦超不得已与之。玉将以往，十二月，蜀归安镇遏使李承勋据险邀之，斩玉，其众皆没。

乙酉，蜀主以右卫圣步军都指挥赵崇韬为北面招讨使，丙戌，以奉銮肃卫都指挥使、武信节度使兼中书令孟贻业为昭武、文州都招讨使，左卫圣马军都指挥使赵思进为东面招讨使，山南西道节度使韩保贞为北面都招讨使，将兵六万，分屯要害以备周。

丙戌，诏凡诸色课户及俸户并勒归州县，其幕职、州县官自今并支俸钱及米麦。

初，唐太傅兼中书令楚公宋齐丘多树朋党，欲以专固朝权，躁进之士争附之，推奖以为国之元老。枢密使陈觉、副使李征古恃齐丘之势，尤骄慢。及许文稹等败于紫金山，觉与齐丘、景达自濠州遁隐，国人恟惧。唐主尝叹曰："吾国家一朝至此！"因泣下。征古曰："陛下当治兵以抨敌，涕泣何为！岂饮酒过量邪，将乳母不至邪？"唐主色变，而征古举止自若。会司天奏："天文有变，人主宜避位禳灾。"唐主乃曰："祸难方殷，吾欲释去万机，栖心冲寂，谁可以托国者？"征古曰："宋公，造国手也，陛下如厌万机，何不举国授之！"觉曰："陛下深居禁中，国事皆委宋公，先行后闻，臣等时入侍，谈释、老而已。"唐主心愠，即命中书舍人豫章陈乔草诏行之。乔惶恐请见，曰："陛下一署此诏，臣不复得见矣！"因极言其不可。唐主笑曰："尔亦知其非邪？"乃止。由是因晋王出镇，以征古为之副，觉自周还，亦罢近职。

钟谟素与李德明善，以德明之死怨齐丘，及奉使归唐，言于唐主曰："齐丘乘国之危，遽谋篡窃，陈觉、李征古为之羽翼，理不可容。"陈觉之自周还，矫以帝命谓唐主曰："闻江南连岁拒命，皆宰相严续之谋，当为我斩之。"

唐主知觉素与续有隙，固未之信。钟谟请覆之于周，唐主乃因谟复命，上言："久拒王师，皆臣愚迷，非续之罪。"帝闻之，大惊曰："审如此，则续乃忠臣，朕为天下主，岂教人杀忠臣乎！"
谟还，以白唐主。

唐主欲诛齐丘等，复遣谟入禀于帝。帝以异国之臣，无所可
否。己亥，唐主命知枢密院殷崇义草诏暴齐丘、觉、征古罪恶，
听齐丘归九华山旧隐，官爵悉如故；觉责授国子博士，宣州安置；
征古削夺官爵，赐自尽，党与皆不问。遣使告于周。

丙午，蜀以峡路巡检制置使高彦俦为招讨使。

平卢节度使、太师、中书令陈王安审琦仆夫安友进与其嬖妾
通，妾恐事泄，与友进谋杀审琦，友进不可，妾曰："不然，我当
反告汝。"友进惧而从之。

六年

春，正月，癸丑，审琦醉熟寝，妾取审琦所枕剑授友进而杀
之，仍尽杀侍婢在帐下者以灭口。后数日，其子守忠始知之，执
友进等呙之。

初，有司将立正仗，宿设乐县于殿庭，帝观之，见钟磬有设
而不击者，问乐工，皆不能对。乃命窦俨讨论古今，考正雅乐。
王朴素晓音律，帝以乐事询之，朴上疏，以为：

"礼以检形，乐以治心；形顺于外，心和于内，然而天下不
治者未之有也。是以礼乐修于上，万国化于下，圣人之教不肃而
成，其政不严而治，用此道也。夫乐生于人心而声成于物，物声
既成，复能感人之心。

"昔黄帝吹九寸之管，得黄钟正声，半之为清声，倍之为缓

声，三分损益之以生十二律。十二律旋相为宫以生七调，为一均。凡十二均、八十四调而大备。遭秦灭学，历代治乐者罕能用之。唐太宗之世，祖孝孙、张文收考正大乐，备八十四调；安史之乱，器与工什亡八九，至于黄巢，荡尽无遗。时有太常博士殷盈孙，按《考工记》，铸镈钟十二，编钟二百四十。处士萧承训校定石磬，今之在县者是也。虽有钟磬之状，殊无相应之和，其镈钟不问音律，但循环而击，编钟、编磬徒悬而已。丝、竹、匏、土仅有七声，名为黄钟之宫，其存者九曲。考之三曲协律，六曲参涉诸调；盖乐之废缺，无甚于今。

"陛下武功既著，垂意礼乐，以臣尝学律吕，宣示古今乐录，命臣讨论。臣谨如古法，以秬黍定尺，长九寸径三分为黄钟之管，与今黄钟之声相应，因而推之，得十二律。以为众管互吹，用声不便，乃作律准，十有三弦，其长九尺，皆应黄钟之声，以次设柱，为十一律，及黄钟清声，旋用七律以为一均。为均之主者，宫也，徵、商、羽、角、变宫、变徵次焉。发其均主之声，归于本音之律，迭应不乱，乃成其调，凡八十一调。此法久绝，出臣独见，乞集百官校其得失。"

诏从之。百官皆以为然，乃行之。

唐宋齐丘至九华山，唐主命锁其第，穴墙给饮食。齐丘叹曰："吾昔献谋幽让皇帝族于泰州，宜其及此！"乃缢而死。谥曰"丑缪"。

初，翰林学士常梦锡知宣政院，参与机政，深疾齐丘之党，数言于唐主曰："不去此属，国必危亡。"与冯延巳、魏岑之徒日有争论。久之，罢宣政院，梦锡郁郁不得志，不复预事，纵酒成疾而卒。及齐丘死，唐主曰："常梦锡平生欲杀齐丘，恨不使见之！"赠梦锡左仆射。

二月，丙子朔，命王朴如河阴按行河堤，立斗门于汴口。壬午，命侍卫都指挥使韩通、宣徽南院使吴廷祚、发徐、宿、宋、单等州丁夫数万浚汴水。甲申，命马军都指挥使韩令坤自大梁城东导汴水入于蔡水，以通陈、颍之漕，命步军都指挥使袁彦浚五丈渠东过曹、齐、梁山泊，以通青、郓之漕，发畿内及滑、亳丁夫数千以供其役。

丁亥，开封府奏田税旧一十万二千顷，今按行得羡苗四万二千余顷；敕减三万八千顷。诸州行苗使还，所奏羡苗减之仿此。

淮南饥，上命以米贷之。或曰："民贫，恐不能偿。"上曰："民吾子也，安有子倒悬而父不为之解哉！安在责其必偿也！"

庚申，枢密使王朴卒。上临其丧，以玉钺卓地，恸哭数四，不能自止。朴性刚而锐敏，智略过人，上以是惜之。

甲子，诏以北鄙未复，将幸沧州，命义武节度使孙行友扞西山路，以宣徽南使吴廷祚权东京留守、判开封府事，三司使张美权大内都部署。丁卯，命侍卫亲军都虞侯韩通等将水陆军先发。甲戌，上发大梁。

夏，四月，庚寅，韩通奏自沧州治水道入契丹境，栅于乾宁军南，补坏防，开游口三十六遂，通瀛、莫。

辛卯，上至沧州，即日帅步骑数万发沧州，直趋契丹之境。河北州县非车驾所过，民间皆不之知。壬辰，上至乾宁军，契丹宁州刺史王洪举城降。

乙未，大治水军，分命诸将水陆俱下，以韩通为陆路都部署，太祖皇帝为水路都部署。丁酉，上御龙舟沿流而北，舳舻相连数十里；己亥，至独流口，溯流而西。辛丑，至益津关，契丹守将终廷晖以城降。

自是以西，水路渐隘，不能胜巨舰，乃舍之。

壬寅，上登陆而西，宿于野次，侍卫之士不及一旅，从官皆恐惧。胡骑连群出其左右，不敢逼。

癸卯，太祖皇帝至瓦桥关，契丹守将姚内斌举城降，上入瓦桥关。内斌，平州人也。甲辰，契丹莫州刺史刘楚信举城降。

五月，乙巳朔，侍卫亲军都指挥使、天平节度使李重进等始引兵继至，契丹瀛州刺史高彦晖举城降。彦晖，蓟州人也。于是关南悉平。

丙午，宴诸将于行宫，议取幽州，诸将以为："陛下离京四十二日，兵不血刃，取燕南之地，此不世之功也。今虏骑皆聚幽州之北，未宜深入。"上不悦。

是日，趣先锋都指挥使刘重进先发，据固安；上自至安阳水，命作桥，会日暮，还宿瓦桥，是日，上不豫而止。契丹主遣使者日驰七百里诣晋阳，命北汉主发兵挠周边，闻上南归，乃罢兵。

戊申，孙行友奏拔易州，擒契丹刺史李在钦，献之，斩于军市。

己酉，以瓦桥关为雄州，割容城、归义二县隶之；益津关为霸州，割文安、大城二县隶之。发滨、棣丁夫数千城霸州，命韩通董其役。

庚戌，命李重进兵出土门，击北汉。

辛亥，以侍卫马步都指挥使韩令坤为霸州都部署，义成节度留后陈思让为雄州都部署，各将部兵以戍之。

壬子，上自雄州南还。

己巳，李重进奏败北汉兵于百井，斩首二千余级。

甲戌，帝至大梁。

六月，乙亥朔，昭义节度使李筠奏击北汉，拔辽州，获其刺史张丕。

丙子，郑州奏河决原武，命宣徽南院使吴廷祚发近县二万余夫塞之。

唐清源节度使留从效遣使入贡，请置进奏院于京师，直隶中朝，诏报以"江南近服，方务绥怀，卿久奉金陵，未可改图。若置邸上都，与彼抗衡，受而有之，罪在于朕。卿远修职责，足表忠勤，勉事旧君，且宜如故。如此，则于卿笃始终之义，于朕尽柔远之宜，惟乃通方，谅达予意"。

唐主遣其子纪公从善与钟谟俱入贡，上问谟曰："江南亦治兵，修守备乎？"对曰："既臣事大国，不敢复尔。"上曰："不然。向时则为仇敌，今日则为一家，吾与汝国大义已定，保无他虞；

314

然人生难期，至于后世，则事不可知。归语汝主：可及吾时完城郭，缮甲兵，据守要害，为子孙计。"谟归，以告唐主。唐主乃城金陵，凡诸州城之不完者葺之，戍兵少者益之。

臣光曰：或问臣："五代帝王，唐庄宗、周世宗皆称英武，二主孰贤？"臣应之曰："夫天子所以统治万国，讨其不服，抚其微弱，行其号令，壹其法度，敦明信义，以兼爱兆民者也。庄宗既灭梁，海内震动，湖南马氏遣子希范入贡。庄宗曰：'比闻马氏之业，终为高郁所夺。今有儿如此，郁岂能得之哉？'郁，马氏之良佐也。希范兄声闻庄宗言，卒矫其父命而杀之。此乃市道商贾之所为，岂帝王之体哉！盖庄宗善战者也，故能以弱晋胜强梁，既得之，曾不数年，外内离叛，置身无所。诚由知用兵之术，不知为天下之道故也。世宗以信令御群臣，以正义责诸国，王环以不降受赏，刘仁赡以坚守蒙褒，严续以尽忠获存，蜀兵以反复就诛，冯道以失节被弃，张美以私恩见疏；江南未服，则亲犯矢石，期于必克，既服，则爱之如子，推诚尽言，为之远虑。其宏规大度，岂得与庄宗同日语哉！《书》曰：'无偏无党，王道荡荡。'又曰：'大邦畏其力，小邦怀其德。'世宗近之矣。"

辛巳，建雄节度使杨廷璋奏击北汉，降堡寨一十三。

癸未，立皇后符氏，宣懿皇后之女弟也。

立皇子宗训为梁王，领左卫上将军，宗让为燕王，领左骁卫上将军。

上欲相枢密使魏仁浦，议者以仁浦不由科第，不可为相。上曰："自古用文武才略者为辅佐，岂尽由科第邪！"

己丑，加王溥门下侍郎，与范质皆参知枢密院事。以仁浦为中书侍郎、同平章事，枢密使如故。仁浦虽处权要而能谦谨，上性严急，近职有忤旨者，仁浦多引罪归己以救之，所全活什七八，故虽起刀笔吏，至位宰相，时人不以为忝。又以宣徽南院使吴廷祚为左骁卫上将军，充枢密使；加归德节度使、侍卫亲军都虞侯韩通、镇宁节度使兼殿前都点检张永德并同平章事，仍以通充侍卫亲军副都指挥使；以太祖皇帝兼殿前都点检。

上尝问大臣可为相者于兵部尚书张昭，昭荐李涛。上愕然曰："涛轻薄无大臣体，朕问相而卿首荐之，何也？"对曰："陛下所责者细行也，臣所举者大节也。昔晋高祖之世，张彦泽虐杀不辜，涛累疏请诛之，以为不杀必为国患；汉隐帝之世，涛亦上疏请解先帝兵权。夫国家安危未形而能见之，此真宰相器也，臣是以荐之。"上曰："卿言甚善且至公，然如涛者，终不可置之中书。"涛喜诙谐，不修边幅，与弟浣俱以文学著名，虽甚友爱，而多谑浪，无长幼体，上以是薄之。

上以翰林学士单父王著，幕府旧僚，屡欲相之，以其嗜酒无检而罢。

癸巳大渐，召范质等入受顾命。上曰："王著藩邸故人，朕若不起，当相之。"质等出，相谓曰："著终日游醉乡，岂堪为相！慎勿泄此言。"是日，上殂。

上在藩，多务韬晦，及即位，破高平之寇，人始服其英武。

其御军，号令严明，人莫敢犯，攻城对敌，矢石落其左右，人皆失色而上略不动容；应机决策，出人意表。又勤于为治，百司簿籍，过目无所忘，发奸摘（tī）伏，聪察如神。闲暇则召儒者读前史，商榷大义。性不好丝竹珍玩之物，常言太祖养王峻、王殷之恶，致君臣之分不终，故群臣有过则面质责之，服则赦之，有功则厚赏之。文武参用，各尽其能，人无不畏其明而怀其惠，故能破敌广地，所向无前。然用法太严，群臣职事小有不举，往往置之极刑，虽素有才干声名，无所开宥，寻亦悔之，末年寖宽。登遐之日，远迩哀哀慕焉。

甲午，宣遗诏，命梁王宗训即皇帝位，生七年矣。

秋，七月，壬戌，以侍卫亲军都指挥使李重进领淮南节度使，副都指挥使韩通领天平节度使，太祖皇帝领归德节度使。以山南东道节度使、同平章事向拱为西京留守；庚申，加拱兼侍中。拱，即向训也，避恭帝名改焉。

丙寅，大赦。

唐主以金陵去周境才隔一水，洪州险固居上游，集群臣议徙都之。群臣多不欲徙，惟枢密副使、给事中唐镐劝之，乃命经营豫章为都城之制。

唐自淮上用兵及割江北，臣事于周，岁时贡献，府藏空竭，钱益少，物价腾贵。礼部侍郎钟谟请铸大钱，一当五十，中书舍人韩熙载请铸铁钱；唐主始皆不从，谟陈请不已，乃从之。是月，始铸当十大钱，文曰"永通泉货"，又铸当二钱，文曰"唐国通宝"，与开元钱并行。

八月，戊子，蜀主以李昊领武信节度使，右补阙李起上言："故事，宰相无领方镇者。"蜀主曰："昊家冗费，以厚禄优之耳。"起，邛州人，性婞直，李昊尝语之曰："以子之才，苟能慎默，当为翰林学士。"起曰："俟无舌，乃不言耳！"

庚寅，立皇弟宗让为曹王，更名熙让；熙谨为纪王，熙海为蕲王。

九月，丙午，唐太子弘冀卒，有司引浙西之功，谥曰"武宣"，句容尉全椒张洎上言："太子之德，主于孝敬，今谥以武功，非所以防微而慎德也。"乃更谥曰"文献"；擢洎为上元尉。

唐礼部侍郎、知尚书省事钟谟数奉使入周，传世宗命于唐主，世宗及唐主皆厚待之，恃此骄横于其国，三省之事皆预焉。

文献太子总朝政，谟求兼东宫官不得，乃荐其所善阎式为议郎，掌百司关启。李德明之死也，唐镐预其谋，谟闻镐受赂，尝面诘之，镐甚惧，谟与天威都虞侯张峦善，数于私第屏人语至夜分，镐潜诉诸唐主曰："谟与峦气类不同，而过相亲狎，谟屡使上国，峦北人，恐其有异谋。"又言："永通大钱民多盗铸，犯法者众。"

及文献太子卒，唐主欲立其母弟郑王从嘉，谟尝与纪公从善同奉使于周，相厚善，言于唐主曰："从嘉德轻志懦，又酷信释氏，非人主才。从善果敢凝重，宜为嗣。"唐主由是怒。寻徙从嘉为吴王、尚书令、知政事，居东宫。

冬，十月，谟请令张峦以所部兵巡徼都城。唐主乃下诏暴谟侵官之罪，贬国子司业，流饶州，贬张峦为宣州副使，未几，皆杀之，废永通钱。

十一月，壬寅朔，葬睿武孝文皇帝于庆陵，庙号世宗。

南汉王以中书舍人钟允章，藩府旧僚，擢为尚书右丞、参政事，甚委任之。允章请诛乱法者数人以正纲纪，南汉主不能从，宦官闻而恶之。南汉主将祀圜丘，前三日，允章帅礼官登坛，四顾指挥设神位，内侍监许彦真望之曰："此谋反也！"即带剑登坛，允章叱之。彦真驰入宫，告允章欲于郊祀日作乱。南汉主曰："朕待允章厚，岂有此邪！"玉清宫使龚澄枢、内侍监李托等共证之，以彦真言为然，乃收允章，系含章楼下，命宦者与礼部尚书薛用丕杂治之。

用丕素与允章善，告以必不免，允章执用丕手泣曰："老夫今日犹几上肉耳，分为仇人所烹。但恨邕、昌幼，不知吾冤，及其长也，公为我语之。"彦真闻之，骂曰："反贼欲使其子报仇邪！"复白南汉主曰："允章与二子共登坛，潜有所祷。"俱斩之。自是宦官益横。李托，封州人也。

辛亥，南汉主祀圜丘，大赦，未几，以龚澄枢为左龙虎观军容使、内太师，军国之事皆取决焉。凡群臣有才能及进士状头或僧道可与谈者，皆先下蚕室，然后得进，亦有自宫以求进者，亦有免死而宫者，由是宦者近二万人。贵显用事之人，大抵皆宦者也，谓士人为门外人，不得预事，卒以此亡国。

唐更命洪州曰南昌府，建南都，以武清节度使何敬洙为南都留守，以兵部尚书陈继善为南昌尹。

周人之攻秦、凤也，蜀中恼惧；都官郎中徐及甫自负才略，仕不得志，阴结党与，谋奉前蜀高祖之孙少府监王令仪为主以作乱，会周兵退而止。至于，其党有告者，收捕之，及甫自杀。十二月，甲午，赐令仪死。

端明殿学士、兵部侍郎窦仪使于唐，天雨雪，唐主欲受诏于庑下。仪曰："使者奉诏而来，不敢失旧礼。若雪沾服，请俟他日。"唐主乃拜诏于庭。

契丹主遣其舅使于唐，泰州团练使荆罕儒募客使杀之。唐人夜宴契丹于清风驿，酒酣，起更衣，久不返，视之，失其首矣，自是契丹与唐绝。罕儒，冀州人也。